Johann Christian Ginzrot · Die Wagen und Fuhrwerke

JOHANN CHRISTIAN GINZROT

Die Wagen und Fuhrwerke

von der Antike bis zum 19. Jahrhundert, nebst Bespannung, Zäumung und Verzierung der Zug-, Reit- und Lasttiere

Prisma Verlag GmbH · Gütersloh

Druck und Bindung: Druck- und Verlagshaus R. Kiesel, Salzburg
ISBN 3-570-01702-3

Inhalt

I.

Die Wagen und Fuhrwerke der Griechen und Römer und anderer alten Völker

Von der Entstehung des Rades . . . 13
Das Plaustrum . . . 16
Der Carrus . . . 17
Der Carrus clabularis . . . 20
Das Clabulare . . . 22
Der Monacus . . . 24
Das Poledrum . . . 25
Das Cisium . . . 26
Der Rüstwagen . . . 27
Der Currus . . . 31
Die Rheda . . . 36
Der Streitwagen . . . 41
Die Biga . . . 48
Die Triga . . . 51
Die Quadriga . . . 52
Der Circus . . . 53
Der Triumphwagen . . . 60
Der Prachtwagen . . . 64
Das Carpentum . . . 65
Das Pilentum . . . 66
Die Harmamaxa . . . 68
Der Götterwagen . . . 69

II.

Die Bespannung, Zäumung und Verzierung der Zug-, Reit- und Lasttiere

Vom Pferd . . . 79
Von der Bespannung, den Zäumen, Zügeln und Gebissen . . . 81
Von den Sätteln und Decken . . . 89
Von den Peitschen . . . 93

III.

Die Sänften und Basternen

Die Sänfte 97
Die Basterna 99

IV.

Die Wagen und Fuhrwerke der verschiedenen Völker des Mittelalters
und der Kutschenbau neuester Zeiten

Der mittelalterliche Wagen 113
Vom Ursprung der französischen Kutschen und Karossen 117
Die allmähliche Verbesserung des Wagenbaus vom Ende des
17. bis Anfang des 19. Jahrhunderts 119
Die kleinen Reisewagen des 19. Jahrhunderts 133
Herrschaftskaleschen 141
Die Berline 147
Zweirädrige Wagen neuerer Zeit 164
Das Post- und Transportwesen 179

V.

Von den Triumph- und Prunkwagen sowie den Prachtrüstungen der Fürsten

Der Triumphwagen 217
Die Prunk- und Staatskarossen neuerer Bauart 223
Die Prachtrüstungen der Fürsten 249

VI.

Leichenwagen und Trauerwagen der alten Völker und neuerer Zeiten

Der Trauerwagen der alten Völker 257
Trauerfeierlichkeiten neuerer Zeit 263
Entwürfe zu Leichenwagen von Johann Christian Ginzrot 276

VII.

Die Wagen und Fuhrwerke der Morgenländer

China 283
Birma 285
Japan 289

VIII.

Die Schlitten und Schleifen

IX.

Über sonderbare Fahrzeuge und neuere technische Entwicklungen

Verschiedene sonderbare Fahrzeuge 305
Technische Neuerungen am Kutschenbau jüngster Zeit 311
Der Dampfwagen 315
Die Holzbahn 320

Vorwort

Im Jahre 1817 legte der königlich-bayerische Wagenbauinspektor Johann Christian Ginzrot den ersten Teil seines insgesamt vierbändigen Werkes über den Kutschen- und Wagenbau vor. Diesen widmete er »Seiner Exzellenz«, dem König von Bayern, mit den abschließenden Worten:
»Von dem Gefühl der lebhaftesten Dankbarkeit durchdrungen, erkühne ich mich daher, Hochdenenselben dieses Werk als ein nur geringes Opfer meiner unbegrenzten Ergebenheit untertänig zu weihen, mit dem sehnlichsten Wunsch, daß mein eifriges Bestreben Hochdero nachsichtsvollen Beifall noch ferner zu erhalten nicht ganz verfehle, und daß Euer Exzellenz mit Hochdero Schutzes und Wohlwollens ferner würdig finden mögen. Eurer Exzellenz untertäniger Diener der Verfasser Johann Christian Ginzrot.«
So ist das vorliegende Werk allen Lesern, allen Pferdefreunden und Liebhabern alter Kutschen, allen geschichtlich interessierten Menschen gewidmet.
Johann Christian Ginzrot leistete durch diese Arbeit einen wirklich großen Beitrag zum Verständnis dieses Gegenstandes in seiner Zeit. Auf Reisen durch Deutschland, Frankreich, Italien und England, bei Aufenthalten in Wien und München, nicht zuletzt durch das Studium zahlreicher wissenschaftlicher Werke, versuchte er, eine vollständige – wissenschaftlich fundierte – Darstellung des Kutschen- und Wagenbaus seiner Zeit zu liefern, wobei er die geschichtliche Entwicklung vorab in zwei Bänden behandelte. Dabei berief er sich nicht zuletzt auf die Worte Diodors von Sizilien:
»Ein jeder Mensch hat nur einen Augenblick von der Ewigkeit für die Dauer seines Daseins erhalten; durchlebt er ihn, ohne Spuren seines Wirkens zurückzulassen, so stirbt auch sein Name mit seinem Körper dahin.«
Durch diese Gedanken angespornt, schuf er ein großartiges Werk, mit zahlreichen Kupfertafeln, teilweise handkoloriert – eine sowohl inhaltlich als auch gestalterisch kostbare Ausgabe. Mit dem vorliegenden Buch wurde nun dieses Schaffen der Öffentlichkeit zugänglich gemacht. Die schönsten und interessantesten Abbildungen wurden übernommen und mit den entsprechenden begleitenden Texten von Johann Christian Ginzrot versehen.

Vom Ursprung der Wagen über die Fuhrwerke der alten Völker und fremdländischen Gefährte bis zum »modernen« Kutschenbau des 19. Jahrhunderts wird ein Überblick über die Geschichte der letzten Jahrhunderte, Jahrtausende gegeben. Dabei handelt es sich weniger um ein wissenschaftliches Werk mit vollständiger Darstellung, als um ein Buch, das gefallen soll, durch eine Fülle von Abbildungen gefangennehmen und durch seine ergänzenden Texte informieren soll. Ein lehrreiches Buch, das Freude schenken möge – allen seinen Lesern.

Der Herausgeber

ΣΕΛΙΝΟΝΤΙΩΝ

M.METTIVS.

ΕΚΤ.Ω Ρ
ΙΛΡΕΩΝ

ΝΟΙ
ΤΙΟΝΙΔΕΣ.

I.

Die Wagen und Fuhrwerke der Griechen und Römer und anderer alter Völker

Inhalt

Von der Entstehung des Rades 13
Das Plaustrum 16
Der Carrus 17
Der Carrus clabularis 20
Das Clabulare 22
Der Monacus 24
Das Poledrum 25
Das Cisium 26
Der Rüstwagen 27
Der Currus 31
Die Rheda 36
Der Streitwagen 41
Die Biga 48
Die Triga 51
Die Quadriga 52
Der Circus 53
Der Triumphwagen 60
Der Prachtwagen 64
Das Carpentum 65
Das Pilentum 66
Die Harmamaxa 68
Der Götterwagen 69

Von der Entstehung des Rades

Sobald sich die frühesten Menschen zu großen Gesellschaften zusammenschlossen und darauf angewiesen waren, ihren Unterhalt durch Ackerbau zu sichern, mußten sie auch darauf Bedacht nehmen, sich die starken bezähmbaren Tiere zu Gehilfen bei den harten Feld- und Bauarbeiten zum Tragen und Fortbewegen großer Lasten dienstbar zu machen. Sie konnten den Boden nicht ohne Werkzeuge bearbeiten und wußten damals schon, das Eisen, Erz oder Holz zu einer Haue und Schaufel umzuformen. So blieb ihnen auch der Pflug nicht lange unbekannt. Vermutlich wurde dieser ursprünglich durch Menschen gezogen, hernach aber versuchte man Tiere davorzuspannen, ersann zunächst das Joch als die natürlichste und einfachste Bespannung, und so entstand unstreitig das erste Fuhrwerk.

Die Bedeutung des Pfluges und die Achtung vor den Menschen, die ihn führten, war damals ungleich höher als zu heutigen Zeiten. So sah man zu den »noch glücklichen« Zeiten Roms die Vornehmsten im Volke ihre Äcker selbst bestellen, im Wald Krummholz suchen und die nötigen Haus- und Ackergeräte verfertigen.

Plinius schreibt: »Damals bauten mit eigenen Händen die Feldherrn die Äcker, wo, wie man glauben muß, die Erde sich freute über die belorbeerte Pflugschare und den siegreichen Pflüger.« Auch Kaiser Diokletian entsagte dem Thron nach einer langen und glücklichen Regierung und zog aufs Land. Als ihn seine Freunde aufforderten, die Regierung wiederaufzunehmen, antwortete er ihnen: »Wollten die Götter, ihr könntet mein schönes Gemüse sehen, das ich in meinem Garten mit eigenen Händen pflanze, so würdet ihr mir gewiß nicht raten, wieder den Thron zu besteigen.« Ebenso wurde der tapfere Quinctius Cincinnatus von den römischen Abgeordneten auf seinem Acker pflügend angetroffen, als sie ihm seine Ernennung zum Diktator überbrachten. Die Völker, die er bekriegte, nannten ihn den Ochsenbauer, dies auch deswegen, weil er, nachdem er sie besiegt hatte, ein Ochsenjoch querüber an die Spitzen zweier Lanzen befestigen und die Gefangenen paarweise durchtreiben ließ.

Nicht zuletzt war der Pflug auch für die Gründung Roms von großer Bedeutung. Bei Zonares liest man: »Als Romulus seinen Bruder Remus begraben hatte, baute er die Stadt Rom. Er spannte daher vier Ochsen und eine Kuh an den Pflug, steckte daran eine eherne Schare und bezeichnete mit einer Furche den ganzen Umkreis seiner künftigen Stadt. Da, wo aber

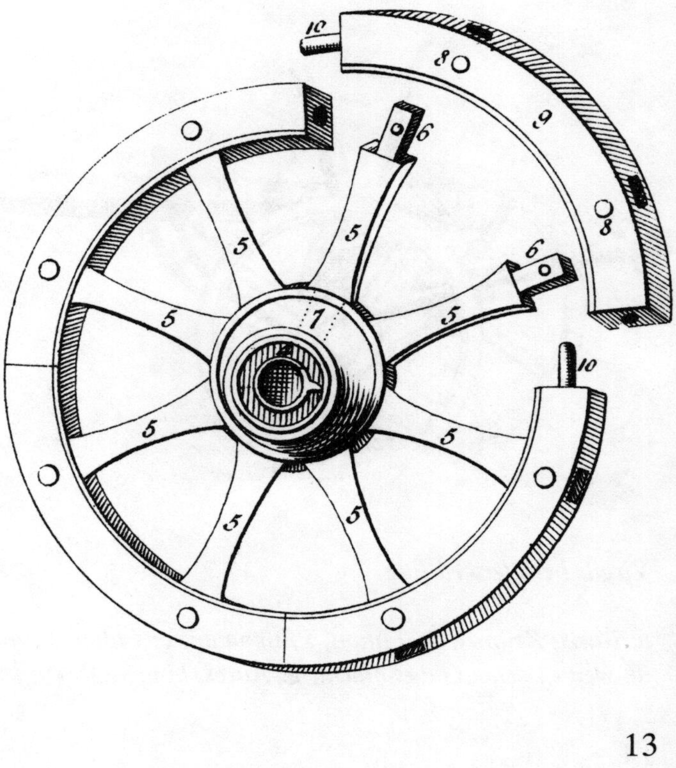

Antiker Pflug; gefunden auf einem Basrelief auf der griechischen Insel Magnesia.

a: Buris, Krümel; b: Dentale, Haupt; c: Vomer, Pflugschare; d: Stiva, Sterze; e: Fulcrum, Grießsäule; f: Aures, Ohren, Flügel; g: Aunulus, Deichselring; h: Jugum, Joch; i: Curvaturae, Jochbögen.

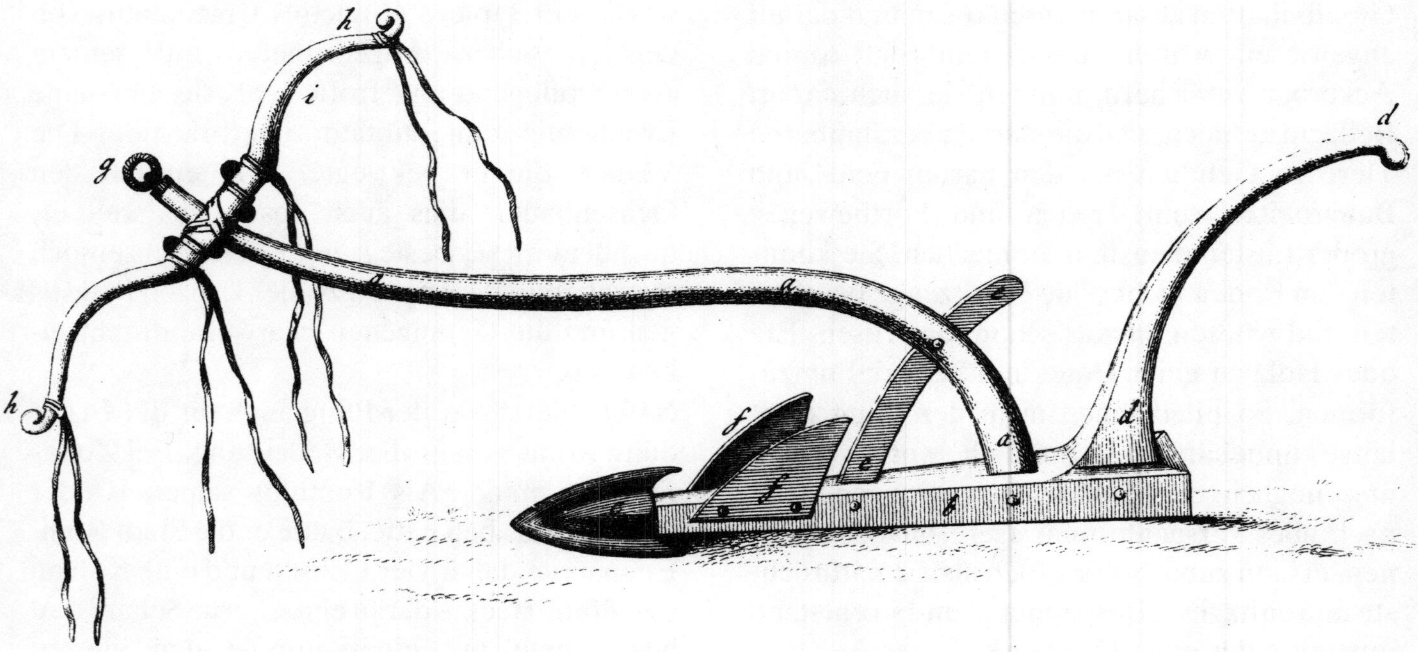

Virgils beräderter Pflug.

a: Buris, Krümel; b: Tempo, Pflugbaum; c: Culter, Pflug-Sech; d: Vomer, Pflugschare; e: Dentale, Haupt; f: Dentalia, dt. wenn es eine Gabel macht; g: Aures, binae, Ohren; h: Stiva, Sterze; i: Manipula, Griff; k: Currus imus, Pflugwägel.

die Tore hinkommen sollten, wurden die Furchen unterbrochen, und der Pflug über den Zwischenraum getragen.« Daher nannten die Römer das Tor »porta«, von »portare«, tragen. Jedoch diente der Pflug nicht immer nur schöpferischen Zwecken, sondern wurde auch öfters zum Werkzeug der Zerstörung. Wenn die Römer und andere alte Völker eine eroberte Stadt geschleift hatten, so fuhren sie mit dem Pflug darüber hinweg. Auf diese alte Sitte beziehen sich vermutlich auch die Worte des Propheten Micha: »Darum wird Zion um euretwillen wie ein Feld zerpflügt.« Wenn sich der Feind der belagerten Stadt näherte, so hing er hie und da Pflüge an die Mauern, den Belagerten dadurch anzudeuten, welches Los sie bei fernerem Widerstand zu erwarten hätten.

Der Pflug war bei alten Völkern auch als ein Heiligtum angesehen, und bei einigen bestimmten sogar Gesetze die Todesstrafe gegen denjenigen, der aus Bosheit einen Pflug auf dem Felde zerschlug oder einen entwendete. Ebenso heilig wurde die Pflugschare gehalten, weswegen sie bei der Feuerprobe, wenn eine Vestalin wegen Verletzung ihres Keuschheitsgelübdes vor Gericht ihre Unschuld beweisen sollte, verwendet wurde und glühend von ihr betreten werden mußte.

Wer nun dem Pflug als erster das Rad beistellte und somit als Erfinder des Rades zu gelten hatte – das wird wohl ein ewiges Geheimnis bleiben.

Auch ist anzunehmen, daß es dabei viele in den verschiedensten Völkern gab. Trotzdem stellen sich einige wenige mit Namen vor: griechische und römische Götter.

So soll Bacchus mit Hilfe der Ceres zuerst dem Ochsen die Dienstbarkeit gelehrt und dem Bauernwagen ein Rad untersetzt haben. Von der Göttin Minerva sagt Homer: »Sie hat als erste die Schmiede und Holzarbeiter gelehrt, aus Erz Schilde und mancherlei Wagen zu machen.« Aischylos wiederum läßt Prometheus sagen: »Ich, der erste, habe die bezähmten Rosse an den Wagen gespannt.«

Zu allen Zeiten war nun das Bedürfnis mehr erfinderisch als die Bequemlichkeit, weshalb es neben den ackerbautreibenden Völkern vor allem die Hirtenvölker waren, die solch einer Erfindung bedurften. Sie zogen mit ihren zahlreichen Herden oft weit umher, und all ihr Vermögen wurde mangels bleibender Städte und Häuser mitgeführt. Gold, Getreidevorräte, Felle, Waffen, Schmuck, Kleidungsstücke und Zelte, all dieses wurde gewiß auf Wagen nachgeführt.

Die Schleife; bestehend aus einer Baumgabelung und mit Querhölzern belegt, stellt sie vermutlich das erste, von Menschen verfertigte Fuhrwerk dar.

Das Plaustrum

Unter dieser Benennung wird jeder zwei- oder vierrädrige Bauernwagen verstanden – im Ursprung aber war es der offene Karren der Römer und bestand aus der Deichsel und aus der Achse, die in zwei Scheibenrädern feststeckte und sich mit diesen herumdrehte. Darauf lag eine bretterne Tafel, auf der die zu befördernden Güter gelagert wurden beziehungsweise Personen Platz nehmen konnten. Das hier verwendete Rad hatte weder Naben, Felgen noch Speichen. Vielmehr handelte es sich um ganze, von dicken Baumstämmen abgeschnittene Schneiben oder um dicke Bretter, die mit Leisten und hölzernen Zapfen verbunden waren. Diese Räder verursachten natürlich großen Lärm, weshalb derartige Fuhrwerke auch »die Knarrenden, Lärmenden« genannt wurden. So liest man bei Horaz: »Jener mit seiner starken Stimme würde sogar das Lärmen von zweihundert Plaustris überschrieen haben, wenn sie bei drei Leichenzügen auf dem Markte zusammentrafen.« Valerius Maximus wiederum nannte diese Fuhrwerke »die Schmutzigen«, denn man lud den Mist, Steine, Holz oder auch Heu und Getreide gemeiniglich nur auf das Brett, ohne daß man einen Korb oder Kasten darauf befestigte. Deswegen war es auch sehr gefährlich, neben solch hochaufgetürmten Wagen herzugehen, und Kaiser Adrian soll verboten haben, mit dergleichen überbeladenen Wagen durch die Stadt zu fahren.

Das offene Plaustrum, von einer Heturischen Urne entnommen.

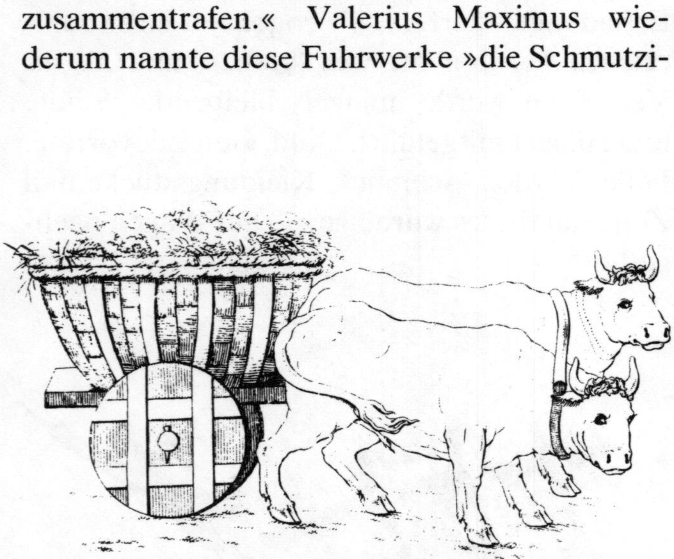

Der Dungkarren, einem römischen Basrelief entnommen; er wurde zur Beförderung des Düngers verwendet.

Da man aber nicht zu jedem Bedürfnis einen besonderen Wagen halten konnte, und doch den Sand und den Mörtel, die Bohnen, Rüben und andere kleine Sachen vom Felde nicht auf offenen Plaustren wegbringen konnte, so hatte man verschiedene Aufsätze, welche man auf das Brett befestigte.

Um das Lenken der oft vierrädrigen Wagen zu erleichtern, wurden die Räder der Fuhrwerke mit Speichen versehen. Dies waren hölzerne Streben, von denen ein Ende in der Nabe steckte, in der sich nun die Achse frei bewegen konnte, das andere Ende war in eine Felge eingezapft. Ringsum wurden die Räder mit einem eisernen Reif beschlagen.

Der Carrus

Dies ist der gemeine Karren auf zwei Rädern, der dazu diente, Lasten, Waren oder Gepäck, nicht aber Leute darauf zu führen. Von dem Plaustrum zeichnete er sich durch folgendes aus: Der Kasten oder der Verschlag konnte nicht abgenommen werden, sondern er war auf der Achse befestigt. Die Räder waren höher und gespeicht. Da der Carrus nicht zum Schnellfahren gebraucht wurde, sondern nur dem Transport von Lasten diente, wurde er gewöhnlich auch nur mit Ochsen oder Maultieren bespannt.

Im Krieg wurden darauf Fässer geführt, deren sich die Römer lieber bedienten als der Schläuche, weil die Flüssigkeiten wie Öl, Wein oder Essig darin besser und sicherer nachgeführt werden konnten. Und das, obwohl die Alten sehr geschickt waren, die Schläuche so dicht zu machen, daß ihnen keine Flüssigkeit entrinnen konnte. Herodot erzählt von einer Art Schläuchen oder ledernen Rohren, die wegen ihrer beträchtlichen Weite und ungeheuren Länge hier eine Erwähnung verdienen. Der König von Arabien hatte nämlich auf die Bitte von Cambyses, dessen Heer in der Sandwüste mit Wasser zu versorgen, weite Schläuche von rohen Ochsenhäuten in solcher Menge zusammennähen lassen, daß er das Wasser aus dem Nil zwölf Tagereisen weit, bis an die Sandwüsten in große Zisternen leiten ließ.

Der Carrus diente auch, um die Lebensmittel der Truppen oder das Gepäck im Dienst reisender Personen, welche das Recht hatten, sich einen solchen Requisitionskarren geben zu lassen, zu führen. Um aber zu verhindern, daß dergleichen Leute den ihnen bewilligten Vorteil zum Nachteil des armen Landmannes mißbrauchten, indem sie meistens übermäßig aufzuladen pflegten, wurde durch Verordnung die Last bestimmt, die sie mitführen durften. Es wurde überdies in obigem Gesetz befohlen, daß die öffentlichen Gelder und die zum Geschenk bestimmten Sachen von Wert nicht mehr auf allerlei Fuhrwerken nach Willkür verfrachtet werden sollten, sondern auf Wagen, die dergleichen Lasten angemessen sind. Der Kasten mußte ringsum geschlossen sein, damit, wenn ein Geldfaß oder eine Kiste durch Zufall aufginge, von dem Geld ja nichts verlorengehen konnte.

Bis auf den heutigen Tag hat sich am Bau des Karrens kaum etwas verändert, und auf dem Land steht er noch heute in der selbigen Form in Gebrauch.

Der Carrus; Bild von der Säule des Marc Aurel.

Vierrädriges Plaustrum aus dem 16. Jahrhundert; nach einer Zeichnung von Hans Burgmayer, Schüler Albrecht Dürers.

Altdeutscher Karren aus dem Jahr 1508; nach einer Zeichnung von Albrecht Dürer.

Altdeutscher Karren aus dem Jahr 1505, nach einer Zeichnung von Albrecht Dürer.

Der Carrus clabularis

Dies war – und ist – der zweirädrige Leiterkarren, dessen Kasten ringsum mit Sprossen, Stäben oder Stecken umgeben war.
Es gab auch dergleichen vierrädrige Leiterwagen, die zum Lastfahren bestimmt waren, diese nannte man aber nicht Carrus, sondern Currus clabularis oder auch nur ein Clabulare.

Französischer Schuttkarren aus dem 16. Jahrhundert.

Der Chamulkus; mit diesem Wagen ließ Metagenes die großen Architraben und Gesimssteine, die auf die Säulen zu liegen kamen, herbeischaffen.

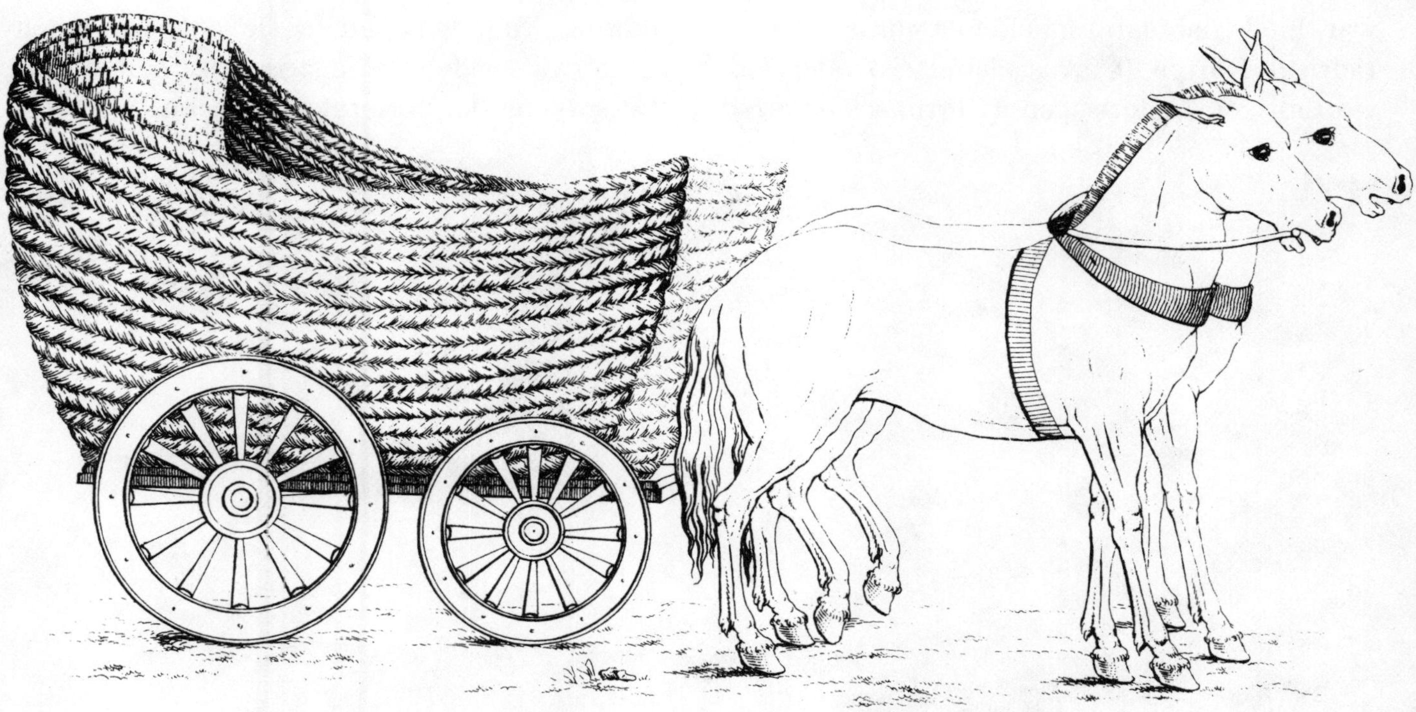

Französischer Bauernkarren, wie er noch heute Verwendung findet.

Das Clabulare

Jedes gemeine Fuhrwerk, das nicht einen ringsum verschlossenen Kasten hatte, sondern nur mit zwei offenen Seitenleitern versehen war, hieß Clabulare, mochte es nun ein zweirädriger Karren (Carrus clabularis) oder ein vierrädriger Leiterwagen (Currus clabularis) sein. Diese Wagen dienten kaum zu etwas anderem als zur Landarbeit, um Heu und Stroh darauf zu führen, oder auf der Straße als Lastfuhren. Man verwendete sie auch in jenen immerwährenden, kriegerischen Zeiten zur Versorgung der entfernten Armeen.

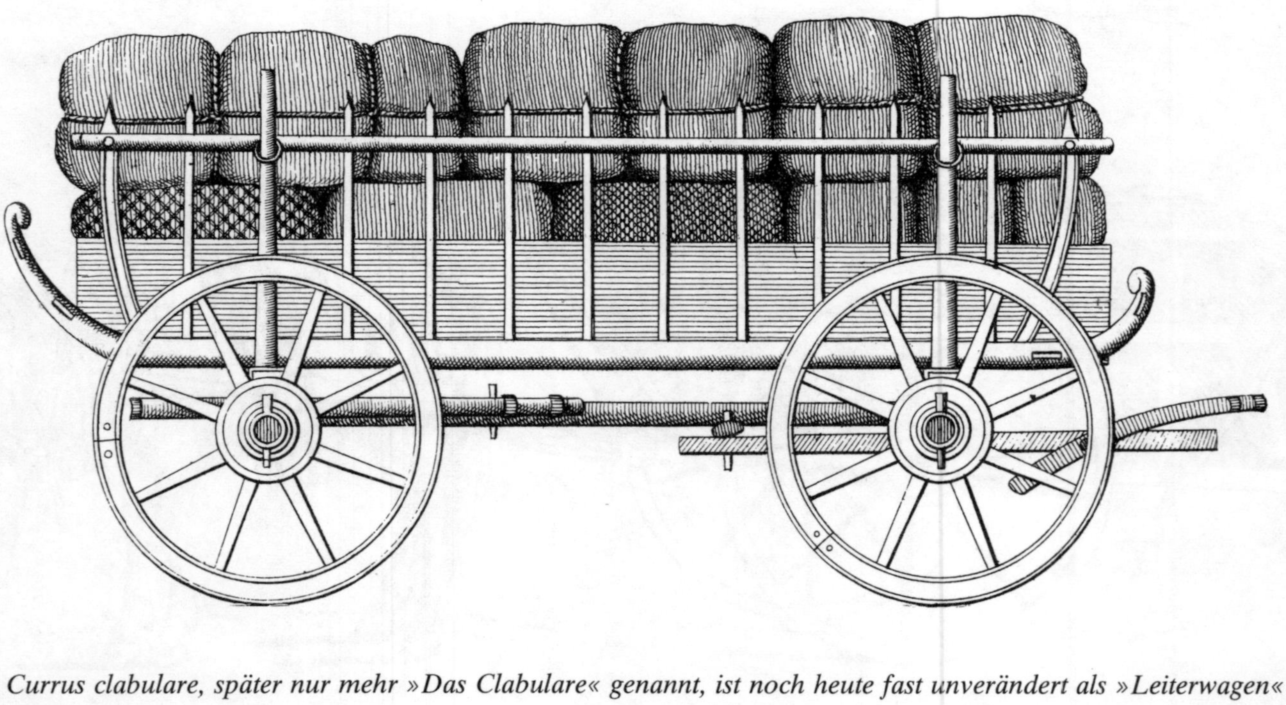

Der Currus clabulare, später nur mehr »Das Clabulare« genannt, ist noch heute fast unverändert als »Leiterwagen« in Gebrauch.

Der niedere Blockwagen diente dem Transport von großen Marmorblöcken und schweren Steinmassen.

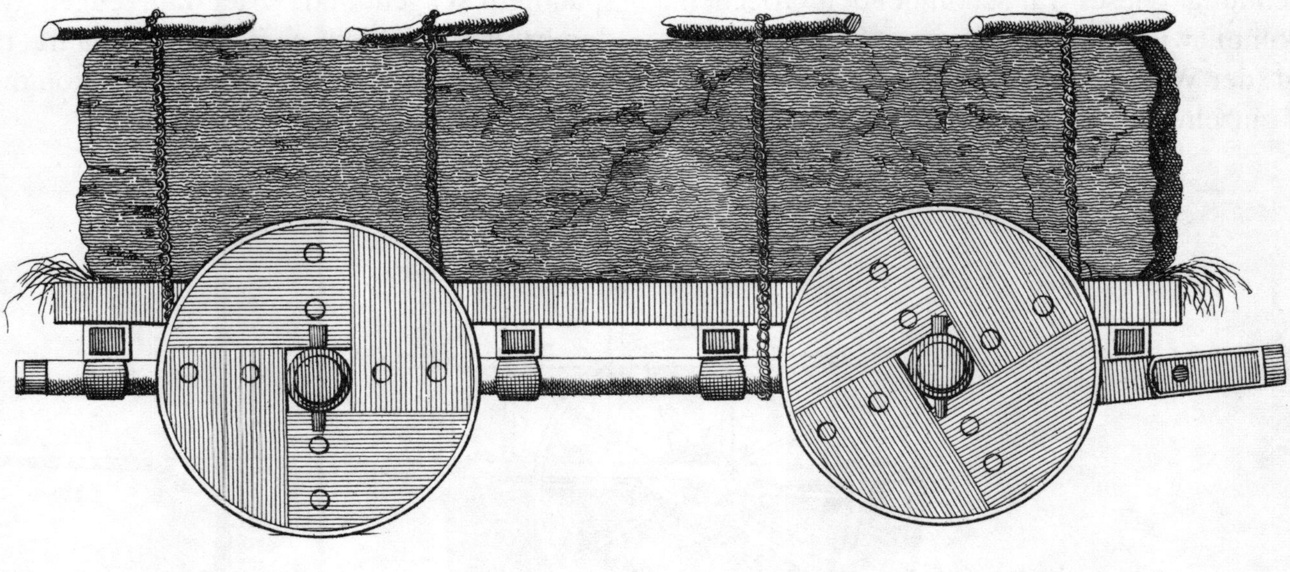

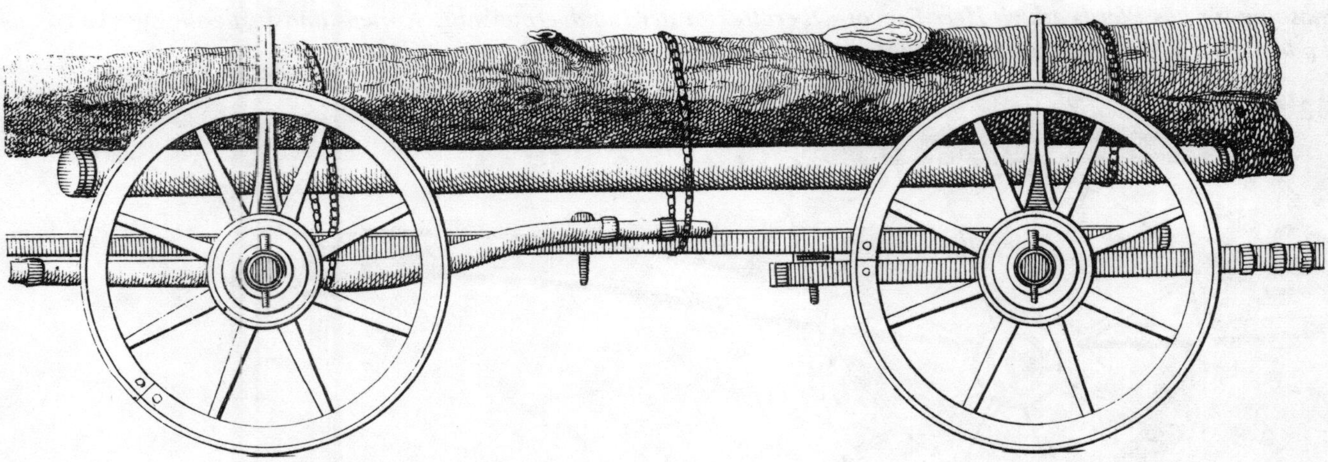

Das Sarracum; durch das Entfernen der Seitenleitern bleibt ein einfaches Gestell. Von einer Achse zur anderen liegen zwei starke Schenz- oder Tragbäume, worauf die schweren Lasten zu laden sind.

Der Monacus

Jedes Fuhrwerk, welches von einem einzelnen Zugtier gezogen wurde, trug diese Bezeichnung. Dieses war schon bei den Griechen bekannt, wie man von Homer erfährt, wo er sagt: der Weg sei so eng, daß »dort nicht leicht ein einzelnes Roß den Wagen gezogen hätte«. Hiermit wollte er zu verstehen geben, daß es einfach nicht möglich war, mit mehrfach bespannten Wagen und Kriegsfahrzeugen hier durchzufahren, weil sogar ein Gefährt mit nur einem Pferd kaum darauf fortkommen konnte.

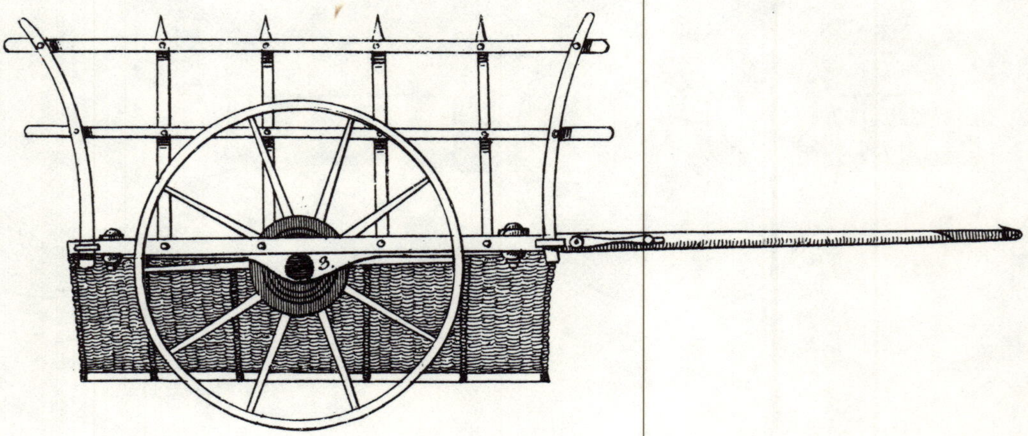

Karren aus dem 18. Jahrhundert; für die Erfindung dieser Wagen (Vermessung der Gewichtsverlagerung, geringstmögliche Belastung für das Pferd) erhielt Herr Faggot, Oberdirektor der Landvermessung, Karten- und Justierungswerke von der Akademie der Wissenschaften in Stockholm eine Preismedaille.

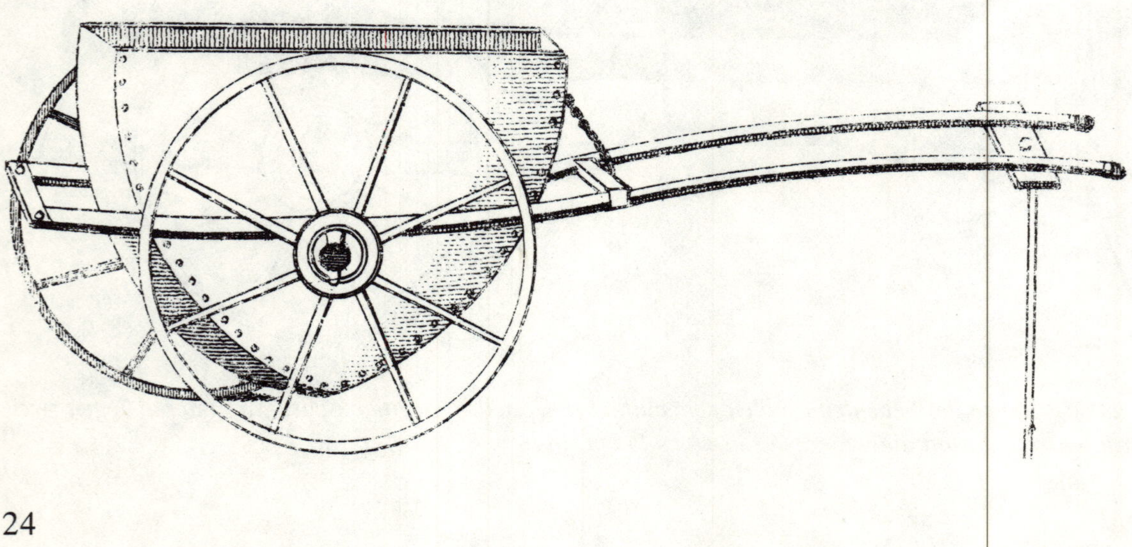

Das Poledrum

So hießen die kleinen Rennwägelchen, worin bloß ein stehender Mann Platz hatte und vor dem ein junger Klepper gespannt war. In der 99. Olympiade wurden die ersten Wägelchen dieser Art im Circus eingeführt, und Pausanias sagt, daß Libariades, ein Spartaner, den ersten Preis davontrug. Den Namen hat dieses Fuhrwerk von »poledrus«, das erwachsene Füllen.

Einspänniges Fuhrwerk, von einem Maultier gezogen.
Einspänniger Carrus clabularis; Abbildung aus dem Maffai Museum taurinense.
Das Poledrum; ein kleines Rennwägelchen, benannt nach: poledrus = erwachsenes Füllen.
Der Monacus; Bild von einer römischen Lampe. Der Einstieg in dieses Eingefährt erfolgte von vorne.

Das Cisium

Dieses war bei den Römern, in Hinsicht des Gebrauchs, das leichte, zweirädrige Fuhrwerk, welches in späteren Zeiten das Cabriolet darstellte.

Die Kasten saßen nicht auf dem Wagengestell fest, sondern hingen gesondert in Riemen. Der Einstieg erfolgte von vorne, inwendig war das Cisium bequem ausgepolstert, und als solches unterschied es sich deutlich von den weitaus unbequemeren Bigen.

Man bediente sich dessen besonders zum Schnellreisen. Es war eine Art Post, die aber von Lohnkutschern bedient wurde. Cicero sagt über Antonius: »Er soff bis auf den Abend, dann fuhr er schnell in einem Cisium nach der Stadt, mit umwickeltem Kopf.« Also vermutlich ganz allein, um nicht erkannt zu werden. Die vornehmen Römer, wenn sie des Nachts herumschwelgten, verhüllten auf der Heimfahrt den Kopf mit einer Kapuze, wie sie auch Fuhrleute und Eseltreiber trugen.

Auch Kuriere und Briefboten bedienten sich dieses Fuhrwerks. So sagt Cicero: Antonius sei einst des Nachts vor ein gewisses Haus gefahren, und als der Pförtner rief, wer er sei, so antwortete jener: »Ein Briefbote des Marcus.«

Plaustrum mit geschlossenem Kasten, dargestellt auf dem Triumphbogen des Lucius Septimus Severus.

Der Rüstwagen

Besondere Bedeutung haben seit alters her Wagen und Fuhrwerke für den Gebrauch im Krieg.

Da das flache Plaustrum, welches die Bauern im Krieg herbeiführen mußten, keine Waffen tragen konnte, so stellte der Bauer darauf, was er vorfand: Korb, Kasten oder Zuber. Dergleichen zwei- und vierrädrige Karren mußten den Soldaten auf langen Märschen die schweren Waffen nachführen, wenn keine Angriffe zu erwarten waren. Außerdem führte bei den Römern jede Kohorte noch ihre eigenen Rüstwagen und Packpferde mit sich. Auch wurden die Ballisten oder die Wurfmaschinen, womit man Pfeile, Steine und Kugeln von Metall unter die Feinde schleudern konnte, auf Plaustris nachgeführt. Nicht alle Heerführer gestatteten jedoch, daß den Soldaten die Waffen nachgefahren wurden, wovon es mehrere Beispiele gibt: Frontius erzählt: »Als Philippus, König der Mazedonier, das erste Heer aufstellte, untersagte er ihnen allen den Gebrauch der Wagen.« Eben dies tat auch Alexander, da außer den Hamaxen oder Plaustren, worauf die vorrätigen Waffen nachgeführt wurden, auch der Troß der Packwagen mit dem Gepäck von der gemachten Beute so sehr zunahm, daß es hinderlich und gefährlich zu werden anfing. So ließ er alle Packwagen der Armee auf eine Ebene fahren, das Zugvieh abspannen, die seinigen zuerst, alsdann aber alle anderen verbrennen.

Doch gibt es aber auch andere Beispiele, wie man bei Xenophon liest, wonach es ein guter Feldherr an nichts mangeln ließ, was zu einem vollkommenen Feldgerät nötig war: Cyrus, der Perser, empfahl seinen Feldherren, sie sollten nicht vergessen, sich auf den Feldzug gut vorzu-

Das Plaustrum als zweirädriger Rüstwagen, von der Säule des Marc Aurel.

bereiten, warme Kleidung anzuziehen, stark gewürzte Wurstspeisen einzupacken, weil sie den Magen wärmen; auch Handmühlen, Feldapotheken, Stricke und Riemen, das nötige Werkzeug, um die Lanzen zu spitzen, und vorrätige Feilen, um die Waffen zu schärfen. Oft führten die Heere auch einen Dreschwagen mit sich, um auf fremdem Boden die Ernte einziehen zu können. Diesem Zweck dienten auch die Handmühlen, und auf vielen Monumenten sieht man Krieger mit Sicheln dargestellt, wie sie die Ähren abschneiden.

Auch im Gebrauch der Heere waren die Sichelwagen, über deren verheerende Folgen Theodorus berichtet: »Die Sensen waren so scharf, daß vielen die Arme mit den Schilden abgehauen wurden, vielen wurden die Scheitel so schnell abgeschnitten, daß die Häupter mit noch ganzem Gesicht und unveränderten Mienen auf der Erde lagen.«

Der Sturmbock; Bild vom Triumphbogen des Lucius Septimus Severus in Rom.

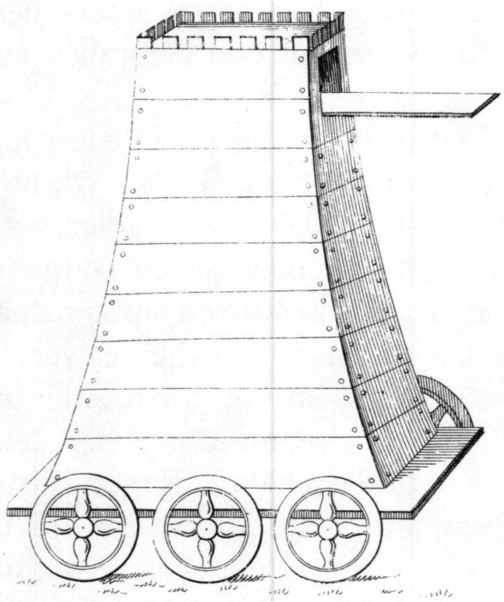

Der Turmwagen, nach einer Beschreibung in Virgils Aeneis.

Zu den ältesten Kriegsmaschinen zählt der Sturmbock, womit man Tore und Mauern einstieß. Flavius Josephus beschreibt dieses Gerät sehr deutlich: »Der Aries ist eine Maschine von ungeheurer Größe, wie der stärkste Mastbaum eines Schiffes. An das vordere Ende ist ein großes Stück Eisen befestigt, welches die Form eines Widderkopfes hat. Dieser starke Baumstamm hängt frei in der Luft an Tauen und dikken Stricken, welche oben über starke Querbalken geschlungen sind. Er wird durch viele Hände vorwärts und rückwärts bewegt; dann stürzt man ihn mit dem vorgestreckten Eisenkopf gegen die Mauer, sodaß auch die stärkste nicht widerstehen kann.«

Die Katapulta, womit Pfeile und Steine in eine beträchtliche Entfernung geschleudert werden konnten, soll von einem Cyrus von Syrakus, der zur Zeit des Tyrannen Dyonisos lebte, erfunden worden sein.

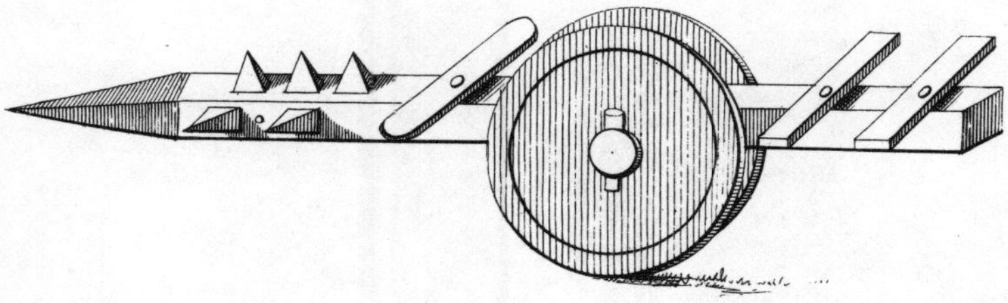

Der Mauerbrecher, von einem römischen Bas-relief, in Tivoli gefunden.

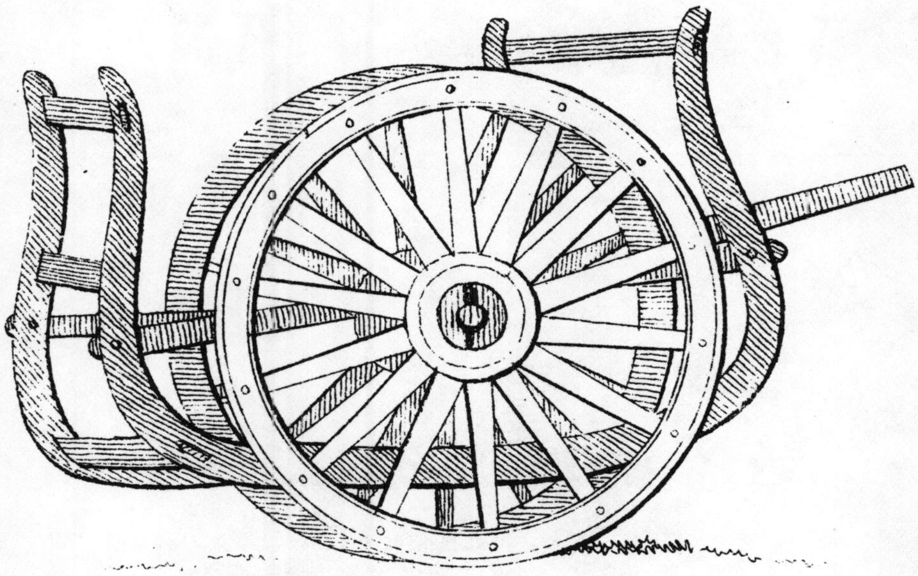

Dreschwagen, dargestellt auf der Säule des Trajan; wurde eventuell auch als Heerwagen verwendet.

Hamaxa, der griechische vierrädrige Currus mit gespeichten Rädern.

Oben: Gallischer Streit- oder Sensenwagen. – Unten: Der Sichelwagen, gezeichnet nach der Beschreibung Xenophons.

Der Currus

Unter dieser Bezeichnung versteht man jede Gattung Wagen, mag sie zwei- oder vierrädrig sein, mögen damit Lasten oder Menschen gefahren werden. Die alten Dichter und Schriftsteller bedienten sich dieses Wortes, um überhaupt ein Fuhrwerk zu bezeichnen, wovon sie öfters selbst nicht bestimmen konnten, wie es aussah. Von den alten lateinischen Dichtern wurde der Namen Currus vorzüglich für jene Wagen verwendet, die für den Personentransport geeignet waren. Obgleich also alle Gattungen von Fuhr- und Fahrwagen mit diesem Namen belegt wurden, hatte dieses Gefährt dennoch seine eigene Gestalt und Bauart. Wie zum Beispiel: der Currus indicus, persicus, asiaticus und so weiter, wie bei Aischylos erwähnt wird.

Die Römer hatten mancherlei Currus bei den Zügen im Circus oder bei Triumphzügen, welche von verschiedener Form und dem Gebrauch angemessen waren. Auf einem sah man die kostbarsten Dinge, die man erbeutet hatte, ausgestellt, auf anderen lagen ganze Blöcke ungemünzten Goldes und Silbers. Mehrere waren mit Goldstücken bis oben angefüllt, diese also mußten ringsrum geschlossen sein. Bei dem vielfachen Triumph des Julius Caesar wurden an erbeutetem gemünzten Gold und an goldenen und silbernen Gefäßen 65.000 Talente beziehungsweise 32,5 Millionen Taler im Zug geführt und 1822 goldene Kronen, die nach damaliger Sitte die besiegten Fürsten den Caesaren schenkten. Überdies wurden bei den Triumphzügen die Hauptvorfälle des geendigten Krieges sowohl in Malerei als in erhabener Arbeit vom Goldschmied oder Bildhauer verfertigt, nachgeführt oder auf Tragbahren getra-

Persischer Currus; Stufenwagen, auf dem persische Fürsten in die Schlacht zogen, auf der untersten Stufe saß der Wagenlenker; eingehauenes Bild in den Felsen bei Chapour.

Ein als Rennwagen verwendeter einfacher Bauernwagen.

Biga-ähnlicher Currus aus Persien, von einem Basrelief aus Persepolis.

Indischer zweirädriger Wagen aus dem 19. Jahrhundert.

gen, wie unter anderem Flavius Josephus in der Beschreibung des Triumphes des Vespasian und des Titus erzählt, wo er selbst Augenzeuge war: »Dies übertraf alles, was man bisher Künstliches und Prächtiges dieser Art gesehen hatte. Hier sah man mörderische Treffen, schauervolle Schlachtfelder oder fliehende Heere; dort erblickte man zertrümmerte Bergfesten, verheerte Städte, brennende Tempel und vielerlei Schreckbilder, die der Krieg erzeugt, von Gold, Silber oder Elfenbein erhaben ausgearbeitet.« Und Cicero sagt: »Haben wir nicht das Bild der Stadt Massilien (Marseille) vor dem Caesar her im Triumphe tragen sehen?« Auch bei Properz heißt es: »Ich sah die Rosse an den mit Beute beladenen Wagen Caesars bei dem Beifallgeklatsche des Volkes oft stille stehen.«

Die geringere Gattung dieser Wagen wurde auf langen Reisen der Hitze und des Regens halber mit geflochtenen Matten oder mit Leinwand überspannt, welche auf Bögen oder Reifen ruhten und auf der Seite aufgerollt werden konnten.

Altindischer Königswagen, mit sechs Pferden bespannt.

Zweirädriger Currus der Dacker; von einem Basrelief aus Terrakotta.

Fig. 1: Der Currus als Beutewagen in einem Triumphzug. – Fig. 2: Der Currus des Bacchus, von einem marmornen römischen Basrelief im Palast der Montalis. – Fig. 3: Beutewagen, dargestellt auf der Säule des Marc Aurel. – Fig. 4: Bacchuswagen, gefunden bei einer Ausgrabung im Dom zu Orléans. – Fig. 5: Beutewagen; Rüstungen und erbeutete Waffen wurden im Triumphzug zur Schau gestellt. – Fig. 6: Darstellung der Stadt Marseille auf einem Currus; von einem antiken marmornen Basrelief abgezeichnet.

Gefederter Transportwagen aus dem 19. Jahrhundert für die Beförderung von Spiegeltafeln.

Kriegswagen aus dem 14. Jahrhundert, mit Steinböllern bewehrt.

Kriegswagen aus dem 19. Jahrhundert zum Transport von bewaffneten Soldaten.

Steinwagen aus dem 16. Jahrhundert, nach einer Zeichnung von Albrecht Dürer.

Die Rheda

Kein Fuhrwerk war je bei den Römern allgemeiner als die Rheda. Man bediente sich ihrer als herrschaftlicher Stadt- und Reisewagen, als öffentliche Landkutsche, als Postwagen, als Mietwagen, als Rüst- und Heerwagen und als Frachtwagen.

Die Rheda ist ein gallisches Fuhrwerk, das aber von den Römern angenommen und beibehalten wurde. Die Bauart des Wagens, die niederen Räder und die schlechten Wege, die nicht Heerstraßen waren, machten oft eine Menge Zugtiere notwendig.

So liest man bei Theodosius: »Wir beschließen, daß die Rheda nicht mehr als tausend Pfund tragen sollte«, und ferner, »im Sommer dürfen acht, im Winter bis zehn Mauleselinnen an die Rheda gespannt werden.« Es scheint also, daß sich in jenen Zeiten die reisenden Kriegsleute oder angestellten Personen manch willkürliche Handlung erlaubten, da man so viele Gesetze diesbezüglich findet. Konstantin der Große befahl, daß niemand, der in öffentlichen Geschäften reiste, sich unterstellen sollte, die Pflugochsen von den Bauern zu begehren, um sie an seine Rheda zu spannen, sondern sich bloß solcher Zugtiere zu bedienen, welche zum öffentlichen Dienste bestimmt und erhalten wurden.

An die schnellen Rheden waren gewöhnliche Pferde gespannt. Solche, welche die Herrschaften zu ihrem Gebrauch hielten und deren sie sich sowohl in der Stadt als auf der Reise be-

Die zweirädrige Rheda; Bild von der Säule des Kaisers Theodosius.

dienten, waren mit einem steifen Verdeck, ringsum mit Leder überspannt, sehr dicht gegen Wind und Wetter geschlossen, weich gefüttert und mit guten Polstern versehen. Überdies hingen die herrschaftlichen Rheden in Riemen, wogegen ansonsten der Kasten auf den Achsen ruhte. Von einem solchen Gefährt spricht auch Plinius: »Ich bin so bequem in einem Wagen hieher gekommen, wie in einem Schlafzimmerchen.« Und Cicero schreibt in einem seiner Briefe: »Diesen Brief habe ich in einer Rheda sitzend diktiert, als ich ins Lager reiste.« Kaiser Claudius, der das Schachbrett leidenschaftlich liebte, ließ seinen Wagen einrichten, daß er auch während des Fahrens spielen konnte.

Von einer geringeren Gattung scheinen jedoch diejenigen Rheden gewesen zu sein, von denen Julius Caesar in »de bello gallico« erzählt. Er schreibt, daß die Germanen ihr ganzes in Schlachtordnung stehendes Heer mit Rheden und Karren umringt hatten, damit sich niemand eine Hoffnung zum Entrinnen machen sollte; auf den Rheden standen ihre Weiber mit fliegenden Haaren und riefen weinend ihren streitenden Landsleuten zu, daß sie dieselben nicht verlassen sollten, damit sie nicht in die Hände der Römer fielen.
Die Rheda diente auch bei großen Herrschaften statt eines großen Kammerwagens, um die Dienerschaft nachzuführen.

Die bedeckte Rheda.

Die Leichtesten von allen waren die Postrheden, womit die Rhedarii mit unglaublicher Schnelligkeit fuhren. Es gab auch zweirädrige Rheden, welche auch gewiß in den Postanstalten in Gallien Verwendung fanden, um eine oder zwei Personen zu fahren. Lang hielt sich auch diese Gattung Wagen in der Türkei, wo sie die Bezeichnung »Araba« trug.

Die türkische Rheda oder Araba.

Kriegswagen zum Transport von Fahnenträgern und bewaffneten Soldaten aus dem 14. Jahrhundert.

Die offene Rheda; Bild von einer der zwei Säulen des Theodosius in Konstantinopel. Die Ausstattung weist auf eine dem Staat gehörende Rheda hin, die außerdem auf Grund des Ochsengespanns nicht zum Schnellfahren gedacht war.

Der Streitwagen

Schon in den frühesten Zeiten pflegten die Völker auf Wagen zu streiten; eine Sitte, die aus den Tagen des uralten Nomadenlebens stammt. Man ist erstaunt über die ungeheure Zahl der Streitwagen, die jene Heere der Alten Welt mit sich führten, besonders wenn man bedenkt, daß diese Wagen nicht den Hauptteil der Heere ausmachten, sondern meistens nur dazu bestimmt waren, um die Schlacht zu beginnen, die feindlichen Reihen der Fußkämpfer zu durchdringen und in Unordnung zu bringen.

So liest man im ersten Buche Samuels: »Da versammelten sie sich mit 30.000 Wagen, 6000 Reitern und sonstigem Volke, so viel wie Sand am Rande des Meeres.« Auch im Buche Judith heißt es: »Holofernes, der Feldherr des Nebukadnezar, zog fort mit dem ganzen Heer, mit Wagen, Reitern und Schützen, welche den Erdboden bedeckten wie Heuschrecken.« Von der beträchtlichen Zahl der Streitwagen liest man auch im neunten Gesang des Ilias, daß die große Stadt Theben 10.000 Streitwagen und zwei Mann auf jeden stellte. Da nun die gemeinen Streitwagen Bigen waren – das heißt von zwei Pferden gezogen wurden –, so mußte Theben nur für diese schon 20.000 Pferde geben.

Die Gestalt der Wagenhelden, so wie die aller ägyptischer Heroen und Fürsten, die man auf ihren Denkmälern abgebildet findet, ist immer überragend. Hingegen sind alle umgebenden Nebenfiguren übertrieben klein dargestellt. Es war dies bei allen Völkern üblich, die dadurch ihren Regenten und Heerführern einen Beweis ihrer Huldigung und Verehrung zu geben glaubten. Deswegen wählten sie meistens unter den Tapfersten die größten Männer zu Fürsten und Heerführern, wovon man viele Beispiele in der Bibel findet, wie zum Beispiel bei Moses: »Es ist dieses Land, worin die Kinder Ammon wohnen, geschätzt für der Riesen Land, und es haben auch vor Zeiten Riesen darinnen gewohnt.« Ebenda wird auch erzählt: »Der König Os zu Basan war allein noch übrig von den Riesen. Siehe, sein eisernes Bettgestelle ist alleine zu Rabbate – neun Ellen lang und vier Ellen breit, nach eines Mannes Ellenbogen.« Darum erkor auch Samuel den Saul zum König über Israel, »denn Saul war ein junger, feiner Mann und eines Hauptes höher als alles Volk«.

Es war aber nicht nur aus bloßer Schmeichelei, daß die Ägypter und andere ihre Könige und Fürsten immer als Helden an der Spitze ihrer Heere oder als Triumphierende darstellten, sondern die Geschichte lehrt uns, daß die Regenten der ältesten Völker sich auch wirklich als Helden zeigten und selbst ihre Kriegsvölker im Streite anführten.

Waren die ägyptischen Krieger, wie man aus Darstellungen entnehmen kann, sämtlich unbebartet, so stellt jene Abbildung von bärtigen Streitern jedenfalls ein fremdländisches Volk dar und Gegner der Ägypter. Über eben jene, welche in mit Blechtafeln umgebenen Wagen kämpften, liest man im Buch der Richter: »Juda konnte den Einwohnern im Tale nichts anhaben (mit Feuer- und Brandpfeilen), weil sie eiserne Wagen hatten.« Die Hauben und Nackenmäntel jener gegnerischen Streiter waren vermutlich von dichter Stierhaut oder gekochtem, starkem Rindsleder und dienten ihnen als Helme und Panzer, um sie gegen Pfeile und Wurfspieße zu schützen.

Der Kasten dieser Streitwagen hieß Diphron

Ausschnitt aus einem Triumphzug ägyptischer Streitwagen; dargestellt auf der Südseite des Palastes Medynet-Abou zu Theben.

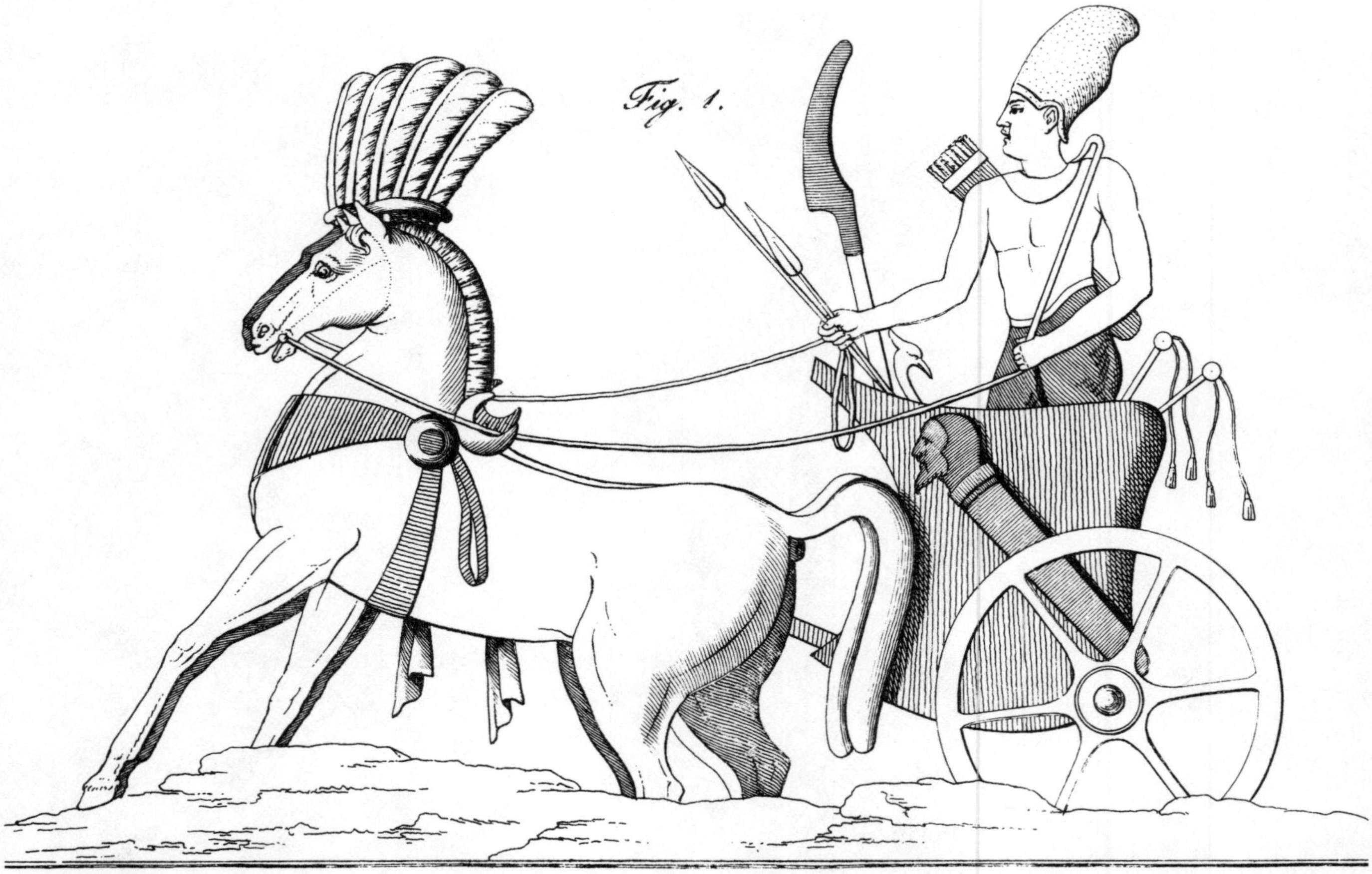

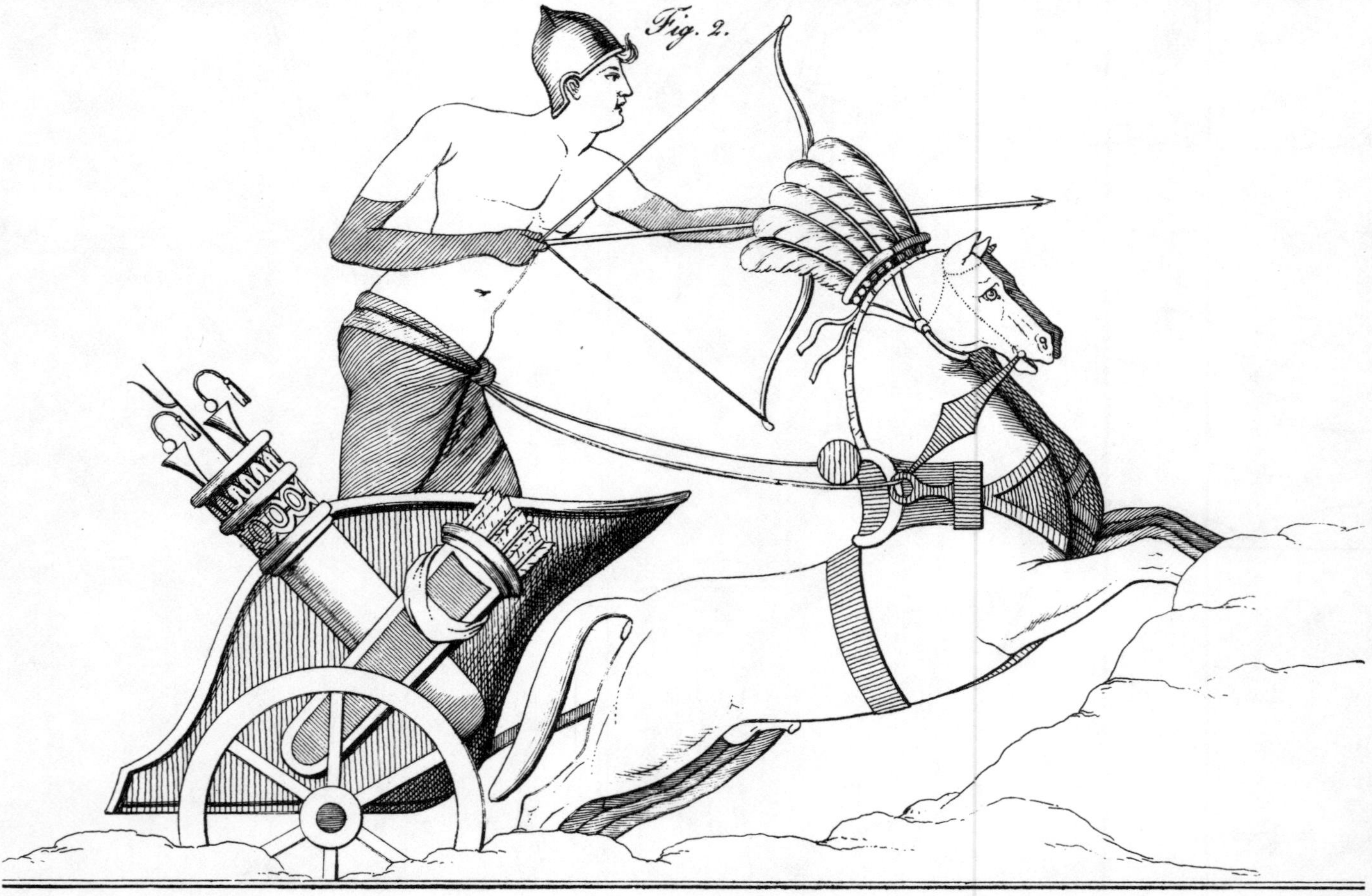

Oben: Ägyptischer Streitwagen; Bild von einem Basrelief an den Wänden des Tempels Carnac. – Unten: Ägyptischer Streitwagen; eingehauenes Bild in die Steinmauern des Tempels Medynet-Abou zu Theben in Ägypten.

Fig. 1.

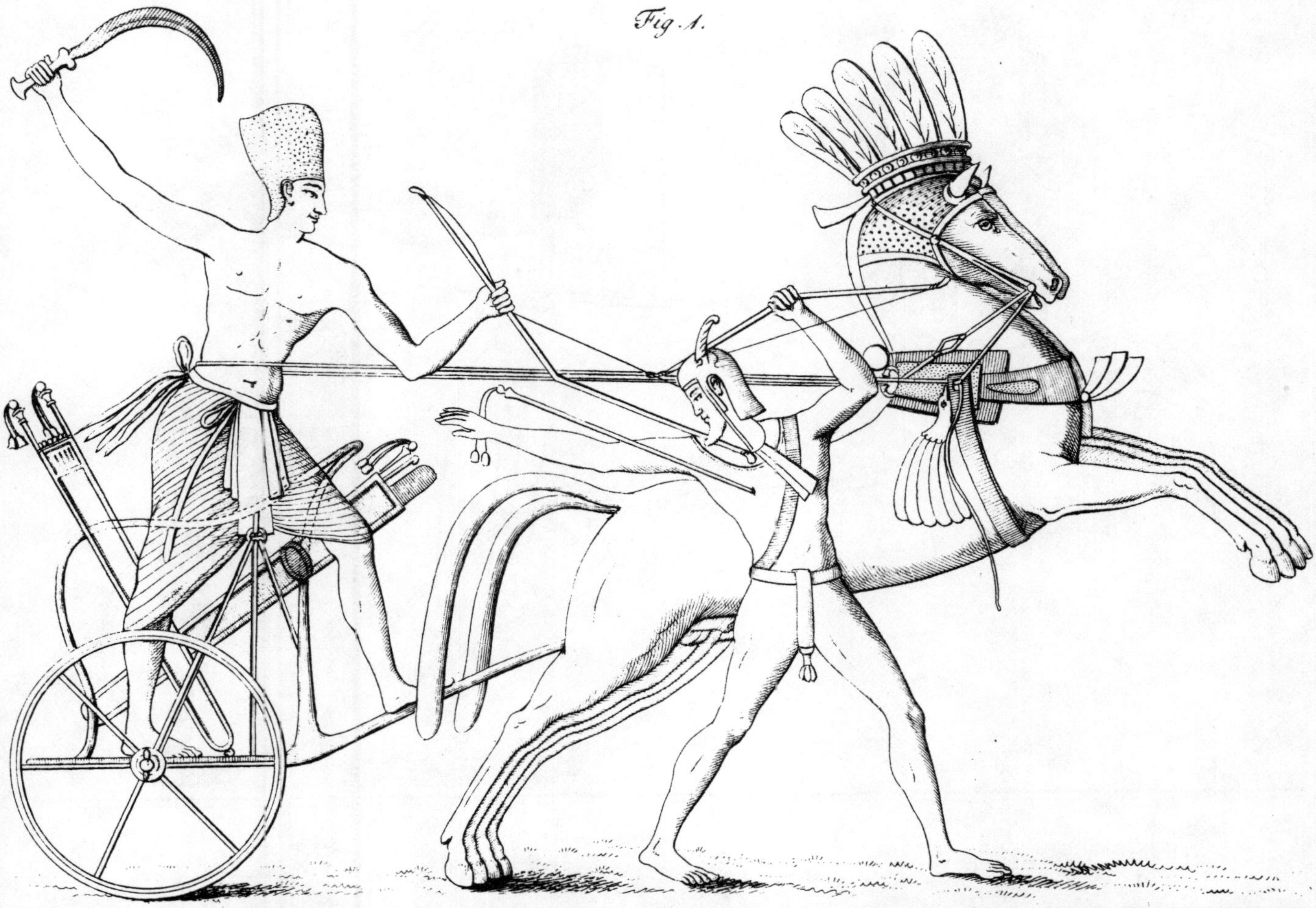

Fig. 2.

Oben: Eiserne Streitbiga; Bild auf den Mauern des Memnonium im alten Theben. – Unten: Eiserne Streitbiga; Basrelief in der großen Grotte zu El-Kab.

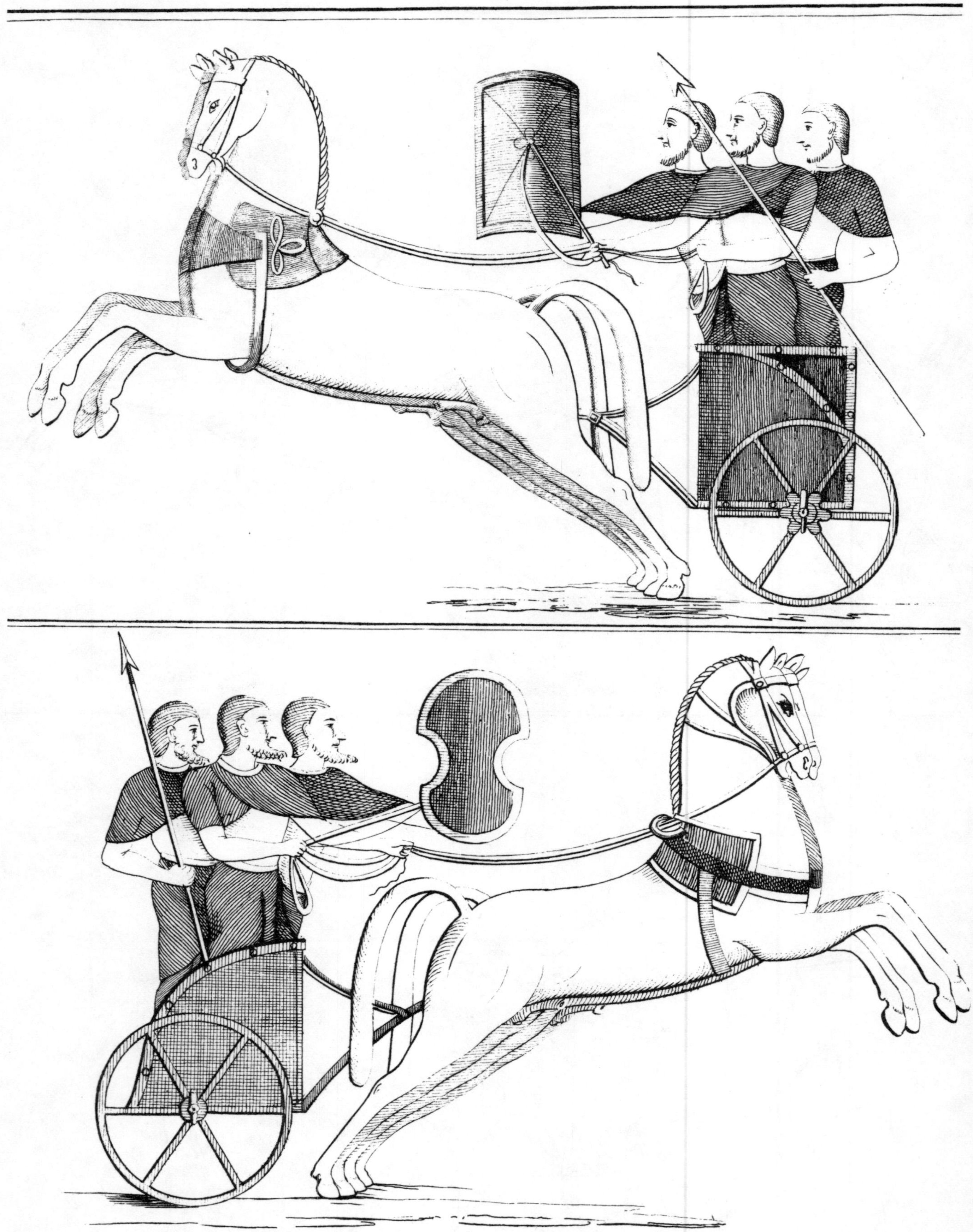

Eiserne Streitbigen; Basrelief des thebischen Memnonium. Die Kästen sind noch zusätzlich mit Blechtafeln umgeben.

Altgriechischer Streitwagen, dargestellt auf einem hetrurischen Gefäß.

(Zweisitz), allein die Griechen verstanden unter dieser Benennung auch den ganzen zweirädrigen Kriegswagen, der gewöhnlich mit zwei, seltener mit drei, öfters aber mit vier Pferden bespannt war und daher bei den Römern nur Biga, Triga und Quadriga genannt wurde.

Die griechischen und troischen Helden, von denen Homer erzählt, fochten nicht immer vom Wagen herab, sondern mischten sich auch in die Reihen ihrer zu Fuß streitenden Krieger: »Man fand sie alle Zeit da, wo die Gefahr am größten und die meiste Ehre zu ernten war. Der kühnste Held trotzte dem Tode im dichtesten Schlachtengewühl, und wenn er fiel, so war er öfters von vielen toten Feinden umringt, die sein geübtes Schwert in das Reich der Schatten voraussandte« – solches berichtet und lehrt jedenfalls die Geschichte. »Wenn diese Krieger auf ihren Wagen mit ihren streitlustigen Rossen die Feinde verfolgten, so sah man diese Tiere wetteifern mit ihren Helden, die Gefahren der Schlacht suchen und mit ihnen teilen, alle Hindernisse übersteigen, die feindlichen Heere durchbrechen, Menschen und Tiere unter ihren Füßen zermalmen, über Wälle, Schanzen und Gräben dahinfliegen und mit starkem Hufe die Pfähle und Tore der Feste zerschmettern« – so erzählt die Legende.

Dergleichen ausgezeichnete Pferde waren von unglaublichem Wert, und ihre Namen wurden bald im ganzen Heer bekannt. Wie hoch solche Rosse geschätzt waren, ersieht man auch aus den Worten König Agamemnons: »Zwölf mächtige Rosse, die schon viele Auszeichnungen errangen! Der wäre nicht arm, der soviel Goldes besäße, als mir diese Rosse mit fliegenden Füßen errangen.«

Die Biga

Die Biga besteht aus einer Achse, zwei Rädern und einer Deichsel. Der Kasten ist nach hinten geöffnet wie jener des griechischen Diphrons. Die Griechen und die ältesten Völker bedienten sich ihrer sowohl im Krieg als auch in Friedenszeiten in der Stadt und zum Spazierenfahren.

Die Biga war das gewöhnliche Gefährt junger Leute: denn die Alten fuhren lieber auf vierrädrigen Harmamaxen, worin sie sitzen oder liegen konnten. Die Römer bedienten sich aber der Bigen bloß noch im Circus oder bei Triumphzügen.

Die griechischen Rennbigen hatten meistens metallene Achsen und Räder, und der ganze Wagen war von leichtem, zierlichem Aussehen. Die Römer führten diese Bigen der Griechen auch bei ihren Circensischen Spielen ein, nur veränderten sie die leichte, einfache griechische Form, sodaß ihre Bigen, obgleich sehr schön und reich, sich von den ersteren sehr kenntlich durch ihre schwere Bauart unterschieden. Alle besseren Arten dieser Wagen waren am Ende der Deichsel mit einem metallenen, schön gearbeiteten Kopfe geziert, der auch öfters vergoldet oder von gediegenem Silber war.

Biga, nach einem marmornen römischen Basrelief im Museum des Capitols abgezeichnet.

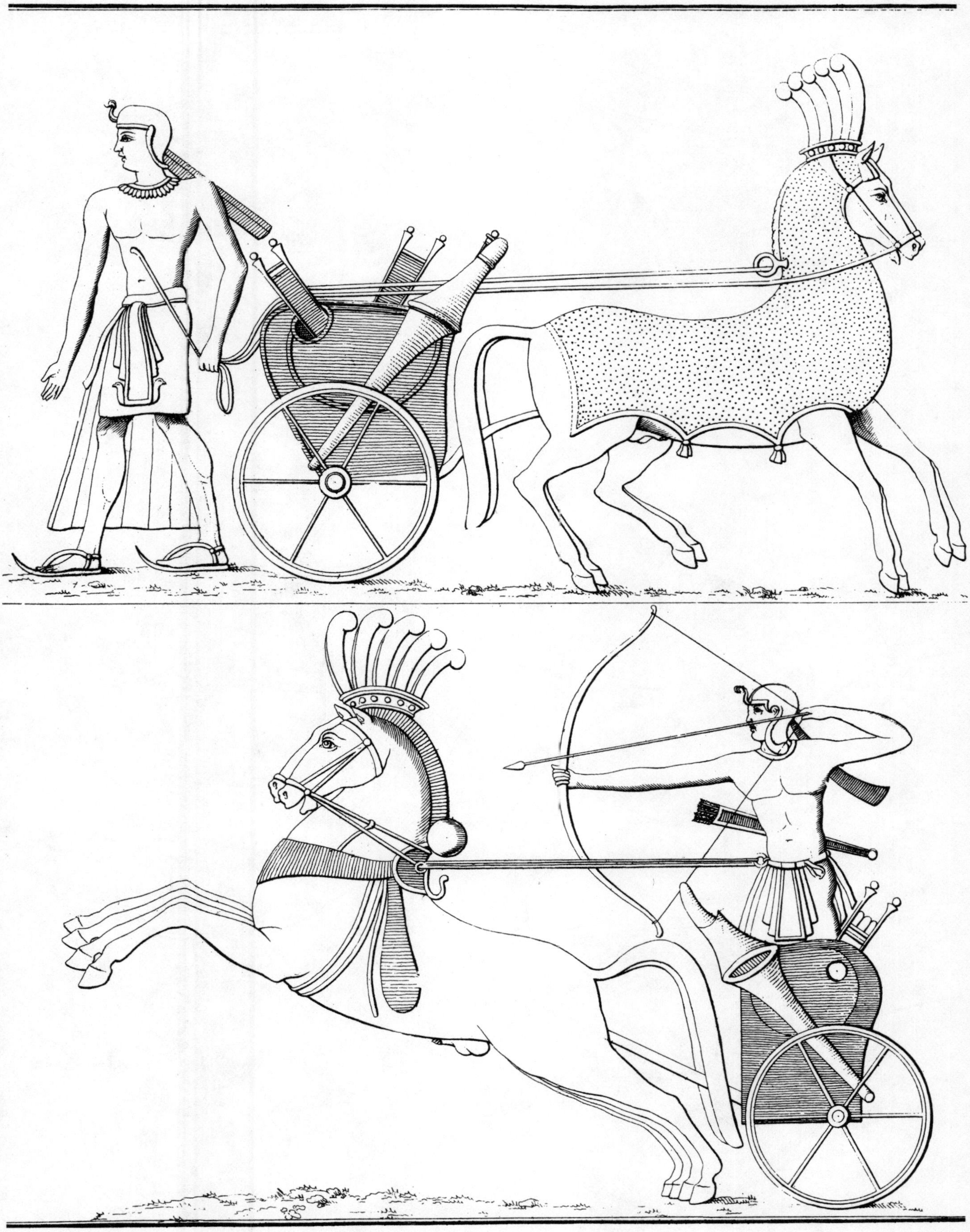

Ägyptische Streitwagen; von einem Basrelief des Palastes Carnac entlehnt.

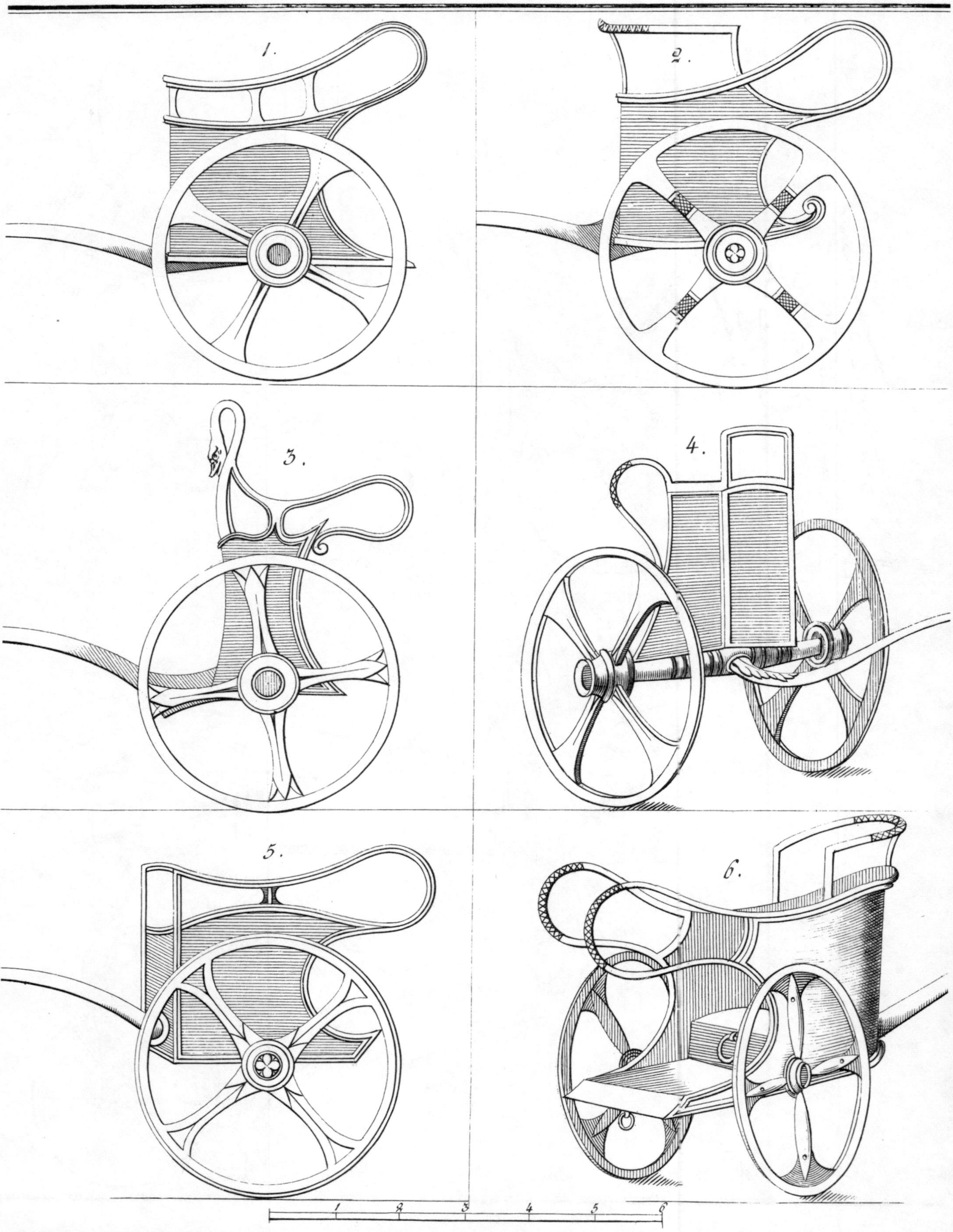

Griechische Bigen und Quadrigen; Fig. 1–5 stellen Rennwägelchen für je eine Person dar, Abbildungen vom Fries des Tempels der Minerva bzw. des Parthenon zu Athen; Fig. 6 ist von einer griechischen Vase abgezeichnet, gefunden in St. Agata de Goti.

Die Triga

Die Bauart dieses Gefährts und dessen äußerliche Form war nicht im geringsten von der Biga unterschieden. Lediglich durch ein dem Zweigespann beigefügtes drittes »Seilroß« entstand das Gefährt unter dieser Bezeichnung.

Das griechische Diphron, dargestellt auf einer Münze aus Selinont.

Persischer Streitwagen chalybischer Reiter aus der Armee des Xerxes.

Griechischer Streitwagen, dargestellt auf einer Münze.

Ältestes griechisches Diphron, Abbildung einer Münze aus der sizilianischen Münzsammlung Leon. Augustini.

Die Quadriga

Die Bigen sind älter als die Quadrigen, so wie die vierrädrigen Fuhrwerke bloß eine Vervollkommnung der Zweirädrigen sind. Auch verdient bemerkt zu werden, daß unter all den Streit- und Siegeswagen, die auf ägyptischen Denkmälern dargestellt sind, nicht eine einzige Quadriga zu entdecken ist.

Eine Quadriga entstand, wenn neben die Deichselpferde einer Biga zwei »Strangpferde« gespannt wurden, sodaß alle vier nebeneinander in einer Reihe liefen.

In Homers Ilias geht aus vielen Stellen hervor, daß die vornehmsten Heerführer im troischen Kriege sich öfters der Quadriga bedienten. Man findet auch bei den ältesten Schriftstellern, daß lange vor Homer dieses Gefährt bei den feierlichen Wettrennen eingeführt war. Viele nennen die Göttin Minerva als dessen Erfinderin, und einige behaupten, Erichthonius habe sie zuerst nach Griechenland gebracht.

Die Quadriga war der Sonne geweiht, wie die Biga dem Mond und die Triga der Unterwelt.

Die Triumphatoren bedienten sich solcher, um ihren Einzug zu halten. Auch bei feierlichen Rennen im Circus liefen vor allem Quadrigen, und die größte Ehre, die einem Römer widerfahren konnte, war die, daß ihm vom Volke und von der Obrigkeit eine »Ehrenquadriga« zuerkannt wurde.

Wagen, von einem allegorischen Mauergemälde des Herculaneum abgezeichnet.

Der Circus

In den Zeiten der Entstehung der Wettrennen auf Wagen wählten die Griechen eine ebene Fahrbahn auf freiem Feld, deren Umkreis sie mit einem kleinen Graben oder auch mit Pfählen umschlossen. Später aber sah man in Griechenland die prächtigsten Amphitheater und Hippodrome. Die ältesten Olympischen Spiele waren eine Vervollkommnung der kretischen Kampf- und Wettspiele, welche der König Minos in Kreta seinen verstorbenen Verwandten zu Ehren von Zeit zu Zeit bei ihren Begräbnisplätzen feiern ließ.

Die Meinungen der alten Schriftsteller über den Ursprung dieser Spiele und den Zweck ihrer Gründung sind sehr verschieden, doch scheint es, daß die heiligen Kampfspiele anfänglich für Leichenfeste eingeführt und anläßlich dieser gefeiert wurden, wodurch die Alten sowohl die Götter als die verstorbenen Heroen zu verehren glaubten. Auch dürfte vielleicht zu jenen Zeiten, wo man noch auf Wagen focht, der Hauptgrund dieser Feste gewesen sein, kühne Wagenlenker zu bilden und die Jünglinge durch körperliche Gewandtheit, Anspannung und Beharrlichkeit mit den Gefahren des Krieges vertraut zu machen. Daher nahmen auch in Griechenland die Wagenrennen so allgemein überhand, daß selbst küstenbewohnende und seefahrende Völker, die sich sonst nur der Schiffahrt widmeten, an diesen Landübungen teilnahmen.

Die Römer, welche nach dem Beispiel der Griechen diese Spiele bei sich einführten, nannten sie die Circensischen Spiele. Der König Tarquinius Priscus, welcher aus seinem Vaterland Hetrurien den Geschmack an den schönen Künsten und vorzüglich an der Baukunst mit nach Rom brachte, soll den berühmten Circus

Links: Triumphbiga des Kaisers Titus, von allen Nebenfiguren entblößt. – Rechts: Römische Biga, von einem Deckenfresko eines Gemaches in den Bädern des Titus abgezeichnet.

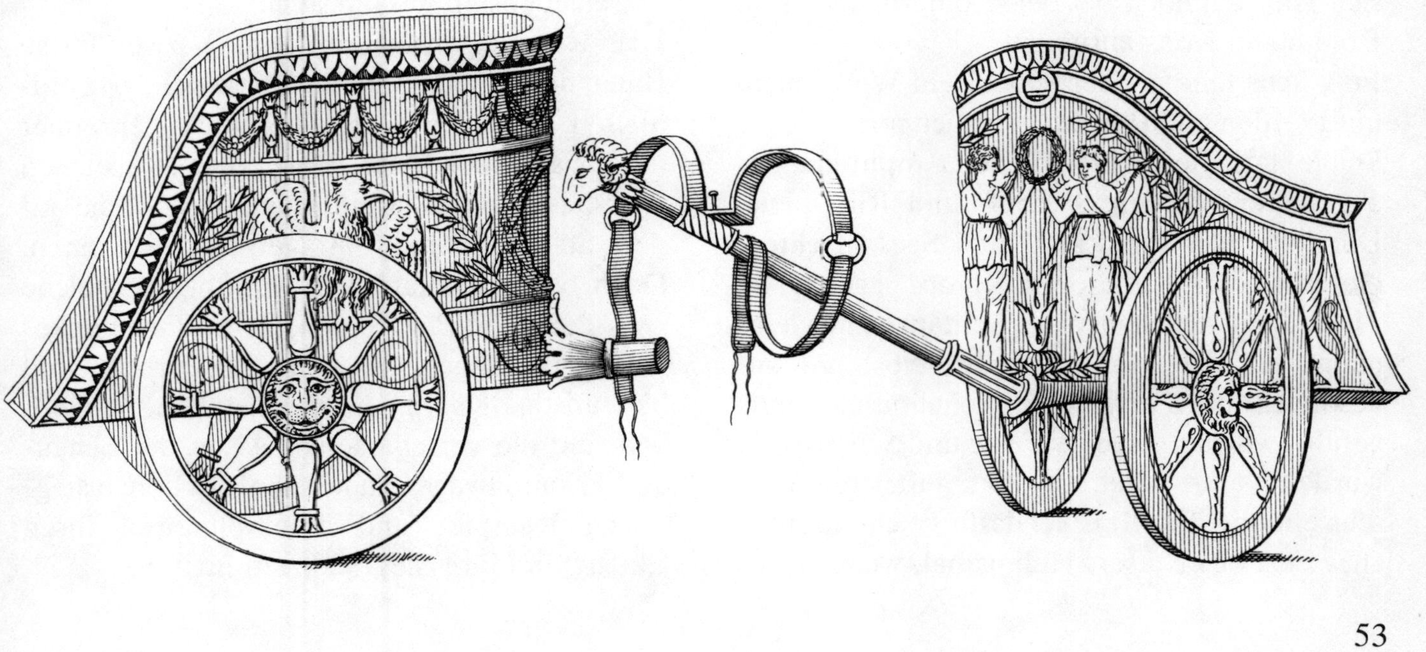

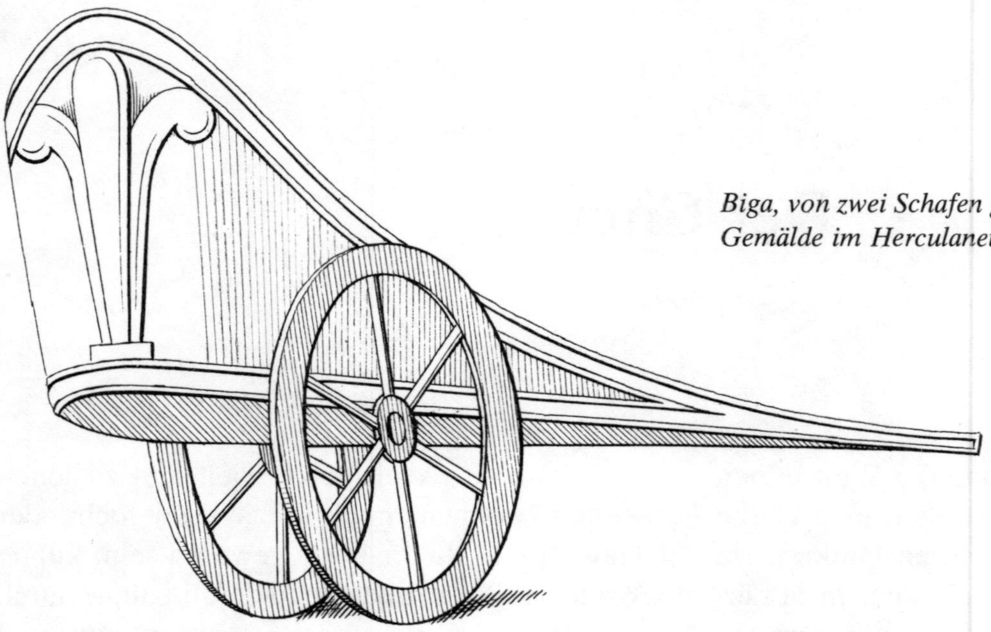

Biga, von zwei Schafen gezogen, von einem allegorischen Gemälde im Herculaneum entlehnt.

maximus erbaut haben. Später haben ihn viele römische Kaiser vergrößert und verschönert. Unter Julius Caesar und Augustus bot er bereits Raum für 150.000 Zuschauer, die Kaiser Tiberius, Caligula, Nero und Trajan vergrößerten dieses Bauwerk schließlich so sehr, daß nach der Versicherung des Plinius 260.000 Personen darin Platz fanden.

Die Circensischen Spiele wurden zwar in der folgenden Zeit öfter unterbrochen, erhielten sich aber dennoch bei den Römern sowohl in Rom als in Konstantinopel.

Im Circus fanden aber außer dem Wettrennen mit Pferden und Rennwagen auch noch andere Spiele statt, die ebenfalls in den Amphitheatern abgehalten wurden: Kampf- und Ringspiele, Darstellungen von Land- und Seeschlachten, Gefechte der Gladiatoren, Kampf gegen wilde Tiere, Jagden, Schauspiele, Seiltänze und vieles mehr, welche teils auf der Bahn selbst, teils auf besonders dazu errichteten Schaubühnen aufgeführt wurden. Allerlei Feste und Schauspiele wurden veranstaltet, oft mit äußerster Verschwendung. Ein Beispiel dafür ist ein öffentliches Fest des Kaisers Heliogabal, welcher das Wasser aus dem Ringgraben ablaufen und ihn mit Wein füllen ließ, bis die ganze Bahn des Circus damit überschwemmt war, sodaß man mit Schiffen darauf fahren konnte. Kaiser Augustus ließ einst die Bahn des flaminischen Circus unter Wasser setzen und 36 lebendige Krokodile zur Schau stellen, welche er alle durch ägyptische Streiter im Kampf töten ließ. Jedenfalls aber war für den Circus der Wagen von besonderer Bedeutung, und es waren die verschiedensten in Gebrauch:

Die Rennwagen waren leichte zweirädrige Bigen und Quadrigen, die nur soviel Platz enthielten, daß der Auriga oder Wagenrenner darauf stehen konnte. Das ganze Wägelchen war so leicht, daß es ein Mann ohne Mühe auf den Schultern hinwegtragen hätte können. Doch benützte man auch Streitbigen, welche zwei Personen Platz boten, dem Wagenlenker und dem Krieger, um damit mörderische und blutrünstige Kämpfe zu veranstalten. Schließlich sind die verschiedenen Arten der Schau- und Triumphwagen zu nennen, auf denen siegreiche Kämpfer und Triumphatoren ihren Einzug und ihre Siegesfahrten hielten.

Das Essedum des Circus; römische Streitbiga, die bei circensischen Spielen verwendet wurde; das Original befindet sich im Vatikanmuseum in Rom (Rückansicht).

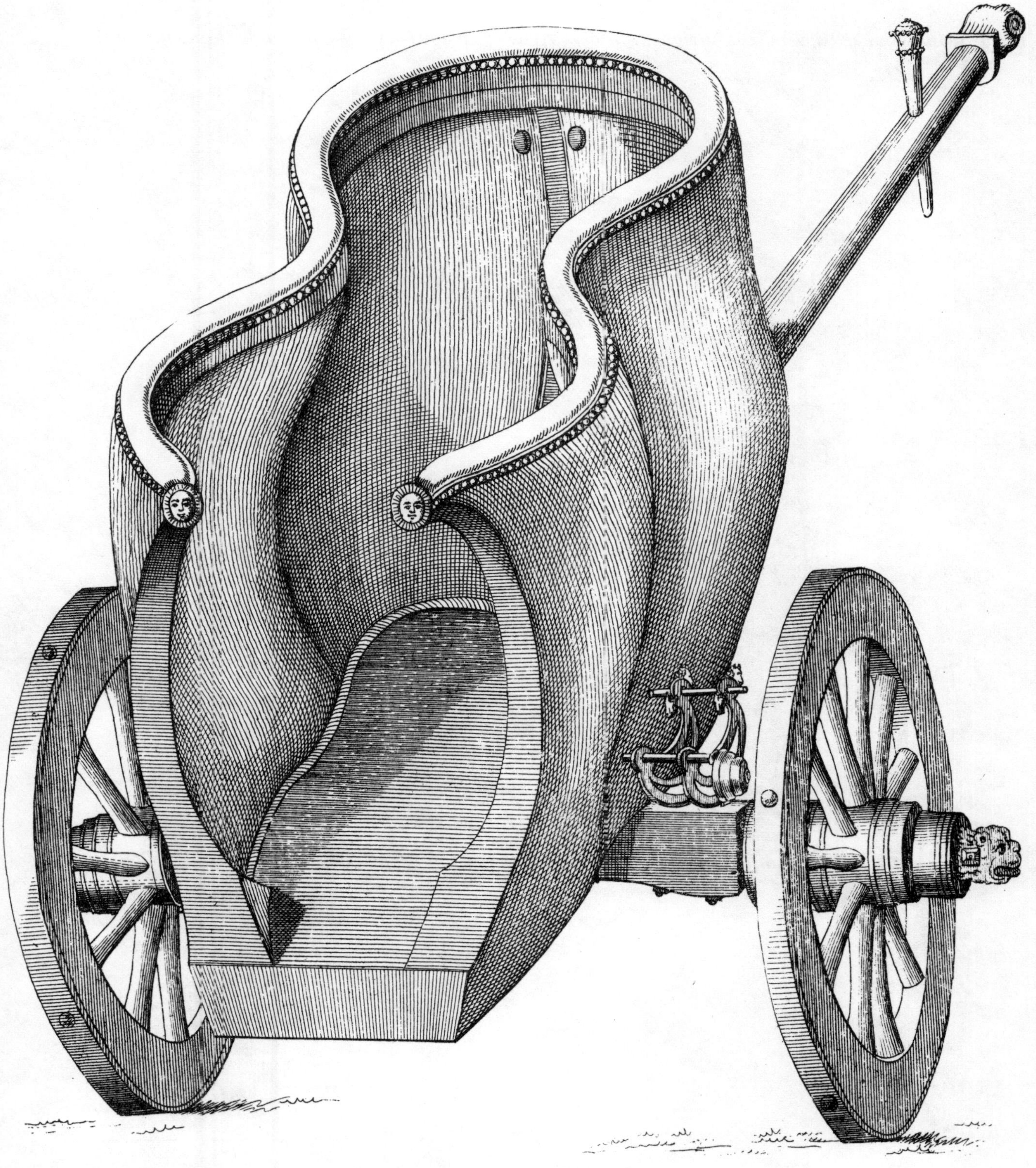

Das Essedum des Circus; römische Streitbiga, die bei circensischen Spielen verwendet wurde (Vorderansicht).

Römischer Schauwagen von weißem Marmor, ausgegraben bei Rom; das Original befindet sich im Vaticanmuseum in Rom.

Vorderansicht des bespannten Wagens.

Circus maximus; gezeichnet nach der Vermessung der vorhandenen Fundamente und Ruinen, nach Beschreibungen altrömischer Schriftsteller und mit alten Münzen verglichen. Die Länge dieser Rennbahn betrug 2187, die Breite 960 Fuß.

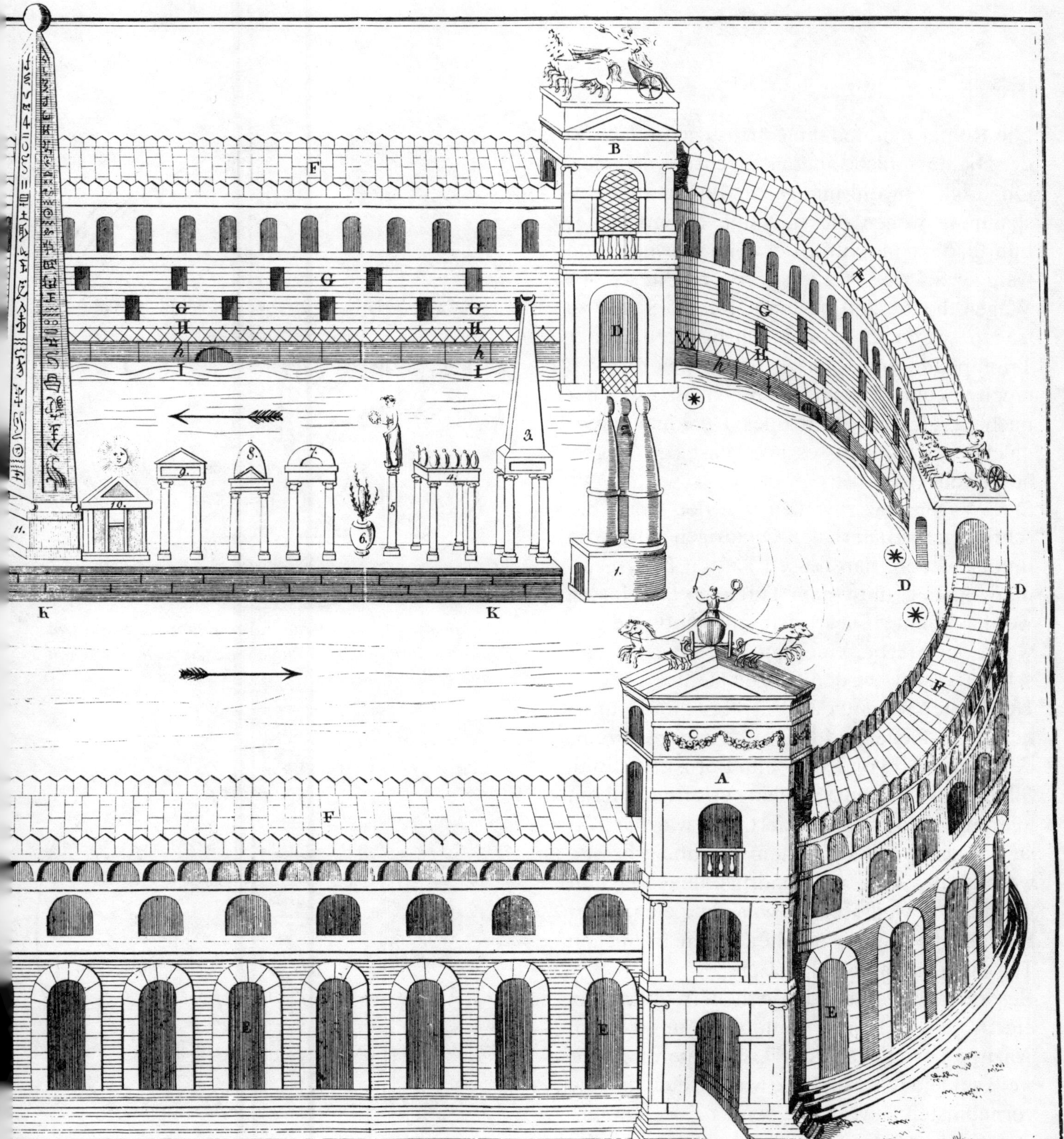
B
F
G
G
G
G
H
H
H
h
h
h
I
I
D
D
D
D
K
K
A
C C
E
E
E
F
F
F
1.
3.
4.
5
6.
7.
8.
9.
10.
11.

Der Triumphwagen

Die Römer nannten ihn Currus triumphalis, in der Dichtersprache aber victor currus, seltener: Quadriga, obwohl ihm seiner Bauart und Bespannung wegen dieser Name eigentlich gebührte, denn nie wurde der Triumphwagen von weniger als vier Pferden gezogen. Ein solcher Wagen diente, den triumphierenden Sieger zu tragen, wenn er seinen Einzug hielt. Jeder Triumphator ließ sich zu dieser Feierlichkeit einen neuen Prachtwagen bauen, welcher nachher als ein ehrenvolles Denkmal dieses glücklichen Ereignisses im Palast des Siegers aufgestellt blieb.

Der Wagen war zuweilen von der schon beschriebenen Bauart der Quadrigen nur darin unterschieden, daß dessen Kasten hinten, wo man einstieg, mit einem Türchen verschlossen werden konnte. Dieses war umso notwendiger, wenn der Sieger seine Kinder, wie es oft geschah, zu sich auf den Wagen stellte.

Der Kasten war auf das Prächtigste und Künstlichste aus Zedern-, Eben- oder anderem fremden Holz oder von Elfenbein, Bernstein, Gold, Silber und anderen Metallen verfertigt und mit allerlei Schnitzwerk verziert. Oft war der Kasten ringsum mit weißestem Elfenbein belegt, weshalb der Wagen »Quadriga alba« genannt wurde. Die weiße Farbe war ein Zeichen der Freude, die Römer nannten einen fröhlichen Tag auch einen »weißen Tag«.

Besonders war es bei den Athenern üblich, bei einem feierlichen Triumphzug in weißem Anzug zu erscheinen: der Triumphierende war weiß gekleidet, so auch die Magistraten und die vornehmsten Bürger, die den Zug begleiteten. Der Triumphwagen, die Pferde, die Zügel, die Knaben, die den Sieger umgaben und Sieges-

Siegesquadrigen; die Pferde tragen Palmzweige auf dem Zaum, wodurch man diejenigen auszeichnete, die schon einmal gesiegt hatten.

Triumphwagen des Lucius Septimus Severus; einstiges Marmorbildnis auf dessen Ehrenpforte in Rom.

lieder sangen, selbst die Opfertiere, die mitgeführt wurden – alles mußte von weißer Farbe und fleckenlos sein.
Auch die Römer ahmten diesen Brauch nach, nur trug der Imperator über der weißen Kleidung einen Purpurmantel, dessen Saum ringsum mit goldenen Palmblättern bestickt war.
Wenn der Sieger seine Kinder zu sich in den Wagen nahm, so wurden diesen nach ihrer Größe verschiedene Plätze auf der Seite des Kastens vorbereitet, worauf man sie so stellte, daß sie nicht herausfallen und doch hinlänglich vom Volke gesehen werden konnten. Der Kasten mußte daher oft ziemlich breit sein, weil die Triumphatoren außer ihren Kindern zuweilen auch noch einen oder zwei Freunde neben sich stellten.

Triumphwagen Kaiser Trajans, dargestellt auf einer Münze.

Römische Siegesmünzen, Bigati bzw. Quadrigati, die anläßlich der Siege bei olympischen Spielen geprägt wurden.

Natürlich waren nicht alle Triumphwagen von derselben Form, sondern es gab auch welche, wo der Kasten nur für eine Person Platz bot, und, ganz ohne Holz, aus getriebenem Gold oder Silberblech gearbeitet war. Andere waren aus Messing oder Erz überaus künstlich hohl getrieben mit allerhand zierlichen Bildern und Laubwerk geschmückt. Auch gab es dergleichen, die nicht ganz rund und geschlossen waren, sondern hinten offen und ausgeschweift wie eine Rennquadriga.

Die Zahl der Pferde, die man an den Triumphwagen spannte, war von der ältesten Zeit an immer vier, obgleich man auf einigen Monumenten dergleichen mit sechs Pferden antrifft. Der Wagen Kaiser Trajans soll gar mit zehn Pferden bespannt gewesen sein. Ein solches vielfaches Gespann war aber bei keinem Triumphzug erlaubt, bloß bei den Circensischen Rennen findet man einige solche Beispiele. Im übrigen waren diese Darstellungen als prächtige Schaustücke zu betrachten, wodurch man einen solchen Triumph zu verherrlichen und sein Andenken der Nachwelt zu überbringen glaubte.

Indische Sieger hielten ihren Triumphzug auf einem prächtig geschmückten Elefanten reitend. Für die höchste Ehre galt es aber bei ihnen, auf einem Triumphwagen, mit vier Elefanten bespannt, einherzufahren. Nach Pausanius soll Alexander der Große die ersten Elefanten nach Europa gebracht haben, und nach Plinius war Pompejus in Rom der erste, der seinen Wagen mit Elefanten bespannt hatte, wovon gesagt wird, sie hätten bei diesem Siegeszug nicht nebeneinander durch das Tor kommen können.

Der Prachtwagen

Die Römer kannten eine Vielzahl verschiedener Prachtwagen, welche aber nur von bestimmten Personen benützt werden durften. Die römischen Ritter, die Mitglieder des Senats hatten ihren »Augustanus currus«. Man unterschied die »fahrenden Magistraten« von den »pedarii senatores«, den »zu Fuß gehenden Senatoren«. Priestern, Priesterinnen und Kaiserinnen wurde das Carpentum zum feierlichen Gebrauch gegönnt; die Vestalinnen hatten ihre besonderen Wagen, wie das ringsum offene, weich ausgepolsterte Pilentum.

Eine andere Unterscheidung war durch die Art der Bespannung geschaffen. So wurden einigen nur Ochsen, anderen Mauleselinnen und wieder anderen Pferde anzuspannen erlaubt. Durch die Wahl des Holzes oder Metalles und die Gestaltung der Ausschmückung und des Zierates, schließlich auch durch die Begleitung des Wagens durch Trabanten und Herolde wurden weitere Unterscheidungen getroffen.

So hatten die ersten römischen Könige 24 Lictoren vor sich hergehen, und in Homers Ilias sieht man den alten Priam von einem Herold begleitet sich in das Zelt des Achilles begeben.

Auch wenn die Dichter, Bildhauer und Maler der Alten dem Mercurius einen Heroldstab in die Hand gaben, so wollten sie ihn dadurch als den Herold der Götter bezeichnen. Man liest schon in den Büchern Moses von den Staatswagen des Pharao, im zweiten Buch Samuels von den Wagen des Absolon und seinen 50 Trabanten, und im ersten Buch Samuels liest man: »Das wird des Königs Recht sein, der über euch herrschen wird, eure Söhne wird er nehmen zu seinen Wagen und Reitern, die vor seinem Wagen hertraben.«

Die bekanntesten und verbreitetsten Prachtwagen der Alten stellen das Carpentum, das Pilentum und dessen persische Form, die Harmamaxa, dar.

Das Carpentum; geschlossener zweirädriger Prachtwagen der Römer.

Indischer Currus; zweirädriger Prachtwagen der Inder.

Das Carpentum

Unter dieser Bezeichnung versteht man den geschlossenen Prachtwagen der Römer. Das Carpentum der Damen war zweirädrig, doch gab es auch vierrädrige, deren sich die Kaiser, Fürsten und die Ersten im Staate bedienten. Der Kasten war mit einem Himmel bedeckt und ringsum mit Vorhängen von kostbaren Stoffen und prächtigen Teppichen umhängt.

Die vornehmsten Damen bedienten sich des zweirädrigen Carpentums nicht bloß bei festlichen Gelegenheiten, sondern es wurde ihnen auch vom Senat gestattet, dasselbe an Werktagen und zum Spazierenfahren zu gebrauchen. Auch die Priester fuhren auf dergleichen Wagen ins Capitol, weil sie in diesen ringsum verschlossenen Fahrwerken die heiligen Geräte, Gefäße und diejenigen Heiligtümer, die niemand sehen durfte, führen mußten. Dieses war die Hauptursache, warum eigentlich den Priestern der Gebrauch des Carpentums gestattet wurde. So sagt auch Tacitus nicht, daß die Priester gewöhnlich in Carpenten fuhren, sondern, daß sie sich dieses Fuhrwerkes bedienen durften, um mit den Heiligtümern ins Capitol hineinzufahren, denn gemeiniglich stieg man vor dem Capitol ab und ging aus Ehrerbietung zu Fuß hinein. Als Julius Caesar von seinen Siegen aus Afrika nach Rom zurückkehrte und seinen Triumph feierte, begab er sich mit seinem Zug vor das Capitol, dessen Stufen er, der hergebrachten Sitte nach, auf den Knien hinaufrutschte.

Wenn in späteren Zeiten fürstliche Frauenzimmer sich dieses Fuhrwerks bedienten, so geschah dies bloß aus Stolz: denn es stand ihnen der Gebrauch damals nicht zu. Die berüchtigte Messalina, Gemahlin des Kaisers Claudius, war die erste, die sich solcherart des Carpentums bediente, und Tacitus schreibt: »Sie maßte sich die hohe Ehre an, auf einem Carpentum in das Capitol zu fahren, was von alters her nur den Priestern und den heiligen Dingen zustand.«

Das Carpentum; römischer Prachtwagen der Damen.

Das Pilentum

So wie das Carpentum der geschlossene Prachtwagen der reichsten und vornehmsten Damen war, so war das Pilentum der offene und bequemste Stadtwagen der römischen Matronen, dessen sich die Männer nie bedienten. Livius erzählt: »Der römische Senat habe den Müttern für die dem Staat zum Opfer dargereichten Geschenke von Schmuck und Kleinodien die Ehre zuerkannt, bei den Opfern und feierlichen Spielen in einem Pilentum, an den gewöhnlichen Feiertagen und Werktagen aber in einem Carpentum fahren zu dürfen.« Und das nicht etwa, weil das Pilentum reicher und prächtiger, sondern weil es ringsherum offen war und man es bei dergleichen festlichen Umzügen schicklicher fand, daß die Frauen und edelsten Geschlechter sich in ihrem kostbarsten Anzug dem Volk öffentlich zeigten. Die herrschsüchtige Messalina maßte sich als erste das Recht an, bei solchen Gelegenheiten in einem Carpentum zu erscheinen, und weil sie sich dadurch vor allen anderen ganz besonders auszeichnen konnte, fand sie desto mehr Reiz an diesem Unternehmen.

Die Bauart des Pilentums war viereckig, mit einer Himmeldecke, die frei auf vier Stützen oder dünnen Pfeilern getragen wurde, ohne Tapeten, wie an dem großen Carpentum, sondern so, daß man die darin Sitzenden ungehindert sehen konnte. Deshalb wurde der Gebrauch auch nur den heiligen Vestalinnen oder ehrwürdigen Matronen gestattet; junge, unverheiratete Frauen gingen verschleiert über die Straße, oder wurden in verschlossenen Sänften getragen. Auch Freudenmädchen und Weibern von tadelhafter Aufführung wurde nicht erlaubt, sich in offenen Wagen oder Sänften zu zeigen.

Zuweilen diente das Pilentum auch als Hochzeitswagen, und dies ist umso verständlicher, da es ebenfalls eine feierliche, gottesdienstliche Handlung war, die Braut zu begleiten.

Das Pilentum; prachtvoller, offener Stadtwagen der römischen Matronen.

Die Harmamaxa

Dieser Prachtwagen war bei den Persern das, was das vierrädrige Carpentum bei den Römern war, und unterschied sich von letzterem bloß durch die ausländischen Stoffe und Verzierungen. Die Fuhrwerke dienten aber in Persien mehr den Frauen und weibischen Jünglingen als dem Gebrauch der Männer, denn die Perser saßen meist zu Pferde, wie Xenophon lehrt: »Die Großen verbanden sich untereinander, öffentlich nie anders als zu Pferd zu erscheinen, und wäre es auch nur gewesen, um sich eine eilige Strecke vor die Stadt hinaus zu begeben.« Es war nämlich dem Cyrus daran gelegen, seine Reiterei zu vermehren, und das Beispiel der Großen sollte die Jünglinge anfeuern, sich dieser Leibesübung zu widmen. Ungeachtet dessen bedienten sich die persischen Könige und Fürsten nebenbei des Wagens, wie man von Herodot erfährt. Dieser schreibt, daß Xerxes, sooft er es für gut fand, von seinem gewöhnlichen, zweirädrigen Wagen (der Harma) in die vierrädrige Harmamaxa stieg. Der gewöhnliche Kriegswagen, Diphron, war eine Harma und bloß zum Sitzen und Stehen eingerichtet, es schien also schicklicher für einen Feldherrn, daß er auf solch einem Wagen fuhr; der Harmamaxa aber, in welcher man der Länge nach auf Polstern liegen konnte, bediente er sich auf dem Marsch zum Ausruhen.

Auch die Wagen, deren sich die Könige von Indien bedienten, waren wahrscheinlich von der Art der Harmamaxen. Curtius sagt: »Kleine Reisen macht der indische König zu Pferde; wenn aber die Reise lang ist, so ziehen Elefanten den Wagen.«

Die Bauart dieses Wagens war also vierrädrig mit ringsum geschlossenem Kasten, der lang genug war zum Liegen, und die Innenseite war auf dem Boden der Länge nach mit weichen Polstern belegt. Auch die Seitenwände waren weich ausgefüllt und außen reich verziert. Die persischen Damen lagen darin wie in einem Bett, oder sie saßen auf Polstern nach orientalischer Sitte.

Die Perser und andere Morgenländer waren äußerst sorgfältig in der Pflege ihrer Frauen, sowohl aus Eifersucht als auch aus Zärtlichkeit. So ließ Crösus seine Frauen, die ihm in den Krieg nachfolgten, nur des Nachts reisen, damit sie nicht zu sehr an der Hitze des Tages in ihren geschlossenen Wagen litten. Plutarch erzählt: »Die Perser umgeben ihre Weiber sorgfältig mit Wachen, damit sie von keinem Bedienten gesehen werden; denn auf diesen Reisen fahren sie in ringsum verschlossenen Harmamaxen.« So war es bei den Persern üblich, daß derjenige, der eine Geliebte des Königs von einem Ort zum anderen brachte, solche in einem verdeckten Wagen fuhr. Niemand, der ihm begegnete, durfte neugierig danach forschen, noch die in dem Wagen befindliche Dame sehen. Daß sehr oft Frauen mit in die Kriege zogen, berichtet auch Xenophon, welcher bemerkt: »Die Asiaten nehmen gern ihre Beischläferinnen und ihre besten Habseligkeiten auf Wagen mit sich in den Krieg, denn sie glaubten mutiger zu streiten, wenn sie ihr Liebstes in der Nähe verteidigen müssen.« An anderer Stelle wird erwähnt, daß der Gebrauch der in den Krieg mitgeführten Harmamaxen auch den Männern zustand, wo es heißt: »Nachdem sich die armensischen Fürsten mit Cyrus versöhnt und ihn umarmt hatten, stiegen sie mit ihren Gemahlinnen in die Harmamaxen.«

Der Götterwagen

Die Griechen und Römer stellten ihre Gottheiten, die größtenteils aus dem alten Morgenland, aus Indien, Persien und Ägypten zu ihnen gekommen waren, auf mancherlei Wagen dar. Die Gottheiten der ältesten Ägypter findet man auf Schiffen im Äther fahrend, ihre Helden hingegen auf Streitwagen, von denen die Diphren der späteren Griechen entstammen dürften.

Die Namen der großen Götter, welche im Rate Jupiters saßen und auf Wagen fahrend abgebildet werden, gibt Ennius in folgendem Distichon an:

> Juno, Vesta, Minerva, Ceres, Diana, Venus,
> Mars, Mercurius, Jovis, Neptunus, Vulcanus,
> Apollo.

Die goldenen Bildsäulen dieser sechs männlichen und sechs weiblichen Gottheiten waren bei dem Forum in Rom aufgestellt. In den Tempeln Griechenlands sah man diese Gottheiten sowohl in Wagen sitzend als stehend. Sie waren, so wie die vorgespannten Pferde, in Lebensgröße in Gold gearbeitet.

Mars, bei den alten Deutschen unter dem Namen Thor verehrt, steht auf einer Quadriga. Homer und viele spätere Dichter bespannen seinen Wagen jedoch nur mit zwei Pferden. Die Achse, die Räder, die Deichsel und der Kasten seines Wagens sowie das Geschirr der Pferde sind von Eisen. Die Alten malten den Mars als einen starken, feurigen Mann in der Fülle und Kraft des Jünglingsalters. Vor ihm her fliegt die Fama, »wachsam auf jeden Laut mit schwirrenden Flügeln, die Verbreiterin der Wahrheit und der Lügen«. Als Verkünderin der Siege hält sie in der Rechten eine Tuba mit einem Palmzweig, die falschen Töne der Lüge bläst sie aus der Tuba, die sie in der Linken hält. Mars fährt nicht immer allein auf seiner Biga; die Alten gaben ihm öfters die Bellona, auch Duellona genannt, zur Begleiterin. Diese zählte zu den kleineren Gottheiten; auch wurde ihr ein Tempel gewidmet, dessen Priester Bellonarii genannt wurden.

Apollo, auch Phoebus von den Griechen Helios genannt, gilt als der Gott der Sonne. Als schöner Jüngling mit lieblichem Gesicht, bartlos und mit goldenen Locken fährt er in einer Quadriga, die, nach Ovid, Vulcan selbst verfertigte. Die Deichsel und die Räder sind von gediegenem

Römische Götterwagen des Hercules, der Minerva, der Venus und des Mars.

Jupiter, in einer Quadriga stehend, schleudert ein Blitz-Gebinde; in der Rechten hält er ein Szepter, dessen Kopf eine Lotusblume bildet.

Victoria, die Siegesgöttin, von einem griechischen Vasengemälde abgezeichnet.

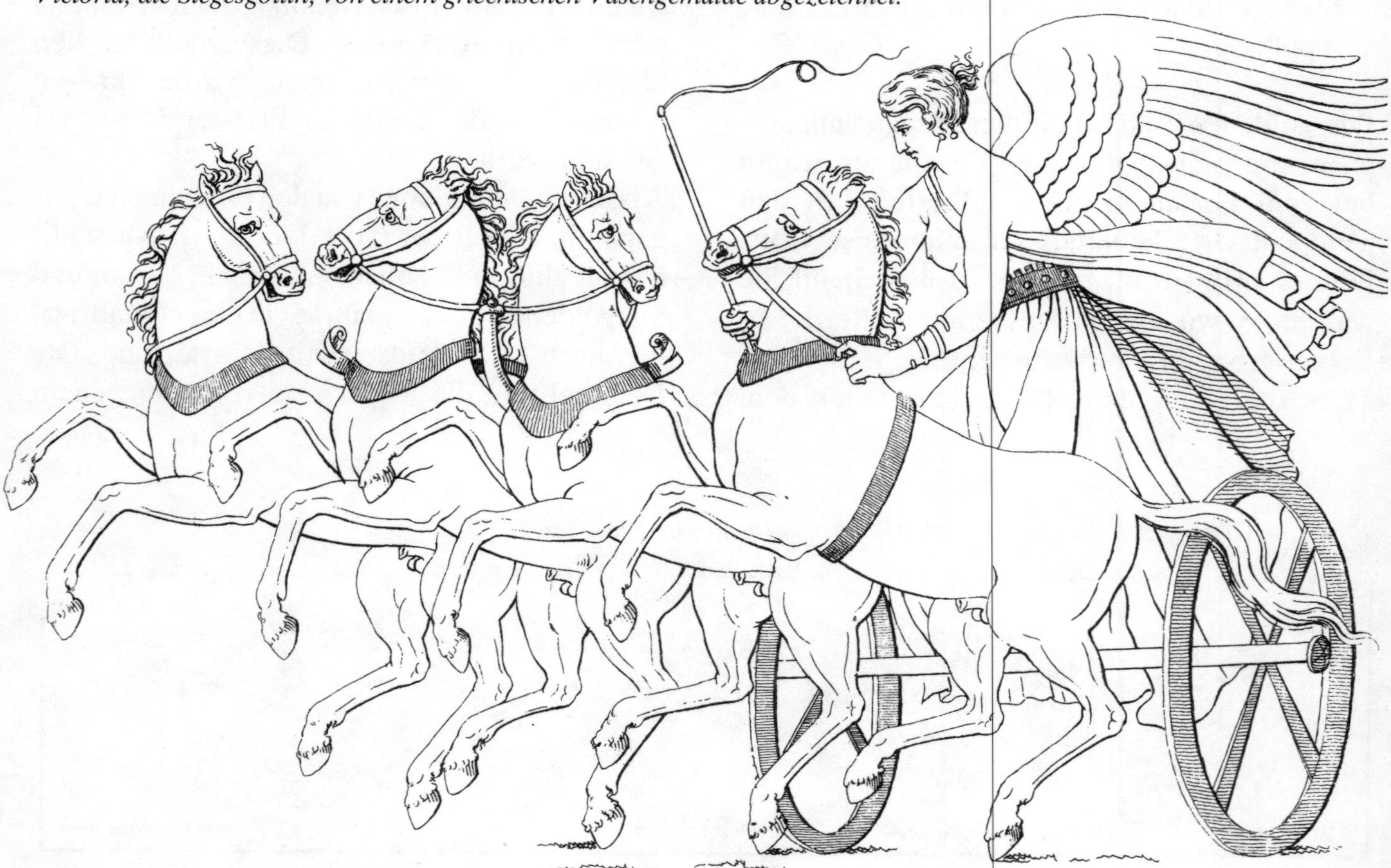

Gold, die Speichen von Silber. Außerdem ist er auf das Prächtigste mit Chrisolithen und anderen Edelsteinen besetzt, welche, vom Licht des Phoebus beschienen, einen unbeschreiblichen Glanz von sich gaben.
Jupiter, von den Griechen Zeus genannt, wird meistens in seinem Wagen stehend mit einem Blitzgebinde dargestellt und von zwei Adlern, öfters aber von vier Pferden gezogen. Er ist der Vater der Götter und König der Menschen und regiert von erhabenem Thron.
Cibele, die große Göttermutter, gilt auch als Mutter Erde. Die Löwen an ihrem Wagen symbolisieren die Pflicht der Unterwerfung aller Mächtigsten und Stärksten der Welt unter die Gesetze der Erde.

Victoria zählt nicht zu den großen Gottheiten, doch sind alle Siege, im Krieg wie im sportlichen Wettkampf, ihr geweiht. Ihr Bildnis findet man oft auf all jenen Mützen, Bigati- und Quadrigatimünzen, die anläßlich großartiger Siege geprägt wurden.
Neptun, der Gott der Meere, der Welterschütterer oder Erdbebenerreger, wird auf einer Quadriga stehend, welche von vier Pferden, oft auch von Meerpferden, gezogen wird, dargestellt. Manchmal dient ihm statt des Wagens eine große Meermuschel, in dieser steht der Gott, sich auf seinen Dreizack stützend, der ihm statt eines Szepters dient. Zuweilen ziehen auch Delphine die Muschel, vermutlich weil der Delphin als einer der beherztesten und schnell-

Cibele, auf einem mit Löwen bespannten Cisium sitzend; auf dem Kopf trägt sie die Mauerkrone, symbolisierend all die Städte, Schlösser und Dörfer, welche sie als Erdenmutter trägt; in der Hand hält sie eine runde Scheibe, Sinnbild der Erde.

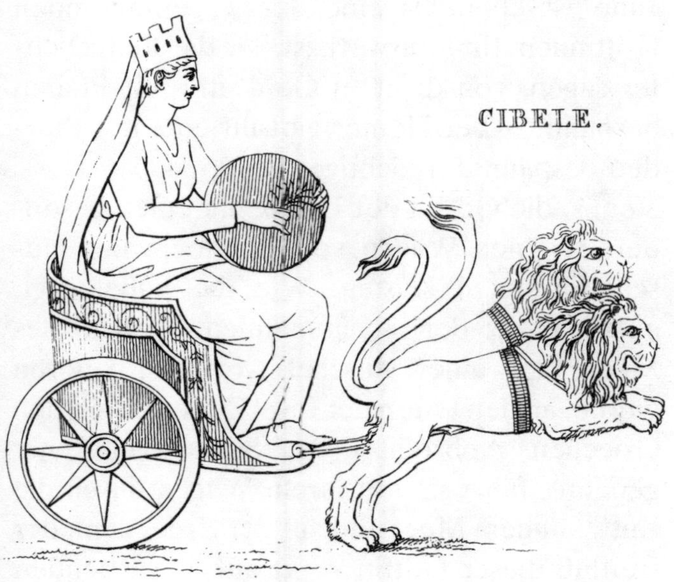

Apollo, auch Phöbus genannt, der Sonnengott, in der linken Hand eine Geißel haltend, mit der er die Pferde seiner Quadriga vorantreibt.

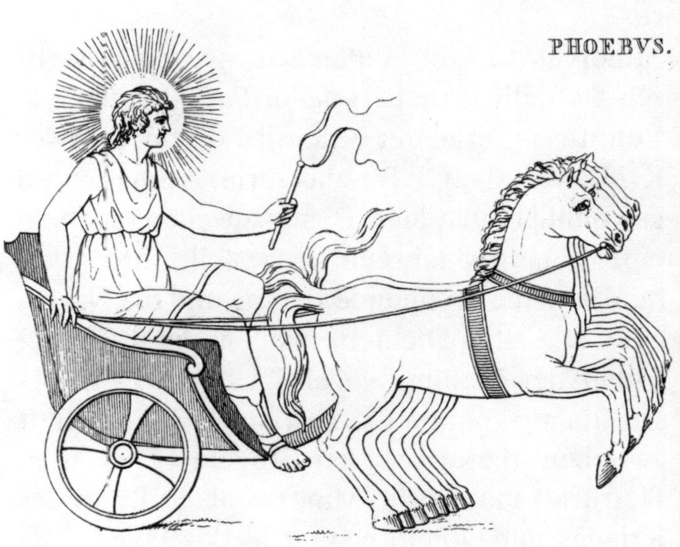

Neptun, der Gott des Meeres, fährt über die See mit Meerpferden an seinen Wagen gespannt.

sten Bewohner des Meeres bekannt ist, so wie der Adler unter den Vögeln und der Löwe unter den Landtieren.

Pluto, der Gott der Unterwelt, fährt in seinem furchtbaren Reich auf der Erde in einer Quadriga von vier schwarzen Pferden gezogen. Vergil beschreibt den Wagen als schwarz und flammend und die Zügel von schwarzem Leder. Seine Begleiter sind der Tod, die Nacht, der Schlaf und der dreiköpfige Höllenhund Cerberus.

Minerva, die Göttin aller Künste und Wissenschaften, die Urheberin aller Erfindungen, die Lehrmeisterin in der Kriegslist, Erfinderin der Kriegswagen und Beschützerin Athens, wird gewöhnlich in einer Biga, zuweilen auch in einer Quadriga fahrend, dargestellt. Ihre Attribute sind die brennende Lampe und die Nachteule. Die alten Dichter erzählen, die Krähe sei früher der Lieblingsvogel der Minerva gewesen, daher komme die beständige Feindschaft zwischen diesen beiden Vögeln. Die alten Hetrurier malten die Minerva als Stifterin des Krieges mit Donnerwaffen in der Hand. Die Römer nannten sie deshalb »fulminatrix«, und das Schildzeichen der minervischen Legion war ein Donnerkeil.

Diana, eine der großen Gottheiten, auch Cinthia und Luna genannt, ist die Göttin der Jagd, der Keuschheit und der jungfräulichen Schamhaftigkeit. Fast allgemein wird diese Göttin in einem leichten Cisium sitzend abgebildet, von zwei Hirschen gezogen.

Juno ist ebenfalls eine der wagenfahrenden Göttinnen. Ihr Fuhrwerk ist, wie die alten Dichter sagen, von dichtem Gold und mit Pfauen bespannt. Aber Homer gibt ihr eine mit Pferden bespannte, prächtige Quadriga.

Venus, die Göttin der Liebe, hat einen besonders schönen Wagen von Elfenbein mit muschelförmigem Kasten. Wie die Fabel sagt, entstieg sie den schäumenden Wellen des Meeres aus einer Muschel, worin sie geboren wurde, an den Ufern der Insel Zypern. Von den Griechen Aphrodite, die Schaumgeborene, genannt, fährt sie mit ihrem Wagen durch die Luft, auf dem Meer und auf der Erde, denn der Einfluß dieser Göttin wirkt auf alle lebenden

Pluto, auch Orcus genannt, der Gott der Unterwelt, fährt mit seinen schwarzen feuerspeienden Pferden Orphneus, Aethon, Nycteus und Alastor; neben ihm die entführte Proserpina.

Minerva, Beschützerin der Wissenschaften und Göttin aller Künste; ihr Attribut ist die Nachteule; sie gilt auch als Erfinderin der Kriegswagen, Quadrigen und Zäumung der Pferde.

Mars, begleitet und geführt von der Göttin Bellona, in der rechten Hand die verheerende Fackel des Krieges haltend.

Wesen des Universums. Gewöhnlich ist ihr Wagen mit weißen Schwänen bespannt, weshalb der Schwan auch der Vogel der Venus genannt wird.
Bacchus, bei den Griechen Dionysos, der Gott der Reben, fährt zuweilen auf einer Biga mit Löwen, mit Luchsen, gewöhnlich aber mit Panthern oder mit Tigern bespannt. In der Hand trägt er statt des Szepters eine Lanze, deren eiserne Spitze mit Rebenblättern oder Efeu überdeckt ist. Mit der Rechten umschlingt er die neben ihm stehende Ariadne und in der Linken hält er einen Becher empor, während Cupido ihm einen Apfel reicht.
Die Gewohnheit war allgemein, den Götterbildern die Backen und Lippen hochrot zu färben. Derart geschmückt bestiegen auch die Sieger der Wettkämpfe und Spiele den Triumphwagen. Gemeiniglich aber wurde den Göttern das ganze Gesicht und die Hände mit mennigroter Farbe übermalt und die Häupter mit Kronen von Flittergold, Blumen und Laubwerk geziert.
Spuren davon, als Nachahmung römischer Gebräuche, findet man noch auf unseren alten katholischen Kirchengemälden. Die Kränze und Kronen, der Nimbus oder Heiligenschein, und so weiter, sind alle aus den Tempeln der alten Griechen und Römer in die Kirchen der Christen übergegangen.

II.

Die Bespannung, Zäumung und Verzierung der Zug-, Reit- und Lasttiere

Inhalt

Vom Pferd 79

Von der Bespannung, den Zäumen, Zügeln und Gebissen 81

Von den Sätteln und Decken 89

Von den Peitschen 93

Vom Pferd

Die ältesten Völker bedienten sich schon des Pferdes zum Reiten und Fahren sowohl im Krieg als auch im Frieden. Sie pflegten es sorgfältig und betrachteten es als das edelste Tier, als ein Geschenk der Gottheit, dem Menschen zum Gehilfen und Gefährten gegeben. Es übertrifft alle übrigen Tiere an Schönheit der Gestalt wie in der Arbeit, indem es alle guten Eigenschaften der anderen in sich vereinigt und fähiger ist als jene, den Willen seines Herrn zu begreifen und zu erfüllen. Sei es am Pflug oder in der Schlacht, am Wagen des Triumphators oder am Fuhrwerk des Landmannes, immer ist es willig zur Arbeit, ausdauernd, munter, feurig und stolz. Dem Menschen, der es gut behandelt, ist es sehr zugetan, gegen den Quäler aber hegt es zuweilen große Rache, widersetzt sich den Schlägen und wird unbändig durch ein rauhes Verfahren. Die Geschichte liefert Beispiele, daß es im Streite seinen Herrn mit äußerster Wut verteidigt. Öfters sah man Rosse ihren Herrn auf dem Schlachtfeld unter den Toten aufsuchen und tagelang bei seinem Leichnam verweilen. Aus all dem darf es nicht wundern, wenn seit alters her der Mensch diesem Tier in besonderer Weise zugetan ist. So begnügten sich die alten Griechen bei den feierlichen Rennspielen nicht allein, die Sieger mit Ehren zu überhäufen, sondern sie wollten, daß die edlen Rosse ebenfalls am Ruhm teilhätten, der ihnen gebührte. Wenn berühmte Rennpferde starben, errichtete man ihnen zu Ehren prächtige Grabmäler, Bildsäulen von Marmor, Erz und allerlei kostbaren Metallen. Andere schöne Denkmäler wurden in den Vorhallen der Tempel, Paläste und auf öffentlichen Plätzen aufgestellt. Man prägte ihr Bild auf Münzen und ließ es in Steine graben. Alexander der Große gar ließ seinem Lieblingspferd Bucephal eine ganze Stadt erbauen, die er Bucephalos nannte. Der Ursprung des Reitens ist so alt wie die bevölkerte Welt. Die ältesten Völker schon verstanden die Pferde auf mancherlei Arten abzurichten, und auch die Griechen, obgleich sie sich gern der Bigen und Quadrigen bedienten, liebten die Reitkunst sehr. Xenophon hielt in einem Buch von der Reitkunst das Wissen seiner Zeit fest und vermittelte Ratschläge für die Kunst des Umgangs mit dem Pferd. Vor allem Ägypter, Perser, Numidier, Mauretanier

Reichverzierter Pferdekopf mit kunstvoll gefertigtem Zaumzeug.

und viele mehr galten in ihrem Ursprung als Reitervölker und brachten es im Laufe der Jahrhunderte zu beachtlicher Perfektion. Gleichwohl viele von ihnen auf dem nackten Rücken der Pferde reitend, diese mit der bloßen Gerte dirigierten, ist doch das Zaumzeug von jeher von großer Bedeutung.

Von noch größerer Wichtigkeit aber war Zaumzeug und Geschirr für das Fahren bespannter Wagen.

Beschirrung, Zäumung und Verzierung eines ägyptischen Streitwagenpferdes.

Von der Bespannung, den Zäumen, Zügeln und Gebissen

Die erste und einfachste Bespannung war die mit einem Joch und zwei Zugtieren an der Deichsel. Diese diente gewöhnlich an zwei- und vierrädrigen Wagen. Wollte man aber mit vier Pferden über Land fahren, so wurden noch zwei Zugtiere zusammengejocht und mittels einer Vorlegdeichsel an das Ende der Wagendeichsel eingehängt, sodaß die Tiere paarweise voreinander liefen. Clisthenes, Regent von Sicyon im Peloponnes, soll als erster erfunden haben, die Vorderpferde als Strangpferde neben den Jochpferden rechts und links herlaufen zu lassen. Aber es ist glaublicher, daß Clisthenes diese Bespannungsart bloß in seiner Gegend einführte, weil Homer, der ungefähr 350 Jahre vorher lebte, an mehreren Stellen schon die nebengespannten Seilpferde erwähnt. Schon lange vor den Griechen aber waren die Quadrigen bei anderen Völkern bekannt. So sagt Herodot in seinem Buch Melpomene: »Vier Pferde anzujochen, lernten die Hellenen von den Libyern.« Der Zweck der Quadrigen im Krieg war hauptsächlich, die Wirkung dieser Streitwagen schrecklicher zu machen, denn wo vier Pferde nebeneinander am Wagen gespannt in einen Haufen Feinde einstürzten, da war gewiß der Schrecken und der Schaden größer als beim Eindringen einer Biga.

Die Beschirrung der Bigen geschah nun auf folgende Art: das Joch lag entweder auf dem bloßen Nacken oder auf besonderen Jochkissen oder auf eigens dazu gewölbten Bögen oder Sättelchen. Das gemeine Joch wurde durch den Bauchgurt am Platz gehalten und fest angezogen. Dieser Gurt war von starkem Leder, ungefähr vier Zoll breit, zuweilen war er auch von Seide, mit Purpur, Gold oder Silber durchwirkt oder mit kostbaren Steinen besetzt. Die Halsriemen waren meist von zweifach starkem Leder, an diesen zog das Tier, und ohne sie konnte der Wagen am Joch nicht fortgezogen werden. Gewöhnlich war der Halsgurt mit dem Bauchgurt mittels eines Sprungriemens verei-

Verzierung des Zaumzeugs durch hohlgedrehte Kügelchen von weißem oder gefärbtem Elfenbein.

Zur Schonung des Tieres wurde die Gebißstange mit mehreren Gelenken versehen.

nigt, welcher von der Mitte der Brust zwischen den Vorderbeinen durchlief. Dieser verhinderte, daß der Bauchgurt zurückweichen, der Halsriemen aufsteigen und auf die Kehle drücken konnte.

Es gab aber auch noch eine andere Bespannungsart, deren man sich bei Lastfuhrwerken oder beim Ackerbau bediente, nämlich die Zugtiere in einer langen Reihe hintereinander einzeln gespannt ziehen zu lassen. Die seltsamste Bespannung aber bleibt unstreitig die des Leichenwagens Alexanders des Großen, von welcher Diodorius mitteilt: »Der Wagen war mit vier Deichseln bestückt, woran jeweils vier Joche gespannt waren; an jedem Joch aber zogen vier Maulesel – zwei Maulesel unter dem Joch und zwei als Seiltiere –, sodaß insgesamt 64 Tiere vor den Wagen gespannt waren.« Die einfachste Bespannungsart war gewiß die der alten Isländer. Diese flochten vor Zeiten die Schweifhaare der Pferde zu einem Zopf, banden diese an ihre leichten Wagen, und so mußten die Pferde an den Schweifen statt an Strängen ziehen.

Die Erfindung des Zaumes erstreckt sich bis in die Anfänge des Reitwesens zurück. So zum Beispiel legte man den Kamelen einen Ring in die Nase, den Büffeln und wilden Stieren, die zum Ziehen abgerichtet wurden, schlug man durch die Backenhaut eine Angel, woran das Leitseil oder der Lenkriemen befestigt war. Die Pferde wurden anfänglich mit einem Nasenband und Zügel von einem Strick aus Hanf, Flachs, Baumbast, Ginster oder anderen Geflechten geleitet, oder auch nur mit einer um die Nase geschlungenen Gerte wie mit einem Zügel gelenkt. Alle diese verschiedenen Zwangsfesseln, womit der Mensch seine Haustiere zum Reiten und Ziehen abrichtete, waren Zäume,

Metallene Knöpfe und Zaumschildchen wurden oft zum Aufputz verwendet.

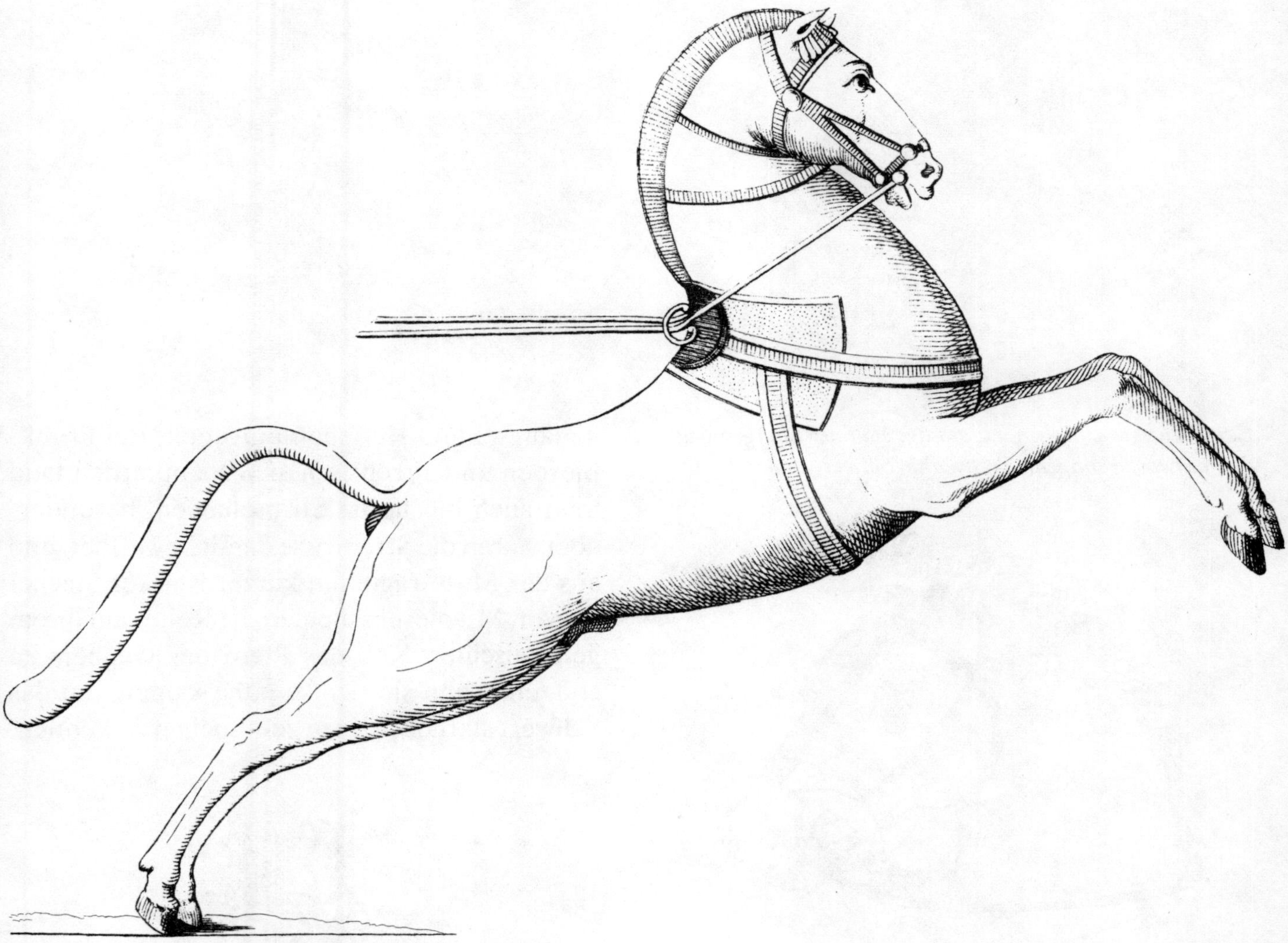

Die wesentlichsten Teile für die Bespannung sind der Hals- oder Brustgurt, der Bauchgurt, das Jochsättelchen, die Zäumung und das Gebiß.

wie auch immer ihre Form gewesen sein mag.

Später verbesserte man, durch Erfahrung belehrt, dieses einfache Werkzeug und ersann das Gebiß, wodurch auch die unbändigsten Rosse gefügig gemacht werden konnten. Damit aber das Gebiß unverrückt an seiner Stelle blieb, wurde es mittels eines Bandes oder Riemens um die Ohren des Tieres gehängt (Ohrenband) und mit dem Stirnband vorangehalten. Der Kehlriemen verhinderte ein Abstreifen des Zaumes. An das Gebiß wurde nun ein Strick oder Riemen befestigt, mittels dessen der Reiter oder Treiber das Tier dirigieren, antreiben oder anhalten konnte. Später wurde noch ein Nasenriemen an den Zaum gefügt, damit das Gebiß fester im Maul liege. An diesem Nasenriemen, der auch gleich das Kinn umgab, befestigten die ältesten Reitvölker einen besonderen Leitzügel, dessen sich der Reiter statt der Zaumzügel bediente.

Die hölzernen Knebelgebisse, als die einfachsten, mußten bald durch eiserne, leichte Trensengebisse ersetzt werden, da die hölzernen Mundstücke von lebhaften Rossen öfters durchnagt wurden.

Die Gestaltung der einzelnen Teile des Zaumzeugs war bei den verschiedenen Völkern von unterschiedlichster Form. Oft kunstvoll gefertigt mit wertvollem Zierat versehen, stellte es einen prächtigen Schmuck dar, welcher in vielen Fällen durch eigenartigste Fell- und Haarpflege vervollkommnet wurde.

Das Stirnband, durch welches der Kopfriemen ging, war öfters wie ein Diadem gestaltet, mit Edelsteinen und Perlen geschmückt und auf beiden Seiten mit kostbaren Ohrenringen verziert. Meist waren sie noch mit allerhand Zier-

Gebiß der griechischen Zäumung; statt der Stangen wurden aufwärtsgebogene Trensenknebel verwendet.

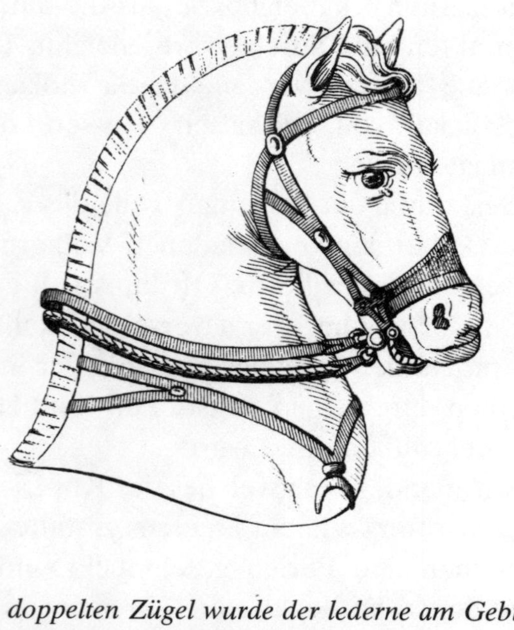

Beim doppelten Zügel wurde der lederne am Gebiß, der goldene aber an der Trense befestigt.

gehängsel und Kettchen umgeben. Bei Prunkpferden und circensischen Wagenpferden fand man auch blecherne Stirnschienen, besonders aber waren die Streitrosse damit bewaffnet, und aus der Mitte ragte ein kurzer, starker Stachel hervor. Mit diesem suchten die Reiter auf ihrem geharnischten Roß das Pferd des Gegners zu stürzen, wenn sie sich so nahe kamen, um das Schwert statt der Lanze gebrauchen zu können.

Zur Fixierung der Gebißstange wurde jene mit einem Riemen auch um das Ohr gebunden.

So schreibt Xenophon auch im Buch von der Reitkunst: »Man bewaffne auch das Pferd mit der Stirnschiene, mit Brust- und Seitenschildchen.«

Der Kehlriemen wurde von den Persern beiderseitig mit seidenen Quasten oder Roßschweifen verziert. Auch die Maultiere, die den Leichenwagen Alexanders des Großen zogen, hatten alle an den Backenriemen goldene Schellen hängen.

Darstellung eines typisch altgriechischen (hetrurischen) Zaumzeugs.

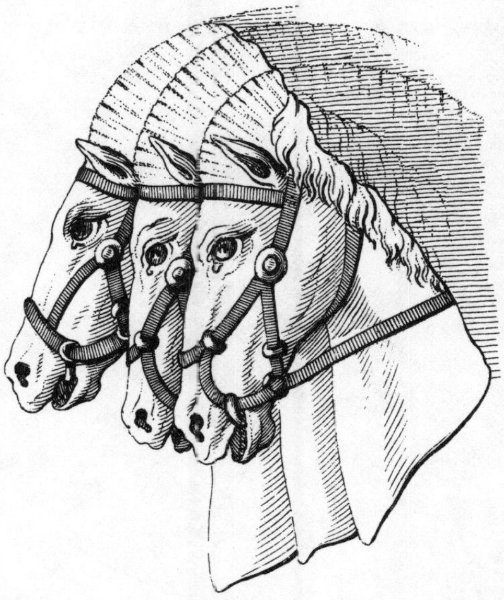

Das Backenstück fiel am meisten ins Auge und war daher auch am reichlichsten verziert. An den Zäumen sah man wenig von dem Leder des Kopfgestells, welches entweder mit Perlen und Edelsteinen oder mit Zierat von Gold und Silber und künstlicher Bronzearbeit überdeckt war. Die Alten schmückten auch die Zäume mit künstlich ausgegrabenen Buckeln und allerhand Zierschildchen von Elfenbein, deren Wert durch die Purpurfarbe so erhöht wurde, daß man sie dem Gold gleich schätzte. Sogar an die Zügel der Pferde wurden hohlgedrehte Kügelchen von weißem und gefärbtem Elfenbein eingefaßt und öfters der ganze Riemen damit überzogen.
Auch war es bei den Römern und Griechen Sitte, die langen Mähnen ihrer Pferde auf mancherlei Weise zu flechten und mit goldenen Schnüren und Quasten zu schmücken oder zierlich aufzuknüpfen. Schließlich pflegten die Römer zuweilen auch die Mähnen ihrer Reitpferde auf die rechte Seite zu kämmen, wie es auch heute noch üblich ist, damit der Hals auf der linken Seite, wo man aufstieg, sich breiter auszeichnete. Andere stutzten die Mähnen mit

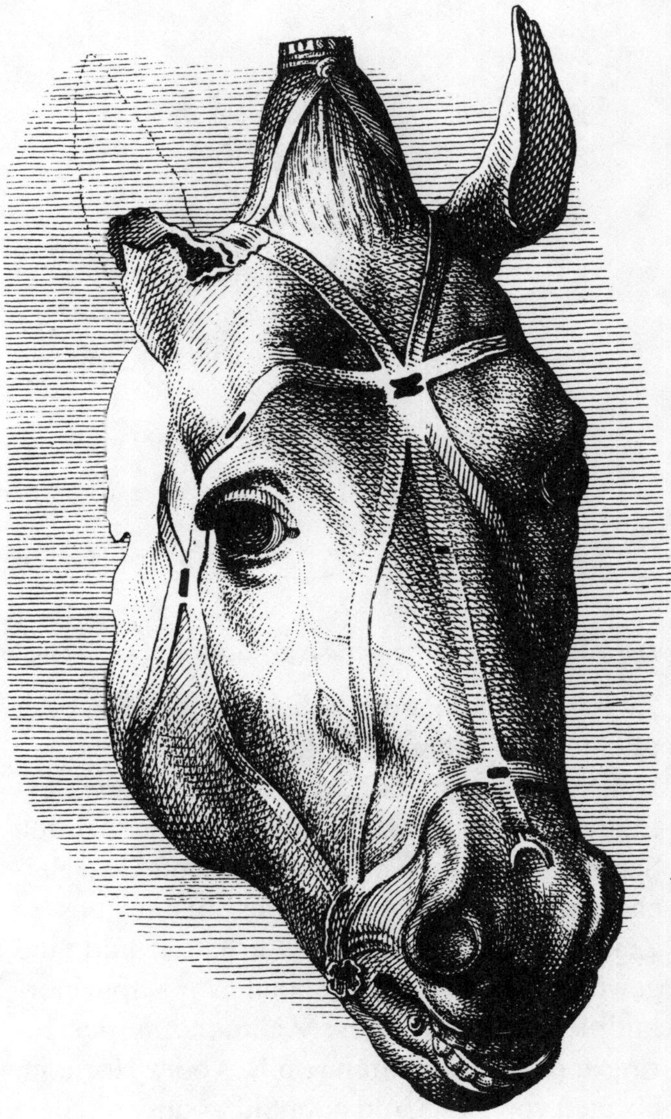

Bronzener Pferdekopf; zum Schmuck des Pferdes wurde zuweilen das Kopfhaar zu einem Schopf nach oben gebunden (Schopfbinde).

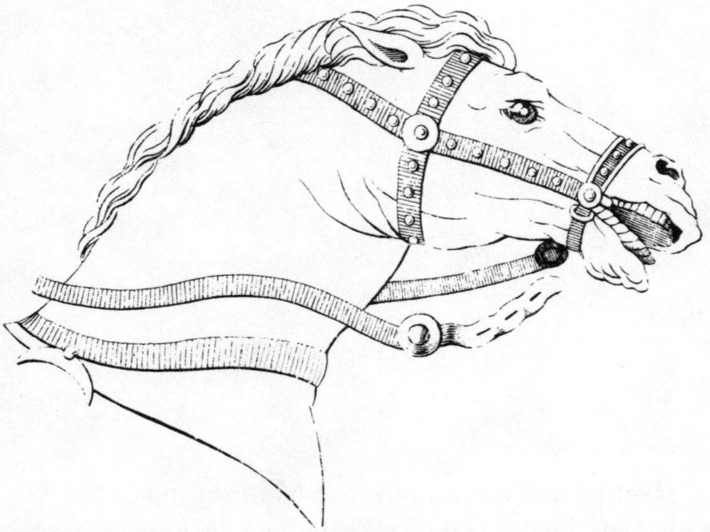

Das Zaumzeug, Geschirr und Riemenwerk der ältesten Völker war seltener durch Schnallen, öfter durch metallene Knöpfe verbunden.

Das Stangengebiß wurde oft mit gekrümmten Enden versehen; Abbildung von einer griechischen Vase.

Das goldene Zaumzeug war aus geflochtenem Gold oder aus Gold- und Purpurstricken gefertigt.

Zwischenlücken oder schoren sie ganz oder pflegten die Mähnen zu kräuseln.

Die Verbindung endlich des Riemenwerks erfolgte bei den ältesten Völker weniger durch Schnallen als durch metallene Knöpfe. Dergleichen Knöpfe haben sich selbst bis auf unsere Zeit an den Mönchskutten erhalten und sind gewöhnlich unter den Namen »Kapuzinerknöpfe« bekannt. Diese Zaumknöpfe der geringsten Gattung waren von Bus oder Horn, im übrigen von Erz, Gold oder Silber und mit Steinen besetzt oder mit Bildern künstlich verziert. All den verschiedenen Zaumschmuck nannten die Römer auch zuweilen Gazae, welches eigentlich Schatz, Reichtum bedeutet. Gaza ist ein persisches Wort und bezeichnet eine Schatzkammer oder einen königlichen Schatz. So schreibt Apulejus: »Wenn wir ein Pferd kaufen wollen, so verweilen wir uns nicht, die Phaleren zu betrachten, noch den glänzenden Gurt zu untersuchen und das prächtigste Gestein des Knopfes zu bewundern, oder ob aus Gold, aus Silber und Juwelen mancherlei Schmuckschildchen daran hangen; ob kunstreiche Zierate den Kopf und Hals umspielen; ob das Gebiß ausziseliert, das Sattelzeug von Purpur und der Bauchgurt von Gold gewirkt ist.«

Leichtes griechisches Zaumzeug aus seidenen Strickchen gefertigt und mit elfenbeinernen Korallen oder Kügelchen dicht überzogen.

Gebiß mit gekrümmten Enden; krummer Haken, Wolfangel.

Oft waren die trensenartigen Gebisse mit einer Kinnkette versehen, die dazu diente, das Gebiß fest im Maul zu halten.

Der Kehlriemen verhinderte, daß ein lebhaftes Pferd sich des Zaumes entledigte.

Deutlich sichtbarer Ohrenbogen auf einem Pferdekopf von der Säule des Marc Aurel.

Zaumzeug, ringsum mit goldenen Schuppen überzogen.

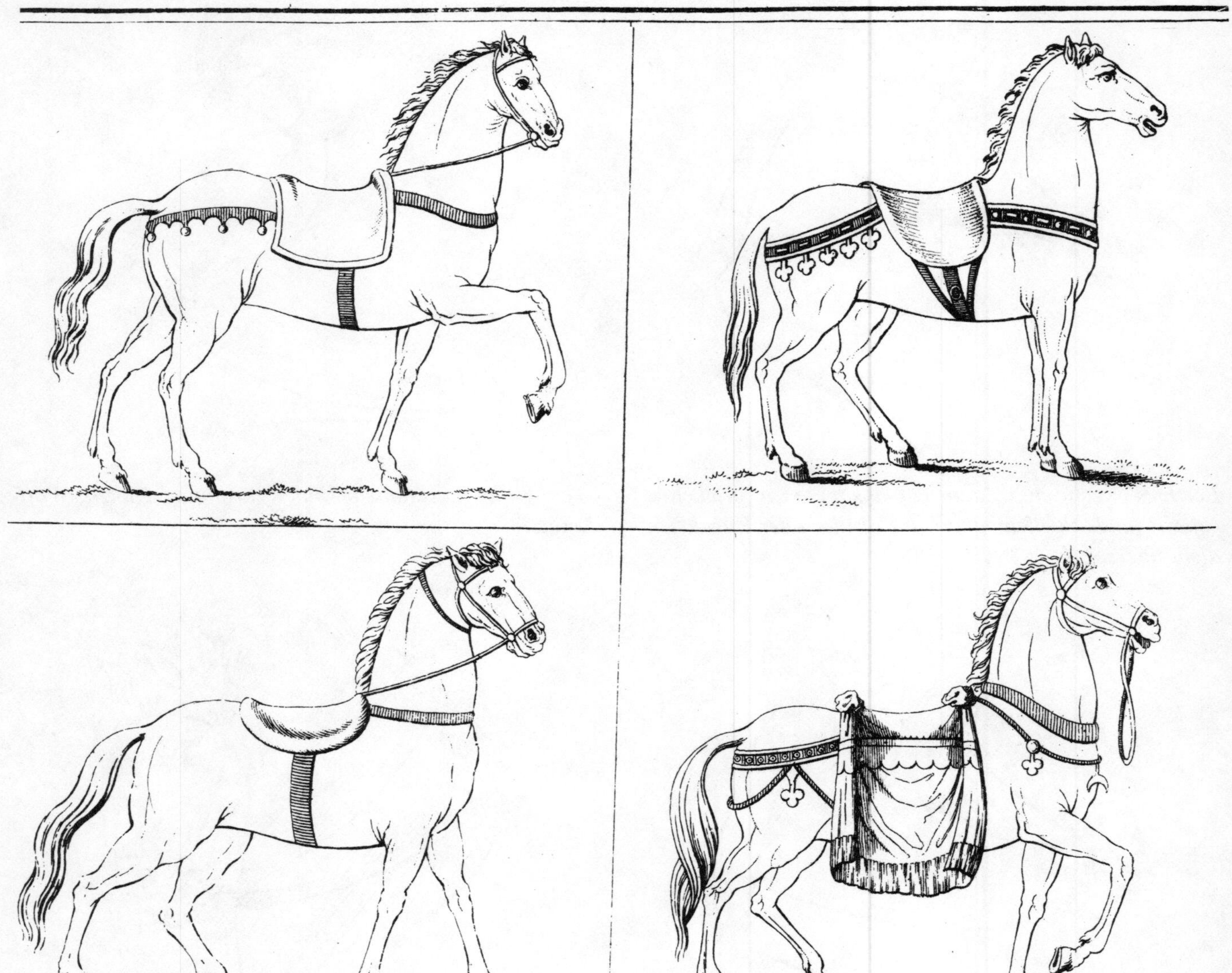

Oben links: Vollkommener Reitsattel mit Gurt, Vorder- und Hinterzeug; Abbildung vom Triumphbogen Konstantins des Großen in Rom. – Oben rechts: Hinter-, Vorderzeug und Kreuzgurt dienen dem besseren Halt des Sattels. – Mitte links: Einfacher Reitsattel mit Brust- und Bauchgurt; Abbildung von der trajanischen Säule. – Mitte rechts: Vollständiger Stangenzaum an einem persischen Pferd; Abbildung auf der Felsenwand zu Chapour. – Unten: Sattelbaum und Sattelkissen, woran eine Satteldecke festgeheftet, öfters auch angenäht war; Abbildungen von der Säule des Trajan.

Von den Sätteln und Decken

Obgleich sehr viele Gelehrte behaupten, der Gebrauch der Sättel sei den alten Völkern ganz unbekannt gewesen, so kann man doch als gewiß annehmen, daß es deren zu allen Zeiten gegeben habe. Schon in der ältesten Geschichte finden sich dafür Beispiele. So liest man im Buche Moses: »Da stand Abraham des Morgens früh auf und gürtete seinen Esel.« Wenn man ferner von den vielen beladenen, öfters sehr reich verzierten Kamelen der Kaufleute und Reisenden in den Büchern Moses liest, so ist man überzeugt, daß diese Last gewiß nicht über den bloßen scharfen Rücken der Pferde hing, sondern an Packsätteln befestigt war.
Der erste Reitsattel mochte wohl nur ein leichter, fester Polster gewesen sein, worauf bloß ein Mann sitzen konnte, die Packsättel waren hingegen von massiverer Gestalt. Die Ursättel bestanden aus vier Stück Holz, nämlich: den zwei Seitenblättern und der vorderen und hinteren Gabel, womit die beiden Seitenblätter vereinigt wurden, welche öfters in der Mitte zusammenstießen, anderenfalls der leere Raum zwischen beiden über dem Rückgrat des Tieres mit einem Stück Tierhaut überspannt wurde. Der Raum, wo der Reiter zwischen den Sattelbögen saß, war gewöhnlich ausgepolstert oder mit vielen Decken belegt. Xenophon schreibt darüber: »Die Perser haben mehr Decken auf ihren Pferden als auf ihren Betten, denn sie kümmern sich wenig darum, schön zu reiten, wenn sie nur recht weich und bequem zu Pferde sitzen können.«
Da es nun nicht zu leugnen ist, daß die ältesten Völker schon die Packsättel kannten, deren sie sich auf Kamelen, Maultieren und Eseln bedienten, so kann auch kein Zweifel darüber bestehen, daß sie auch zum Reiten ähnliche,

Satteldecken aus Pelzen und Tierfellen waren ebenso in Verwendung wie heute übliche Decken aus Samt, Seide und anderen Purpurstoffen; Abbildungen griechischer Münzen.

Ägyptischer Sattelbaum; die Sattel der Ägypter und Araber waren mit hohen Bögen versehen.

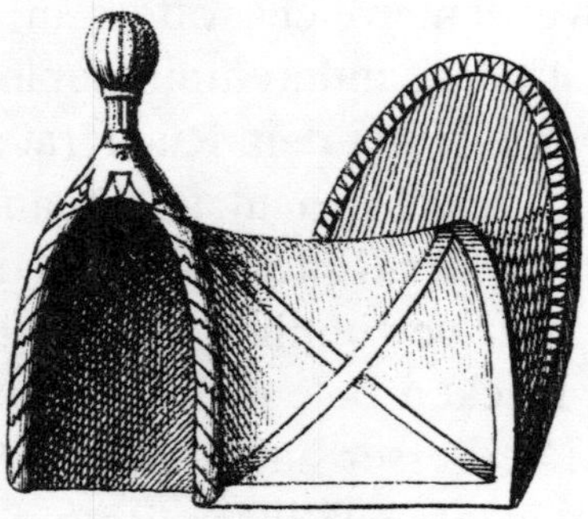

leichtere Sättel verfertigten, die sie mit Polstern und Kissen belegten und mit Pelzen oder Tierfellen überdeckten.

Erst nachdem die Römer in Konstantinopel begannen, den groben Sattelbau, der vorher immer unter einer Decke verborgen war, nach asiatischer Art leichter zu gestalten, mit kostbaren Polstern zu überziehen und mit Gold und Edelsteinen zu besetzen, wurde er unter der Decke hervorgeholt und auf dieselbe gelegt. Überhaupt muß der Ursprung der Sättel, Zäume und Reitzeuge nicht bei den Römern

Türkischer Sattelbaum, reich mit Gesteinen und Zieraten von Goldblech überdeckt.

gesucht werden, die nur eine kleine Anzahl von Reitern im Krieg aufzustellen vermochten, dagegen lieferten die Libyer, Ägypter, Perser und Inder ganze Heere derselben. Daher ist auch zu vermuten, daß die Erfindung der Sättel und des anderen nötigen Reitzeugs nicht den Römern, dem jüngsten der alten Völker, zugeschrieben werden kann, sondern nur jenen, welche vortreffliche Pferde und große Reiterheere hatten.

Die Reitdecken hatten bei den Alten verschie-

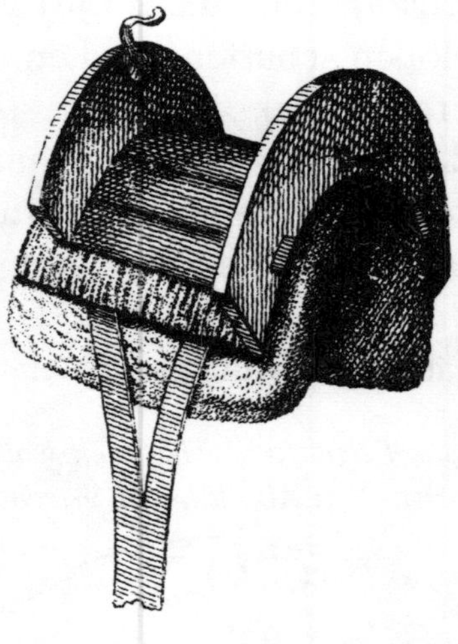

Packsattel von schwerem Holz, mit Eisen beschlagen und mit dicken Pölstern versehen.

dene Formen und vielerlei Namen, wobei man ihren Schnitt bezeichnete, wie wir auch heute noch mancherlei Arten kennen, so zum Beispiel die Walltrape, Schabracke und dergleichen mehr. Die ursprünglichsten und ältesten Reitdecken waren von Pelz und anderen Tierfellen gemacht, die in der Folge auch reich verziert wurden. Auch findet man in vielen Stellen der Alten, daß sie außer den Decken von Tierfellen dergleichen sogar von Menschenhäuten verfertigten. Diodosius sagt von den Galliern: »Sie

Prachtreitdecken an kaiserlichen Pferden, abgebildet auf der Säule des Theodosius in Konstantinopel.

binden die abgehauenen Köpfe der Feinde an die Mähnen der Rosse und bereiten die abgezogenen Häute zu Reitdecken.« Solin erzählt von den Gelonen: »Sie opfern dem Mars Menschen und von den Häuten ihrer Feinde machen sie sich Gewänder und Decken für ihre Pferde!« Steigbügel waren bei den Römern und Griechen noch nicht bekannt, denn die Alten übten von Jugend auf ohne fremde Hilfe sich leicht und mit Anstand aufs Pferd zu schwingen. Doch bedienten sie sich zuweilen des Spießes als Stütze zum Aufspringen, wie man in Xenophons Buch der Reitkunst beschrieben findet. Einige halfen sich dadurch, daß sie an den vorderen Sattelknopf zwei kurze Riemenschlingen befestigten. Die Vornehmen ließen von ihren Stallmeistern ihre Pferde so abrichten, daß sie sich entweder auf die Knie niederließen oder, indem sie die Beine weit ausstreckten, den Rücken tief einbogen. Die gewöhnliche Art aber war, daß der Diener die Hand darbot, um dem Reiter das Aufsteigen zu erleichtern. Die vornehmen Griechen hielten sich auch eigene Diener, Schemelträger genannt.

Die ältesten Reitdecken waren von Tierfellen verfertigt, deren Kopf auf der Brust des Pferdes prangte.

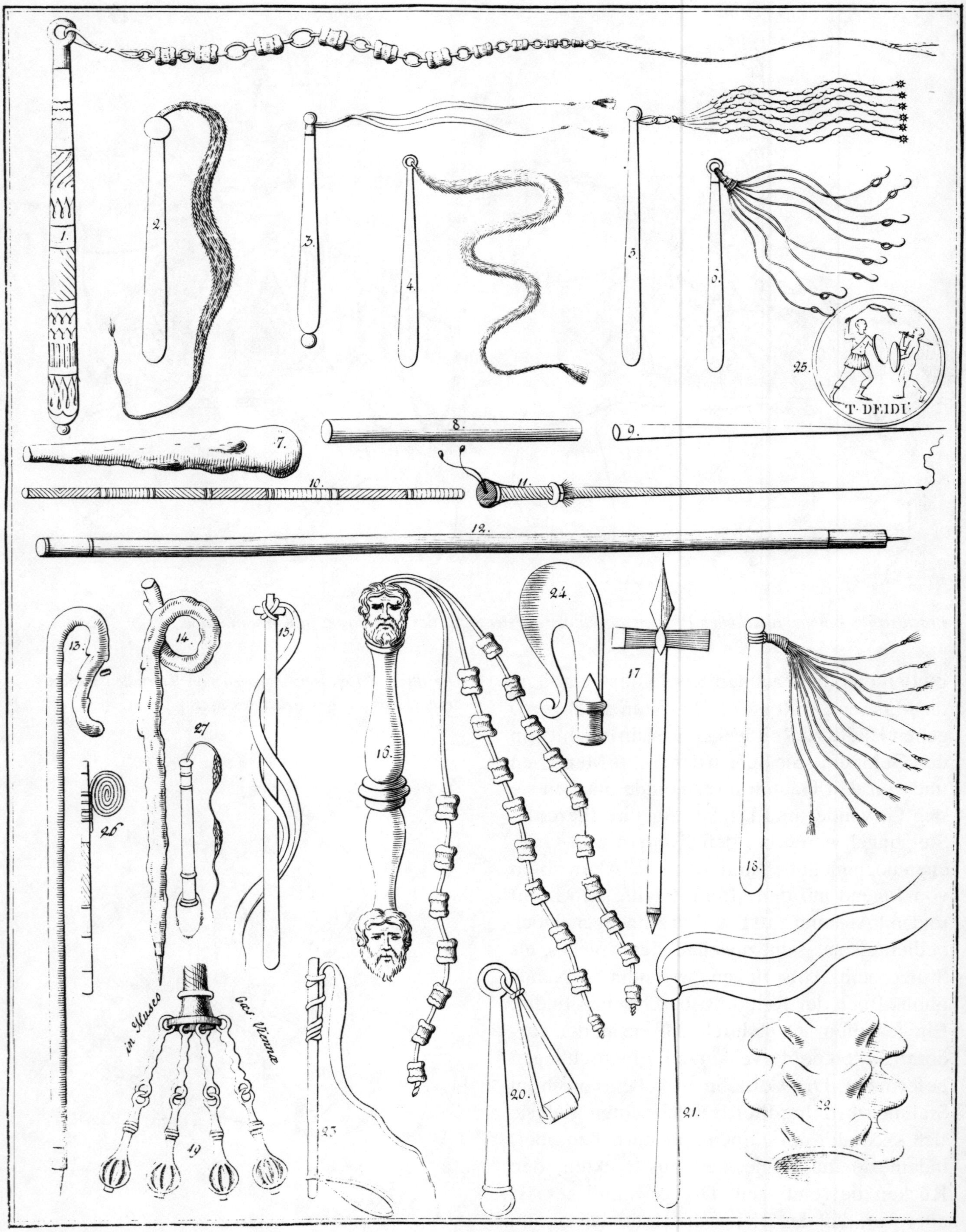

Fig. 1: Mit weißen Knochen versehene und reich verzierte Peitsche, welche vor allem bei Festen zum Klatschen und Knallen verwendet wurde. – Fig. 2: Scutica; kurze Peitsche mit einzelnen flachen Riemen von rauhem Wildleder samt Haaren. – Fig. 3: Mastix, bei den Streitwagen bedienten sich die Griechen der kurzen Peitschen; auch als Foltergeißel verwendet. –

Von den Peitschen

Die Alten munterten, wie wir noch heutzutage, die Pferde und andere Zugtiere durch mancherlei Mittel auf. Außer dem Schlagen mit den Zügeln, dem lauten Zurufen, Zungenschnalzen oder Beinzeichen gilt wohl seit jeher die Peitsche als ein weitverbreitetes Instrument.
Die einfachste Art war die Gerte, ein langer, dünner Stock; zuweilen verwendete man auch stärkere Keulen. Um die Wirkung zu vergrößern, erfand man schließlich vielerlei Formen. Metallene Enden, mit Knöchelchen oder metallenen Ringen versehene Riemen und vielfach geschwänztes Schlagwerk machten die Peitsche oft zu einer gefährlichen Waffe. Als solche fand sie schließlich weniger Verwendung zum Treiben und Dirigieren der Tiere, sondern diente im Zweikampf, im Krieg wie auch im sportlichen Wettkampf. Letztlich galt sie als gefürchtetes Folterwerkzeug und war behilflich bei der Beaufsichtigung der Sklaven.
Daß die Alten mancherlei solcher Folterpeitschen hatten, erfährt man auch von Apulejus: »Man schleppte mich zur Folter und zeigte mir das Feuer, das Rad und die verschiedenen Gattungen Geißeln nach griechischer Art.«
Die Juden, die sich wie die Griechen der Strickgeißeln bedienten, bestraften jedes Vergehen mit einer gewissen Anzahl von Hieben. Dabei pflegte man nie mehr als vierzig weniger einem Schlag auszuteilen, um dem Bestraften nicht das Leben zu nehmen. Auch bei den Römern, bei öffentlichen Volksfesten und selbst im Circus, waren Aufseher mit Peitschen gegenwärtig, um die unruhigen Leute mit einigen Hieben in Zucht zu halten.
Ein Treibwerkzeug, welches schon Xenophon in seinem Buch der Reitkunst erwähnt, die Sporen, dessen sich die Alten nebst der Peitsche bedienten, war in der späteren Zeit geeignet, den Gebrauch der letzteren immer mehr zu verdrängen. So finden wir heute ganz allgemein bloß die einfache Gerte, und auch deren Gebrauch wird möglichst hintangehalten.

Fig. 4: Hystrichispeitsche, aus Stacheln und borstigen Haaren des Stachelschweins. – Fig. 5: Myopes; an den Enden der Schnüre befinden sich runde, metallene Knöpfe mit Stacheln. – Fig. 6: Scorpion; Geißeln, an dessen Ende kleine eiserne Haken angebracht wurden. – Fig. 7, 8: Keulen. – Fig. 9: Kurze Stachelgerte, verwendet bei Fahrten auf Bigen oder Quadrigen. – Fig. 10: Reich verzierter Schlagstock. – Fig. 11: Geschwänzte Gerte. – Fig. 12: Langer Stecken der Bauern für gewöhnliche Ackerbau- und Ochsenfuhren. – Fig. 13, 14: Ochsenstecken, mit Eisen beschlagen. – Fig. 15: Peitsche aus der Zeit Kaiser Theodosius. – Fig. 16: Knöchelpeitsche mit drei Schlingen. – Fig. 17: Lanzenähnlicher Ochsenstecken. – Fig. 18: Geißel römischer Marktaufseher zur Züchtigung der Sklaven. – Fig. 19: Vierschwänziges Ende aus Eisen. – Fig. 20: Geißel, an deren Ende ein Beinstück oder Knochen eingefaßt ist. – Fig. 21: Mastix; siehe Fig. 3. – Fig. 22: Darstellung eines metallenen Geißelknopfes. – Fig. 23: Kantshu; Kosakenpeitsche. – Fig. 24: Vergrößertes metallenes Ende einer Riemenpeitsche. – Fig. 25, 26: Schnell- oder Spiralpeitsche, deren lederne Schlinge beim Schlagen aufschnellt und sich sofort wieder zusammenrollt. – Fig. 27: Kurzschwänzige Lederpeitsche.

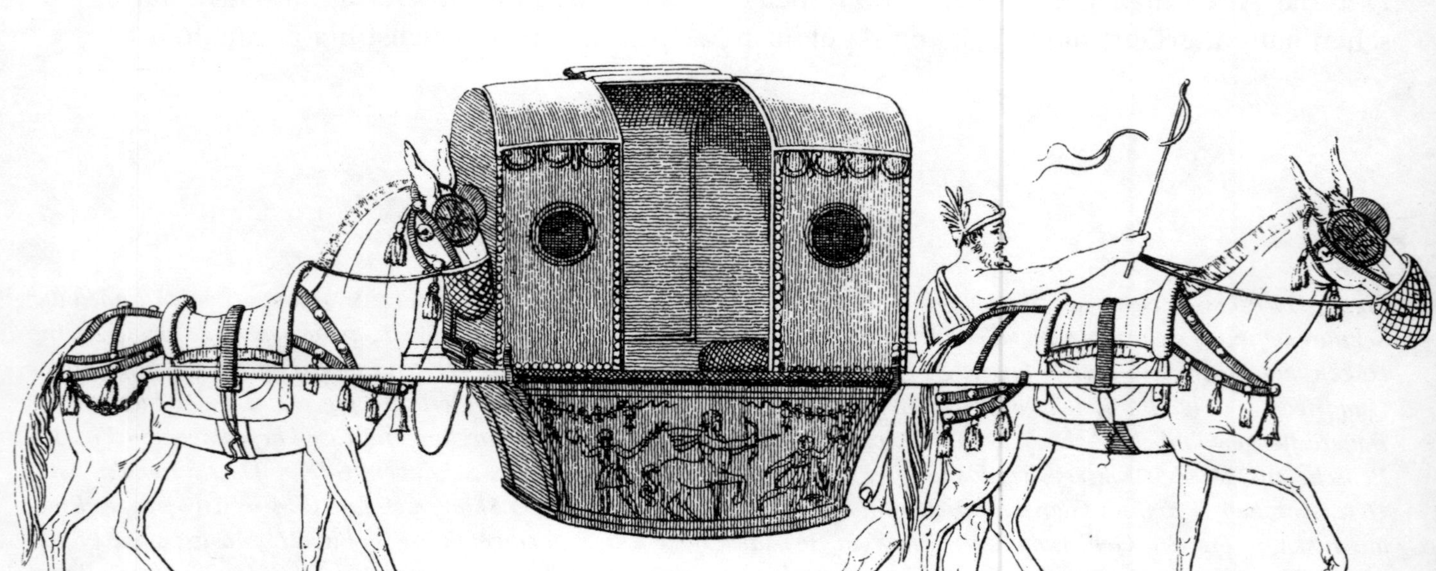

III.

Die Sänften und Basternen

Inhalt

Die Sänfte 97
Die Basterna 99

Die Sänfte

Dieses uralte Traggefährt war vermutlich schon früher erfunden, als man die beräderten Fuhrwerke kannte. Die morgenländischen Völker bedienten sich von jeher der verschiedenartigsten Sänften, die von zwei bis acht Menschen oder auch von Lasttieren getragen wurden. Die Römer hatten den Gebrauch der Sänften erst nach den Punischen Kriegen in Italien eingeführt. Die ersten, die man in Rom sah, sollen unbedeckt und ganz einfach gewesen sein, nach und nach aber nahmen auch die Sänften aller Art so sehr überhand, daß sich Julius Caesar sogar veranlaßt fühlte, ihren Gebrauch durch Gesetze zu beschränken. So durften sich schließlich nur gewisse Personen und auch nur an bestimmten Tagen ihrer bedienen. Eusebius erklärt: »Der Gebrauch der Sänften und Perlen ward den Männern wie den Freigelassenen untersagt, wenn sie unter vierzig Jahre alt waren.«

Anfänglich bediente man sich in Italien dieser Traggefährte schon seit der ältesten Zeit bloß, um die Leichname der Verstorbenen aus der Stadt zu schaffen. Dann wurde ihr Gebrauch auf Reisen üblich, später aber bedienten sich ihrer die vornehmsten Matronen und Frauen der Senatoren in der Stadt als ein bequemes Lust- und Prachtgefährt. Auch Augustus liebte dieses Gefährt und ließ sich bald in offenen, bald in bedeckten Sänften in den Tempel, Circus und in die Theater tragen. Auf Reisen aber trugen gewöhnlich zwei Maultiere seine Sänfte.

Die Form und Bauart der Sänften war sehr verschieden. Es gab deren für eine und für zwei Personen, zum Sitzen und zum Liegen, offene und bedeckte, einfache und reich verzierte.

Die Sänften zum Liegen waren gewöhnlich nur

Sessorium; die leichtesten Sänften waren Tragsessel für nur eine, sitzende Person.

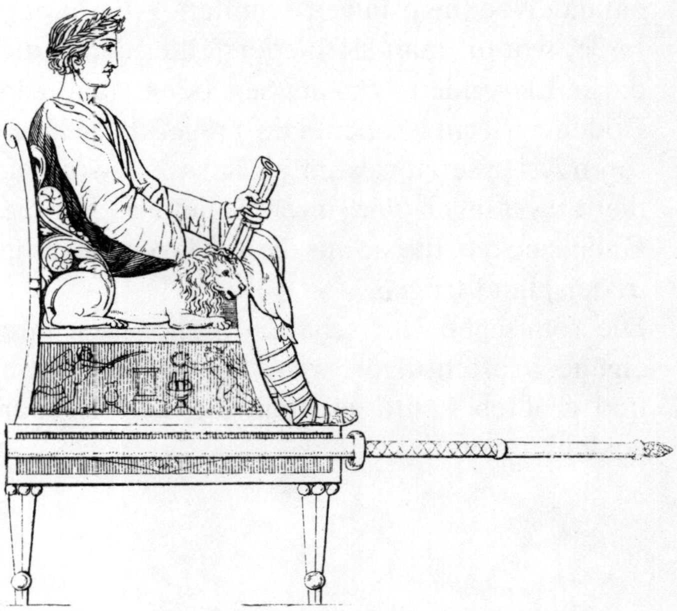

Sellula, dieser Tragsessel wurde von zwei sogenannten Moesiern getragen.

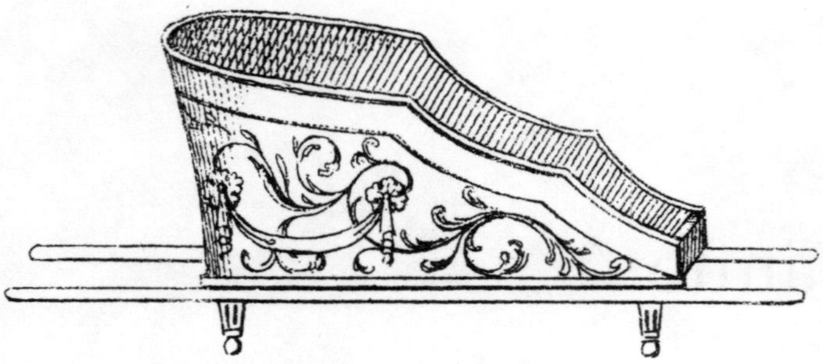

Tragsessel für eine Person mit zwei Trägern.

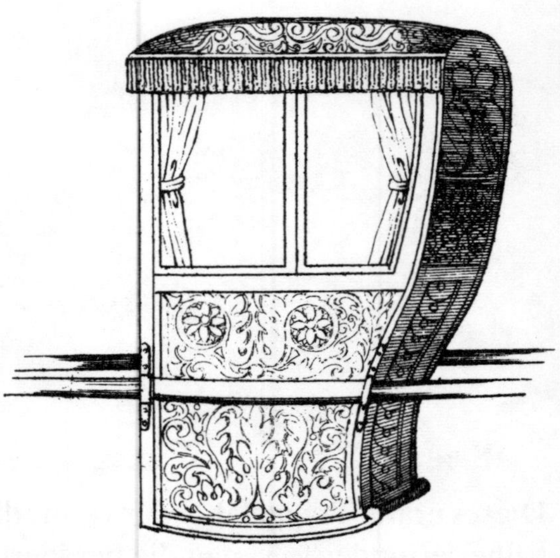

Tragsänfte der Kurfürstin Marianne von Sachsen, Witwe Maximilians III.; zum Öffnen der Türe mußte der Himmel angehoben werden.

für eine Person eingerichtet. Es gab jedoch auch breitere, in welchen zwei Personen nebeneinander bequem liegen konnten. Alle hatten Füße, worauf man sie niederstellte, damit die darin Liegenden vom nassen oder staubigen Boden entfernt blieben. Die Träger der schwereren Arten setzten, wenn sie ausruhen wollten, die Tragstangen von ihren Schultern auf die Gabelstecken, die sie aus diesem Grund ständig in der Hand trugen.
Die römischen Herrschaften hielten sich ihre eigene Sänftenträger, wozu sie die schönsten und größten Leute wählten, die sehr kostbar gekleidet waren.

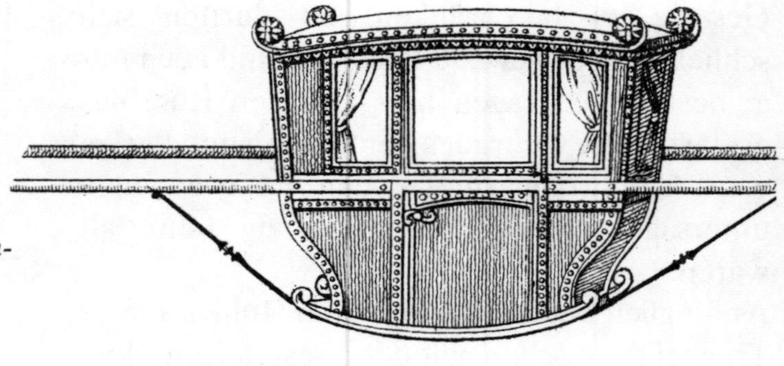

Sänfte für zwei Personen aus der Mitte des 17. Jahrhunderts.

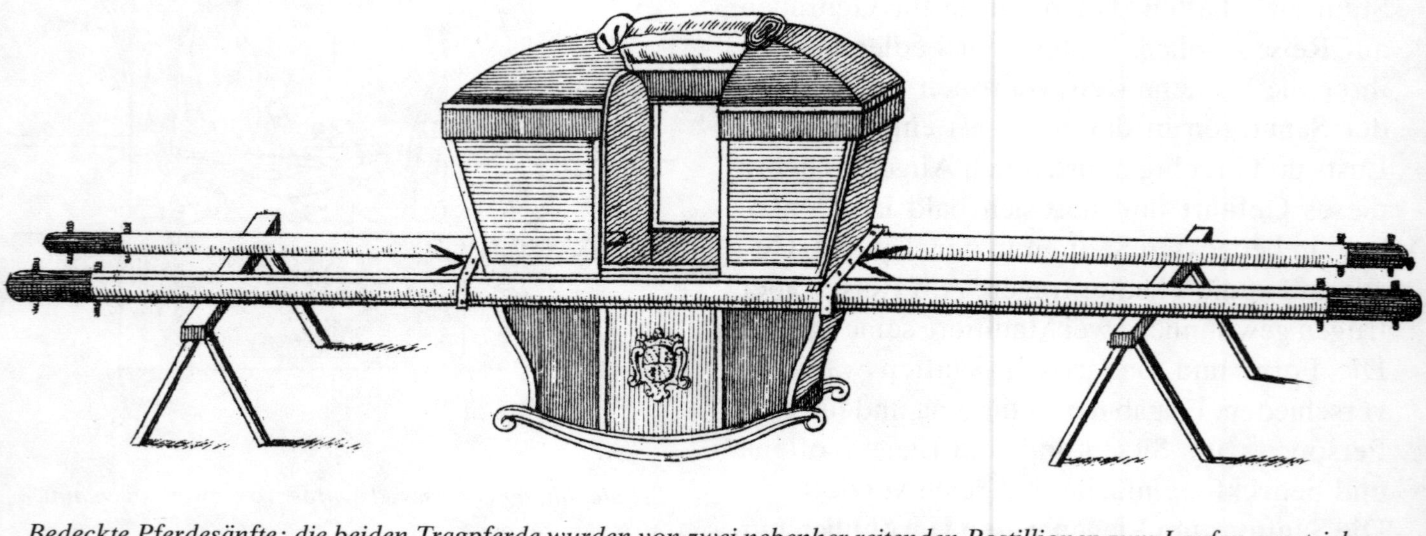

Bedeckte Pferdesänfte; die beiden Tragpferde wurden von zwei nebenher reitenden Postillionen zum Laufen angetrieben.

Die Basterna

Seliquastra, auch Sella rustica genannt; in ihnen ließen sich die Damen in den Circus und in die Theater tragen.

Dieses Gefährt war ebenfalls eine Art Sänfte, die aber nie von Menschen, sondern wegen ihrer Größe von zwei starken Pferden oder Maultieren getragen wurde. Diese Pferde wurden häufig zum Doppelschritt abgerichtet, welchen man gemeiniglich den Paß nennt, weil die Fortbewegung dadurch schneller und ruhiger vonstatten ging. Dergleichen Basternen bestanden noch bis ins 19. Jahrhundert und sind vereinzelt auch heute noch in Verwendung.

Nach den Römern setzte sich der Gebrauch dieses Gefährts vor allem in Frankreich durch. In alten französischen Chroniken findet man, daß sich Karl III. von Frankreich schon im Jahre 890 einer Sänfte bediente, in späteren Jahren wurden jedoch auch in Frankreich die Sänften zumeist von Maultieren oder Pferden getragen.

Zu den Zeiten Ludwigs XIV. und XV. war es noch gebräuchlich, solcherart zu reisen, und aus der Geschichte erfahren wir, daß noch im Jahre 1733 Feldmarschall Graf Moritz von Sachsen in einer solchen Sänfte von Paris nach Dresden reiste. Die beiden Tragpferde waren um den Kopf verkappt oder hatten Augendeckel mit großen, messingenen oder versilberten Platten mit dem fürstlichen Wappen und wurden von zwei nebenherreitenden Postillionen zum Laufen angetrieben.

Es scheint außer Zweifel, daß nur die Verbesserungen im Bau der Wagen, welche bald die behagliche Bewegung der Sänften mit weit größerer Schnelligkeit verbanden, den Gebrauch der Letzteren nach und nach verdrängen konnten.

Reiche Maultiersänfte, wie sie zu den Zeiten König Karls VI. in Gebrauch war.

Bahre mit vergoldetem Sarg, von zwei Maultieren getragen, welche im 8. Jahrhundert zur Zeit Karls des Großen in Verwendung war.

Altdeutsche Roßbahre für zwei Personen, die von zwei Pferden oder Maultieren getragen wurde.

Türkische Pferdesänfte, welche nur von den vornehmsten türkischen Herrschaften gebraucht wurde, worin der Reisende entweder mit geschränkten Beinen sitzen oder ausgestreckt liegen konnte.

IV.

Die Wagen und Fuhrwerke der verschiedenen Völker des Mittelalters und der Kutschenbau neuester Zeiten

Inhalt

Der mittelalterliche Wagen 113

Vom Ursprung der französischen Kutschen und Karossen 117

Die allmähliche Verbesserung des Wagenbaus vom Ende des 17. bis Anfang des 19. Jahrhunderts ... 119

Die kleinen Reisewagen des 19. Jahrhunderts 133

Herrschaftskaleschen 141

Die Berline 147

Zweirädrige Wagen neuerer Zeit 164

Das Post- und Transportwesen 179

Oben: Gedeckter Zäunselwagen aus dem 6. Jahrhundert. – Mitte: Französischer, in Ketten hängender Mietwagen aus dem 16. Jahrhundert. – Unten: Französischer Botenwagen aus der Zeit um 1600.

Oben: Herzoglich-bayerischer Frauenwagen, gezeichnet nach einem Wandgemälde. – Links, Mitte: Frauenwagen Kaiser Maximilians aus dem 16. Jahrhundert. – Links unten: Mit Binsenmatten überspannter Kobelwagen aus dem Italien des 12. Jahrhunderts. – Rechts, Mitte: Italienische Kutsche, Korbwagen aus dem 15. Jahrhundert.

Wagen der großen Herrscher aus dem Mittelalter; unten: Carpentum Karls des Großen.

Oben: Wagen der Ägypter und Morgenländer, noch im 19. Jahrhundert in Gebrauch. – Mitte und unten: Türkische Araba.

Oben: Goldener Frauenwagen aus dem 15. Jahrhundert. – Mitte: Ungarische Kutsche aus dem 16. Jahrhundert. – Unten: Rollwagen der Kammerdiener König Leopolds von Ungarn und Böhmen.

Oben: Fiaker aus dem 17. Jahrhundert. – Mitte: Pariser Landkutsche aus dem 16. Jahrhundert. – Unten: Kutsche Kaiser Leopolds I. aus dem Jahr 1658.

Oben: Kutsche des Barons Bernhard Bero von Rechberg aus dem Jahr 1685. – Mitte: Leibkutsche für acht Personen des bayerischen Herzogs Max Emanuel aus demselben Jahr. – Unten: Die berühmte Kutsche »La dormeuse du Maréchal de Richelieu«.

Der mittelalterliche Wagen

Nachdem die Weltherrschaft Roms vernichtet war, sah man auch bald ihre einst so ausgezeichneten Künste merklich dahinschwinden. All die Pracht und Zierde der schönen Wagen teilten ihr Schicksal: sie verschwanden, und einfachere Fuhrwerke traten an ihre Stelle.

Lange bevor sich der Wagenbau in Europa allgemein verbreitete, waren jedoch bei den Völkern des Orients Fahrzeuge verschiedenster Art in Gebrauch. Zwar kam es in jenen Ländern nicht zu so einer ausgedehnten Entwicklung, doch waren auch ihre Wagen von entscheidendem Einfluß für Europa. Beinahe unverändert hielten sich bei den morgenländischen Völkern die Formen und Arten ihrer Fuhrwerke über Jahrhunderte hinweg. Eine der typischsten Erscheinungen stellte die der römischen Rheda verwandte »Araba« dar. Sie stellt auch den Urtyp des europäischen Wagens, denn zu jener Zeit, wo man die Art noch nicht kannte, die Kästen der Stadt- und Reisewagen auf Stahlfedern und Riemen zu hängen, waren die Fahrzeuge aller Länder ihrer Bauart nach fast gleich. Nur einige zeichneten sich von anderen durch leichtere Bearbeitung oder reichere Stoffe und Verzierung aus, im übrigen aber waren noch alle Kästen, auch die prachtvollsten nicht ausgenommen, ganz unbeweglich auf ihrem Wagengestell befestigt. Die Achsen waren meistens von Buchenholz, obwohl auch schon in der ältesten Zeit metallene Achsen Verwendung fanden, vorzüglich aber nur an den Renn- und Streitwagen. Das Vordergestell der vierrädrigen Wagen war mit dem Hintergestell gewöhnlich mit einer Langwiede verbunden.

Die Decken der Araba bestanden aus buntem Baumwollstoff, öfters sah man sie auch mit reichsten Teppichen geschmückt, oder mit Vergoldungen und Lackierarbeiten geziert. Die Verwendung dieses Gefährts in der Türkei war ganz allgemein. Kaum war eine Mohammedanerin zu finden, die zu Pferd ritt, sondern sie benutzte entweder die Araba oder eine Maultiersänfte, oder ließ sich in einer Tragbahre umhertragen; denn eine alte Prophezeiung verhieß, daß einst das türkische Reich durch ein Weib, das zu Pferde ein feindliches Heer anführt, zugrunde gerichtet werden wird.

Ging also die Entwicklung des europäischen Wagenbaus von dergleichen morgenländischen Fuhrwerken und den Gefährten der alten Römer aus, so konnte sich in darauffolgenden Jahrhunderten doch eine eigene Bauweise entfalten: aus der römischen Rheda gingen die goldenen Wagen der Deutschen und die bunten, gezierten Chaisen der Franzosen hervor. Das neugeborene Abendland stieg zum kulturellen Zentrum des Mittelmeerraumes empor, und der Wagenbau erlebte eine neue Blüte.

Im Mittelalter findet man eine Vielzahl verschiedener Arten und Formen: Kobel- und Zäunselwagen, Rollwagen, Karossen und vieles mehr.

Die Wagen der Großen waren bereits wieder prunkvoll gestaltet. Ein bedeutender Platz gebührt auch den »Frauenwagen«. Dieser mehr oder minder reich gestaltete Wagen war weit verbreitet, bis die Gläserwagen und die sogenannten schwebenden Kutschen mit hölzernen, lackierten, geschliffenen und künstlich bemalten Tafeln an ihre Stelle traten. In den fürstlichen Schlössern und Residenzen fand sich stets ein solcher Familienwagen in Bereitschaft,

welcher bei feierlichen Gelegenheiten gewöhnlich mit sechs Pferden bespannt wurde. Die einfacheren Fuhrwerke dieser Art, die Gogel-, Kobel- und Korbwagen, waren meistens von Weiden geflochten, der obere Teil mit gefärbter Leinwand oder Fellen überdeckt und öfters auch mit Binsenmatten belegt.
Bei den vornehmsten Familien in Deutschland war es lange Zeit beliebt, mit Ochsen zu fahren. So berichtet eine alte Chronik einer gräflichen Familie, »daß der einstigen Frau Witwe stets vier Ochsen zu halten seien, damit sie nach Gefallen von dem Schlosse Edelzhausen nach Schrobenhausen standesmäßig in die Kirche fahren könne.« Selbst Karl der Große bediente sich meistens eines solchen Wagens, wenn er ausfuhr, und Eginhard, sein Geheimschreiber, versicherte ihm: »Vita caroli magni – daß, wo er

Altdeutscher Gogelwagen, nach einem Ölgemälde in der königl.-bayerischen Galerie zu Schleißheim.

sich auch hinbegeben wollte, er sich immer von seinem Ochsentreiber nach ländlicher Art mit vier Ochsen vor seinem Wagen fahren ließ.«
Kunstvoll, wenn auch nicht reich gestaltete Wagen fanden sich auch auf dem Lande. Einem alten Brauch entspringt die sogenannte Leonhardstruhe, welche dazu bestimmt war, die Mädchen der Umgebung zum Fest zu fahren. Die Söhne aber ritten neben dem Wagen einher, und so begann man die ländliche Feier zu Ehren des Sankt Leonhard und Wendelin, welche das Land vor den verheerenden Viehseuchen bewahren sollten.
Doch gab es auch im Mittelalter prachtvoll gestaltete, vergoldete Fuhrwerke, vor denen kostbare Rosse liefen.
Die Geschichte berichtet, daß es nicht zuletzt die Damen waren, welchen die neue Gestalt der

Norddeutscher Korbwagen, von einem Ölgemälde aus der Galerie zu Düsseldorf.

Ein für eine St.-Leonhards-Fahrt geschmückter Wagen aus Bayern.

prunkvollen Wagen zu verdanken ist. Waren doch die Frauenwagen von sehr verschlossener Form und gewährten kaum Einblicke, sodaß sich die leichteren, offenen Wagen sich bei den Damen rasch großer Beliebtheit erfreuten. Nicht selten soll sich auch ereignet haben, daß die Töchter vornehmer Herrschaften aus diesem Grund auch zu Pferde neben der Familie einherritten. Ein ausgezeichnetes Beispiel bot dafür Königin Eleonora, welche im Jahre 1543 einen Zug anführte, auf einem weißen Prachtpferd reitend, das mit einer großen Decke von Goldstoff bedeckt war. Die Töchter des Königs folgten ebenfalls zu Pferde, sowie die Fürstinnen, die Hofdamen und das übrige Gefolge. Der König wiederum, als Liebhaber prachtvoller Reitzeuge und Wagen berühmt, ließ seiner Geliebten einen reichen, zierlichen Wagen von angenehmer und verbesserter Form bauen. Dieser war in der Tat viel bequemer und, obgleich noch nicht in Federn hängend, doch so, daß er frei zwischen den Pfeilern schwebte, und es wird behauptet, daß aus dieser Zeit heraus die Bezeichnung Karosse entstand.

Die unterschiedlich regionale Entwicklung erschwert eine chronologische Darstellung der Geschichte des Wagenbaus im europäischen Raum, sodaß vor allem technische Neuerungen als Anhaltspunkte der Ordnung dienen müssen.

Eine beinah revolutionäre technische Entwicklung stellt der Gebrauch der Federn dar. Hing man schon bei den Römern den Kasten der Wagen zuweilen in Riemen oder Ketten, so wurde nun die Verwendung von Stahlfedern ganz allgemein.

Vom Ursprung der französischen Kutschen und Karossen

Die alten Franzosen, die keine Liebhaber von großem Aufwand waren, begaben sich alle Heiligen Abende auf einem Bauernwagen mit ihrer ganzen Familie auf ihr Landgut, um dort die Feiertage zuzubringen und neue Kräfte zu sammeln. So liest man bei Foix: »Gilles le Maitre, erster Präsident des Parlaments unter Heinrich II., ließ sich zu den vier großen Festen des Jahres und in der Zeit der Weinlese einen gedeckten Karren schicken, mit frischem Stroh zum Sitzen für seine Frau und seine Töchter sowie einen Esel zum Reiten für die Kammermagd. Er selbst ritt voraus auf seinem Maultier, von seinem Schreiber zu Fuß begleitet.«
Zu allen Zeiten entzieht man sich schwer alten Gewohnheiten. Der Gebrauch der Wagen war ein Vorrecht des königlichen Hauses, und es mußte als besondere Gunst angesehen werden, wenn man in einer Kutsche fahren durfte. Doch alles, auch das Größte dieser Erde, erwächst aus kleinen Anfängen. So berichtet die Geschichte, daß die erste Ursache der weiteren Verbreitung der Wagen auf nichts anderes zurückzuführen war, als auf das »Podagra« – die Gicht, welche die Geschäftsleute zwang, zu einem bequemeren Fortbewegungsmittel zu greifen.
Der Präsident des Parlaments, Christoph de Thon, welchem das Podagra schrecklich zusetzte, entschloß sich endlich, sich über alle Vorurteile hinwegzusetzen und einen Wagen bauen zu lassen, worin er besser seine Geschäfte besorgen konnte. Aus derselben Ursache wagte es ungefähr um das Jahr 1612 unter der Regierung Ludwigs XIII. dessen Kammerherr, sich eine kleine Kutsche bauen zu lassen, deren Oberteil

Einspänner aus dem Jahr 1669; der hintere Teil des Kastens hängt in zwei Ketten.

man ringsum mit Glasfenstern verschließen konnte.
Diesen Umständen also ist die erste Verbreitung zu verdanken, und bald sah man solcherlei Fahrzeuge, Cochen genannt, von jedermann gebraucht und von verschiedenartigster Form. Von Frankreich aus verbreiteten sich die Kutschen und die neueren Fuhrwerke in die Nachbarländer und begannen, vorwiegen in Norddeutschland, überhand zu nehmen.
Die Geschichte berichtet von einigen Verordnungen, die entweder den Zweck hatten, den Gebrauch der Wagen ganz zu verbieten, oder denselben zu vermindern. So befahl der Herzog von Braunschweig, Julius, im Jahre 1588, daß alle Lehensleute und Ritter nicht mehr in Kutschen, sondern zu Pferde zu seinem Hof reisen sollten. Später versuchten noch viele regierende Fürsten, dem Adel das Kutschenfahren abzuraten, wie der Markgraf zu Brandenburg, Joachim Friedrich, im Jahre 1607 und Herzog Philipp II. im Jahre 1608. Aber alle diese Warnungen haben nichts geholfen, und die Kutschen haben sich von nun an sowohl in ganz Frankreich als in Deutschland und von hier aus in alle Länder verbreitet.

Phaeton mit französischem Gespann aus dem Jahr 1770.

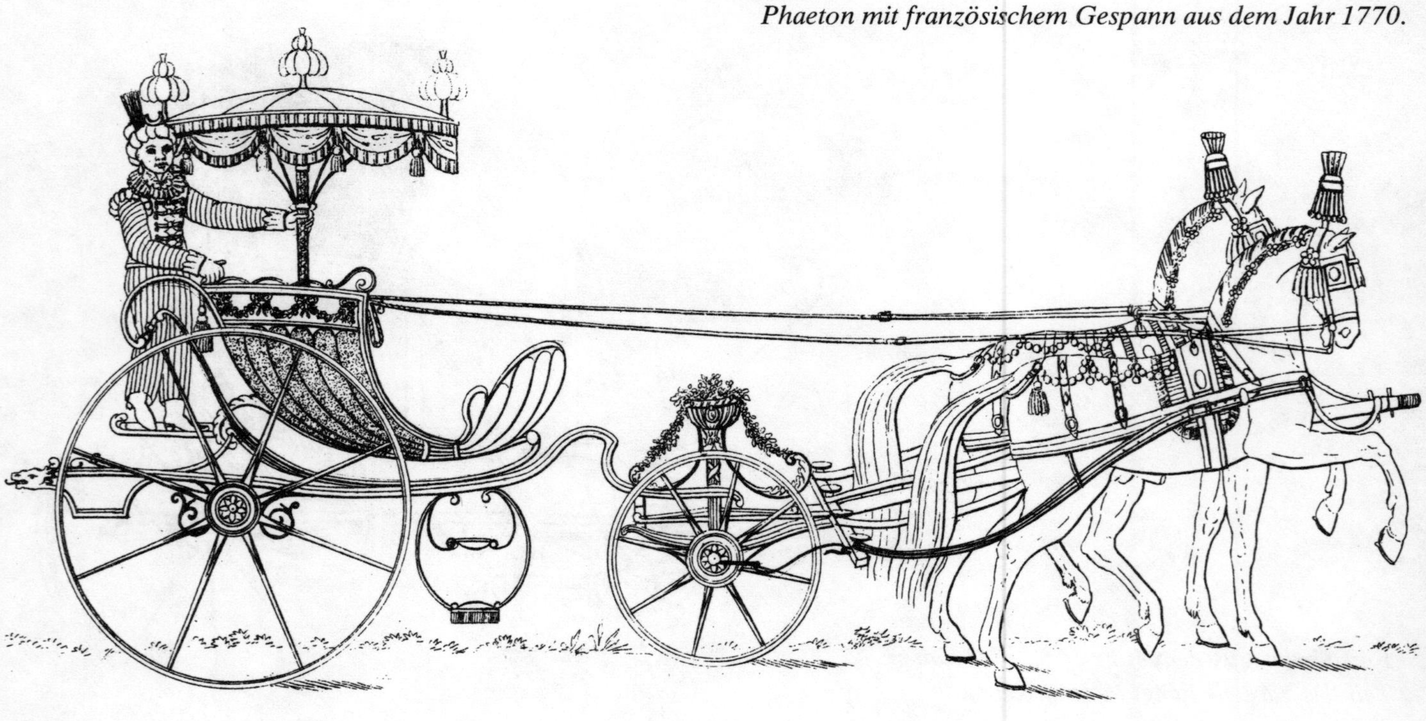

Die allmähliche Verbesserung des Wagenbaus vom Ende des 17. bis Anfang des 19. Jahrhunderts

Das Zeitalter Ludwigs XIV., welches von den Historikern in so vieler Beziehung als epochemachend bezeichnet wird, scheint auch ausschlaggebend für die Vervollkommnung des Wagenbaus gewesen zu sein. Denn unter ihm begann sich Frankreich leichter Spazierkaleschen und Chaisen zu bedienen, sei es nun auf den Boulevards um Paris, Fontainebleau oder in Saint Germain, wenn der Hof den Sommer dort zubrachte. Gewöhnlich spannte man sechs Pferde davor, und es war nicht selten, daß Damen ersten Ranges, selbst die Peitsche in der Hand, ihre Pferde um die Wette antrieben.

Der Kasten dieser Wagen hatte bereits die Form eines sogenannten Schwimmers oder des leichten Coupés, deren Vorderwand durch zwei große Glasscheiben geschlossen werden konnte. Sie hingen zumeist in ledernen Riemen, welche an Federn befestigt waren. Das Schwanken und Anschlagen wurde durch Kreuz-, Schlag- und Notriemen verhindert. Vorne am Kasten befand sich ein Kutschersitz. Die Gestelle am Wagen und die Räder waren lackiert, die Beschläge und das Eisenwerk von glänzender Farbe.

Eine andere Art Lustkaleschen waren jene sogenannten Phaetons, die sehr hoch gebaut waren, sodaß es auch große Geschicklichkeit erforderte, um dergleichen Wagen mit Sicherheit drehen und wenden zu können. So hörte man zu jener Zeit fast jeden Tag von einem neuen Unglück, welches durch diese gefährlichen Phaetons verursacht wurde. Es wurde gar ein Schauspiel dieses Namens geschrieben, um von der Kühnheit der Amazonen zu berichten, die voll Übermut in diesem Gefährt dahinrasten. In Deutschland uraufgeführt, wurde es auch ins Französische übersetzt, wo es nicht weniger Beifall erhielt. Den Vater der schönen Lenkerin ließ der Dichter ausrufen:

Englischer Phaeton mit zwei Pferden aus dem Jahr 1750.

»Die Geschichte sagt uns von einem verwegenen Jüngling,
einem Sohn der Sonne, dem Phaeton, welcher dem Wagen,
den du morgen zu führen gedenkst, den Namen gegeben.
Er vertraute zuviel auf seine Klugheit und Stärke,
wollte so gut, wie Phoebus, die Himmelspferde regieren,
aber stürzte herab vom Wagen, und brannte die Welt an.«

Die Farben an den Phaetons dieser Zeit waren zumeist sehr bunt. Die Kästen färbte man oft grün, das Gestell rot und brachte zudem Glanzlack an den Wagen.

Größere Phaetons, die dadurch entstanden, daß man zwei Phaetonkästen gegeneinanderkehrte oder zwei oder mehrere dieser Kästen hintereinanderreihte, waren als Gesellschaftswagen bekannt. Solche Fahrzeuge konnten zumeist mit einem Verdeck versehen werden und waren im übrigen nicht anders gebaut als ihre Ausgangsform.

Lieblingsphaeton des Königs von Bayern, Max Joseph, dessen er sich bediente, um in die Berge zu fahren.

Reichverzierte Kalesche aus dem 17. Jahrhundert; der Kasten hängt in breiten Riemen.

Jagdchaise mit drei schwebenden Sitzen, welche auf horizontalen Federn ruhten.

Fig. 1: Französischer Gesellschaftswagen für sechs Personen, mit aufsetzbarem Verdeck, in Stahlfedern hängend. – Fig. 2: Englischer Gesellschaftswagen mit Türen. – Fig. 3: Englischer Jagdphaeton für neun Personen aus dem Jahr 1785. – Fig. 4: Herrschaftsphaeton für zwei Personen aus der Zeit um 1800. – Fig. 5: Polnische Jagdchaise aus dem Jahr 1790. – Fig. 6: Französischer Gesellschaftswagen aus der Zeit um 1800. – Fig. 7: Englischer Phaeton aus dem Jahr 1780, mit zurückschlagbarem Verdeck und besonders starken hinteren Stahlfedern. – Fig. 8: Pariser Phaeton für neun Personen aus dem Jahr 1785.

Der Kasten, mit Tafeln belegt, hing in starken Stahlfedern auf zwei leichten, eisernen Schwanenhälsen. Fallweise fand sich neben dem Trittbrett und allfälligen Kot- und Schutzflügeln auch ein Verschlag, und am hinteren Ende des Wagens ruhte ein Packbrett oder eine Packkiste, die zugleich als Bedientensitz gebraucht wurde. Auf Grund der Leichtigkeit dieses Wagens wurde der Phaeton auch gerne für Bergfahrten verwendet. So bediente sich zum Beispiel Max Joseph, König von Bayern, mit Vorliebe dieses Wagens, wenn er zur Gemsenjagd nach Berchtesgaden und dergleichen Berggegenden fuhr. Sein Lieblingsphaeton war zu dieser Bestimmung besonders leicht und dennoch dauerhaft gebaut, mit einem kleinen abnehmbaren Sitz für den Fahrer, zwei Seitentüren und doppelten Fußtritten an den Seitenschwellen zum bequemeren Einsteigen. Das Verdeck konnte zurückgeschlagen werden, der Kasten ruhte auf eisernen Schwanenhälsen und vier stählernen C-Federn und konnte auch nach vorne mit einem Regenschutz verschlossen werden. Die Tafeln seines Wagens waren

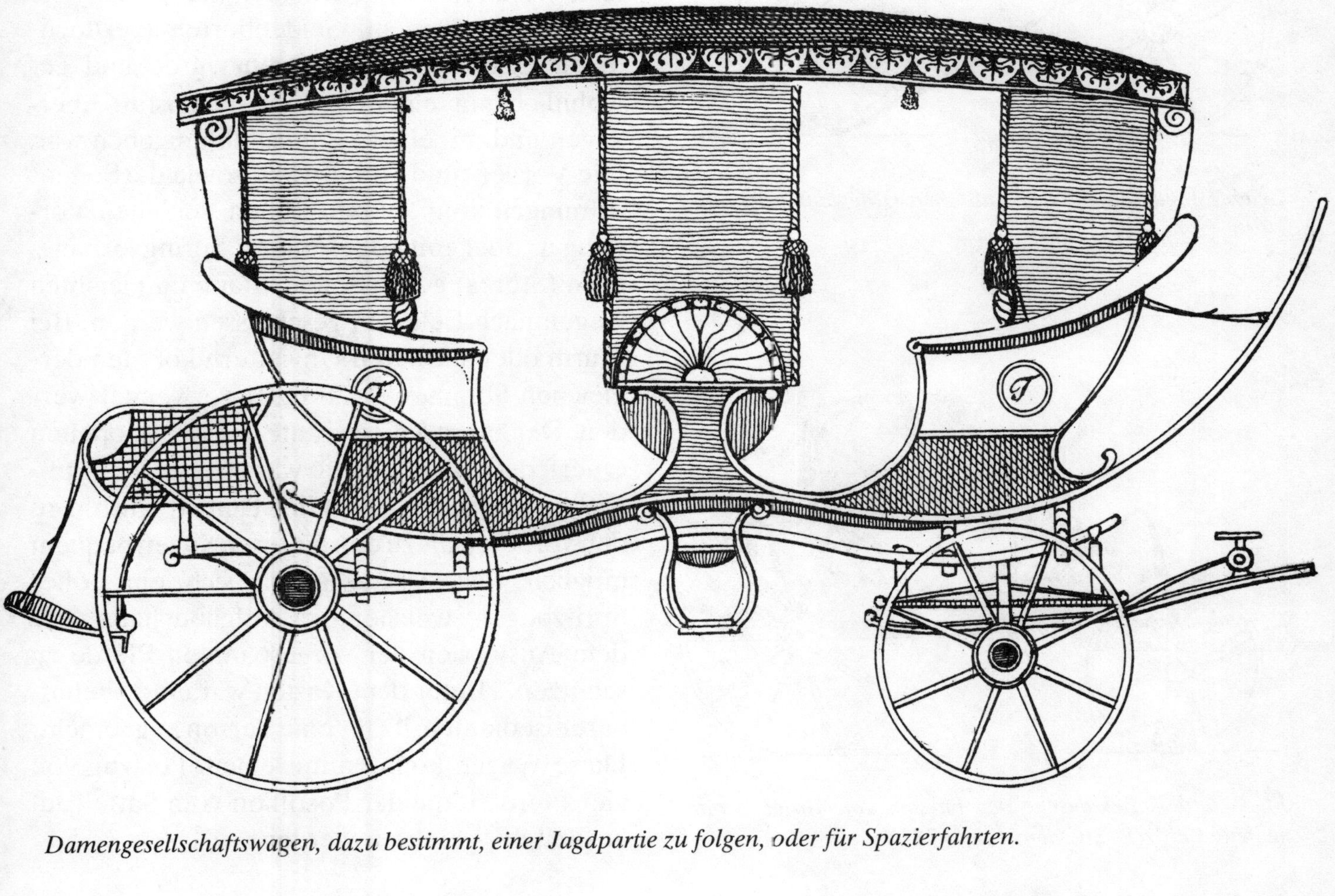

Damengesellschaftswagen, dazu bestimmt, einer Jagdpartie zu folgen, oder für Spazierfahrten.

Straßburger Kalesche aus dem Jahr 1800; Lieblingswagen des Prinzen Maximilian von Zweibrücken.

Leichte Jagdkalesche des badischen Hofes aus dem Jahr 1796.

Jagd- und Reisekalesche des Fürsten von Broglio, mit steifem Verdeck, aus dem Jahr 1785.

blau lackiert, die Räder und das Gestell zinnoberrot gestrichen, schwarz ausgefaßt und gefirnißt.

Um einer Jagdgesellschaft zu folgen oder auch nur, um spazierenzufahren, hatte man besondere Damengesellschaftswagen. Der Kasten dieses Fahrzeugs bestand aus zwei gegeneinandergekehrten Phaetonkästen, wovon jeder Sitz zwei bis drei Personen aufnehmen konnte. In der Mitte des Kastens war zusätzlich ein kleiner Sitz angebracht, welcher durch eine Rückenlehne geteilt, nochmals für sechs Personen Raum bot. Alle diese Sitze waren mit einem festen Himmel versehen, der auf jeder Seite von sechs runden, mit Seidenborten überflochtenen Eisenstangen getragen wurde und gewöhnlich mit einem grünen Wachstaft überzogen und mit einem Baldachin umgeben war. Die Vorder- und Hinterwand sowie die Seitenöffnungen konnten mit grünen, seidenen Vorhängen oder mit sogenannten Springvorhängchen (Stores) gegen Sonne, Staub und leichten Regen nach Belieben geschlossen werden. Bei Sturm oder stärkeren Unwettern konnten dergleichen Sommerwagen nicht verwendet werden. Der ganze Kasten ruhte auf vier doppelten Querfedern, in der Mitte war ein eiserner Fußtritt angebracht, wovon der Eintritt sowohl zu den vorderen als zu den hinteren Sitzen bequem möglich war. Vorne erhob sich ein hoher Spritzbogen, welcher die Aufgabe hatte, vor dem Auswerfen der vorgespannten Pferde zu schützen. Hinter dem Kasten war ein abnehmbarer Bedientensitz für eine Person angebracht. Diese Wagen konnten mit einem Postzug von vier Pferden, die der Postillion vom Sattelgaul aus leitete, gefahren werden.

Eine andere Jagdchaise entstand durch das Hintereinanderreihen dreier Phaetonkästen, worin neun Personen sitzen konnten. Hinten ruhte der Kasten auf jeder Seite auf einem Paar horizontaler Federn, die in kurz gebogenen C-Federn eingehängt waren. Das Vorderteil lag auf einer stählernen Querfeder. Unter dem Kasten waren zwei Seitenkeller befestigt, welche genug Raum enthielten, um die nötigen Jagdflinten durch die Seitentüre einschieben zu können.
Bei großen Jagdpartien wurden auch die in Deutschland erfundenen sogenannten Wurst-

Italienische Kalesche auf eisernen Schwanenhälsen, mit vier C-Federn und langen Riemen in Winden, aus dem Jahr 1806.

Reisekalesche, ganz ohne Eisen, in Petersburg im Jahr 1820 verfertigt.

wagen verwendet. Diese Fuhrwerke waren in ihrem Entstehen äußerst einfach gebaut: das Hintergestell war mit dem vorderen bloß durch eine hölzerne Langwiede verbunden. Der Sitzkasten, von der einfachsten Art, worauf vier bis sechs Jäger hintereinander sitzen oder reiten konnten, bestand nur aus zwei übereinanderliegenden Dielen, auf diesem Sitz lag ein langer Sack, welcher mit Stroh ausgefüllt, mit Stricken auf das Brett gebunden war und als Kissen diente. Auf der besseren Art dieser Wagen war anstatt des Brettes ein langer schmaler Kasten, Sitztrog genannt, worauf statt des Strohsackes ein mit Roßhaar gefülltes Kissen von braunem Leder festgeschnallt war. Dieses Kissen nannte man seiner langen Gestalt wegen »Wurst«, welches schließlich der Name für das ganze Fuhrwerk wurde.

Es waren auch solcherlei doppelte Wagen mit zwei Pferdeköpfen in Gebrauch. Auf diesen befand sich zuweilen hinter den beiden Reitbänken eine querliegende Sitzbank, welche bei Bedarf auch zwei bis drei Damen aufnehmen konnte. Zwischen den beiden Pferdeköpfen befand sich ein kleiner Sitz für den Kutscher, auf jeder Seite des Kastens hing ein langes

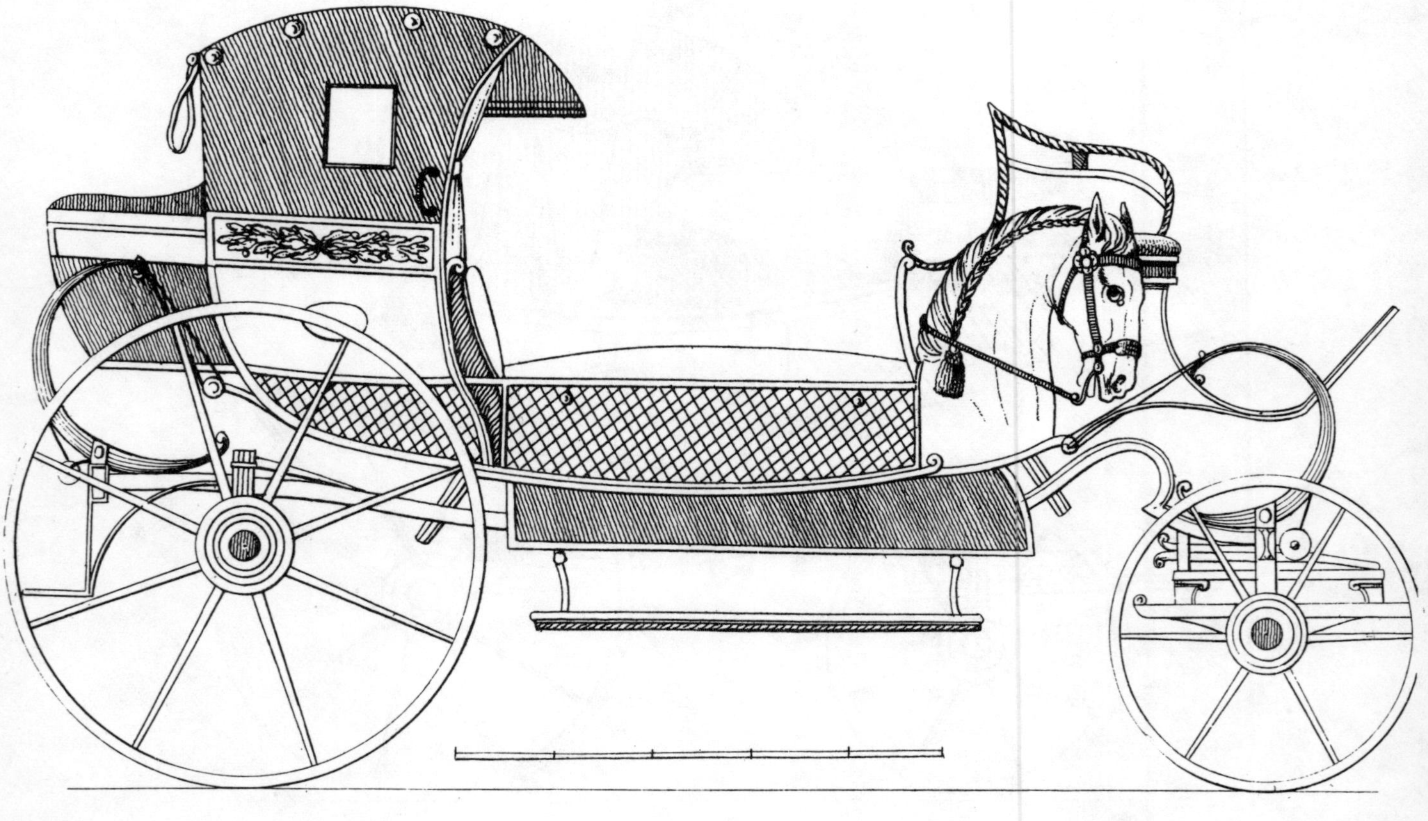

»Jagdwurst« mit zwei Pferdeköpfen, aus der königlich-bayerischen Wagenburg zu München, gebaut im Jahr 1780.

Fußbrett, damit die fahrenden oder reitenden Jäger ihre Füße bequem ausstrecken und ausruhen konnten.
Aus dem Phaeton entwickelten sich auch die verschiedensten Formen der Reisekaleschen und Chaisen bis hin zum hochentwickelten Landauer, welcher bereits ein hohes Maß an Komfort bot und zum Standardtyp der leichten Wagen der folgenden Jahrzehnte wurde.
Der Kasten hing zwischen vier hohen englischen Federn in Riemen, das Gestell ist mit einer Langwiede versehen. So angenehm auch diese Art Landauer zum Spazierenfahren war, weil sich das Verdeck leicht öffnen und wieder zusammenlegen ließ, so kam sie doch an Festigkeit und Dauer niemals den Wagen mit steifem Verdeck gleich. Auch konnten sie nicht so rein und vollendet in ihrer äußeren Form erscheinen, weil sie niemals mit lackiertem Glanzleder überspannt werden konnten, sondern mit leicht biegsamem Leder, welches besonders zubereitet und mit Öl getränkt werden mußte. Daher erschien der Landauer durch den Staub der Straße, durch langanhaltenden Regen und durch brennende Sonnenhitze gänzlich ausgetrocknet und steif, sodaß auch die Fugen, Rie-

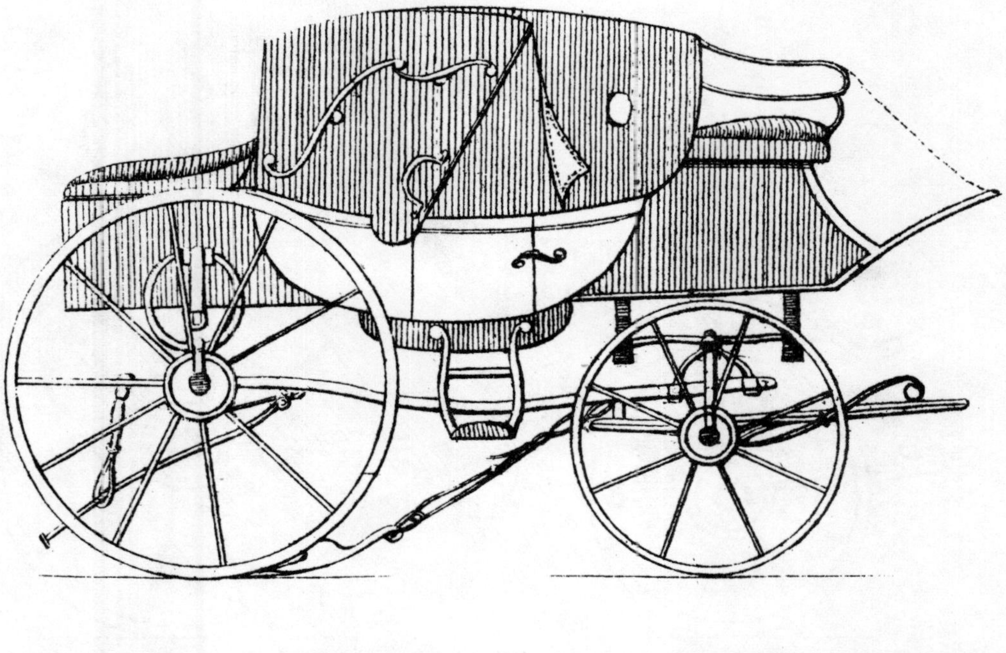

Reisekalesche aus dem Jahr 1810 mit zur Gänze verschließbarem Verdeck und großem Kasten an der Hinterseite des Wagens, welcher auf Horizontalfedern ruht.

Landkalesche mit »Vorfall«, einem runden, vorklappbaren Verdeck, aus dem Jahr 1819.

Reisekalesche aus dem Jahr 1825, mit großem Gepäckraum an der Unterseite des Kastens.

gel und Beschläge nicht mehr genau ineinandergriffen und das Reisen oft zu einer Beschwerlichkeit wurde. Vor allem aber durch das geteilte Verdeck war es immer sehr schwierig, jenes so zu verschließen, daß nirgends ein Tropfen Wasser durch die Fugen dringen konnte.

Sehr bequem waren im Gegensatz dazu die Wagen mit abnehmbarem Vordach. Diese Gestelle konnten leicht zusammengelegt und mitgeführt werden, ohne großen Raum einzunehmen.

Für die Reisekalesche befestigte man sowohl an der Unterseite des Kastens wie an dessen Rückseite und unter dem Kutschersitz Gepäckräume. Häufig finden sich hinter dem Kasten auch Sitze für zwei Bedienstete, welche entweder auf der Achse ruhten oder auf Federn hochgestellt werden konnten. Die Verdecke waren von vielerlei Form, zuweilen gänzlich zu verschließen und mit Fenstern versehen, zuweilen halbsteif, als Vorfalldach oder zurückklappbar. Zumeist fanden sich neben dem Kutschersitz Laternen.

Bei den Pritskas, wie sie zu Beginn des 19. Jahrhunderts üblich waren, wurden die Sitze des Kastens besonders bequem und breit genug für zwei Personen gestaltet und konnten auch nötigenfalls dazu dienen, um darauf der Länge nach auf einer Matratze zu liegen. So konnte man, von vier sanften Federn getragen, sich auf langen Reisen dem Schlafe überlassen.

Polnische Pritska aus dem Jahr 1798

Ungarische Postcarriole aus dem Jahr 1600.

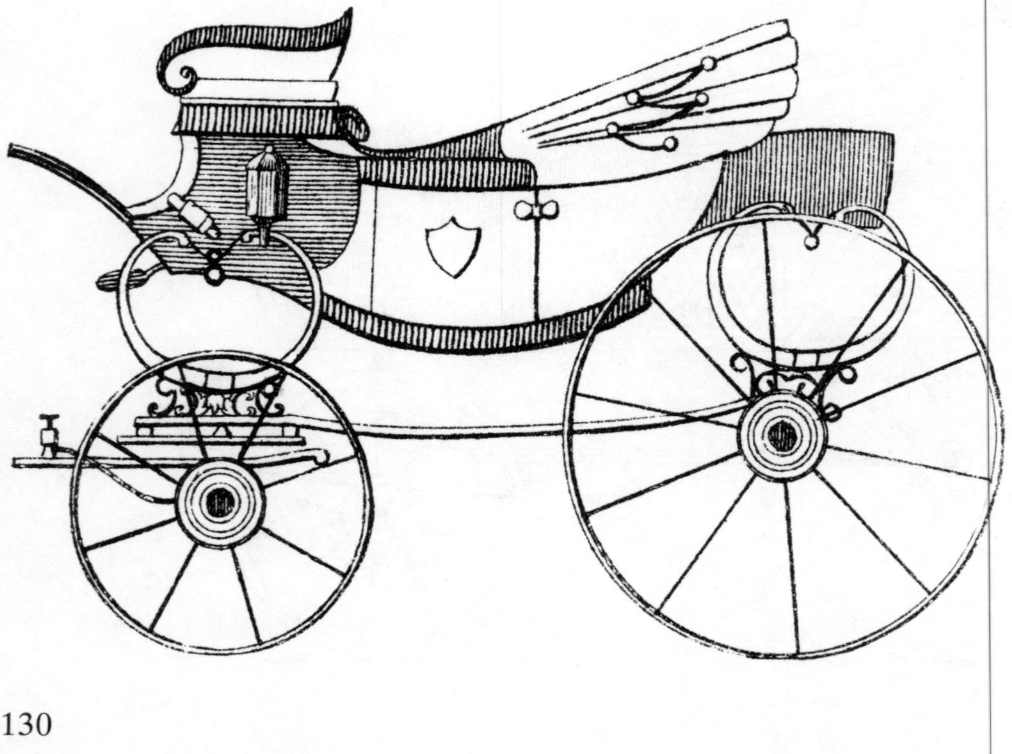

Landauer, Schlafwagen mit kleinem Koffer an der Rückseite des Kastens.

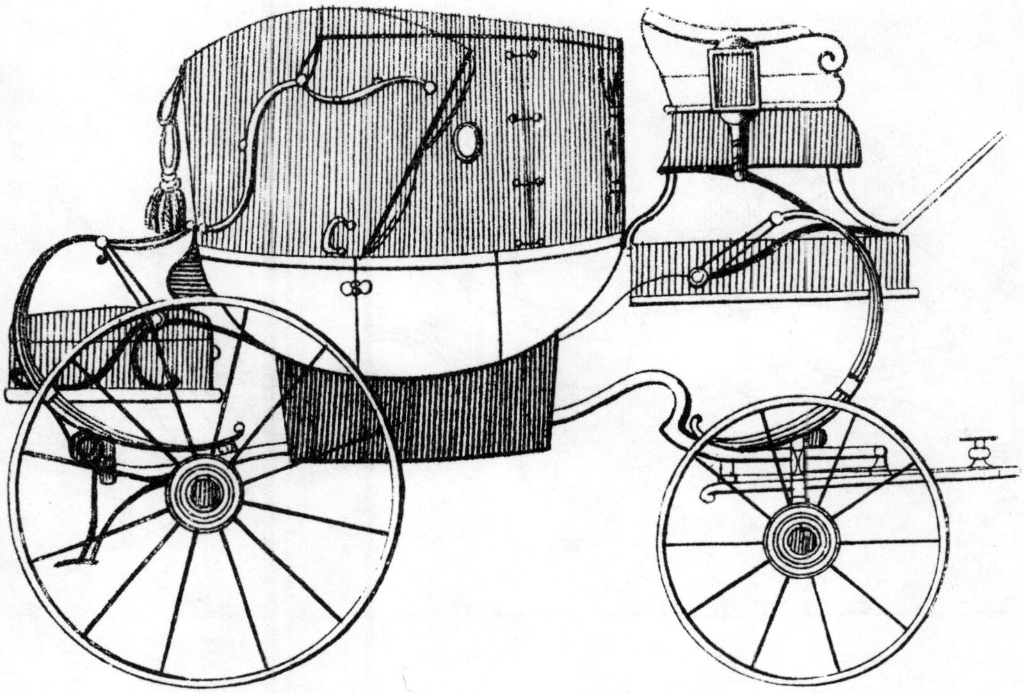

Reisekalesche mit abnehmbarem Verdeck und Gepäckraum an der Unterseite des Kastens.

Reisekalesche mit Verdeck und Fenstern.

Leichte Spazierkalesche mit zurückschlagbarem Verdeck.

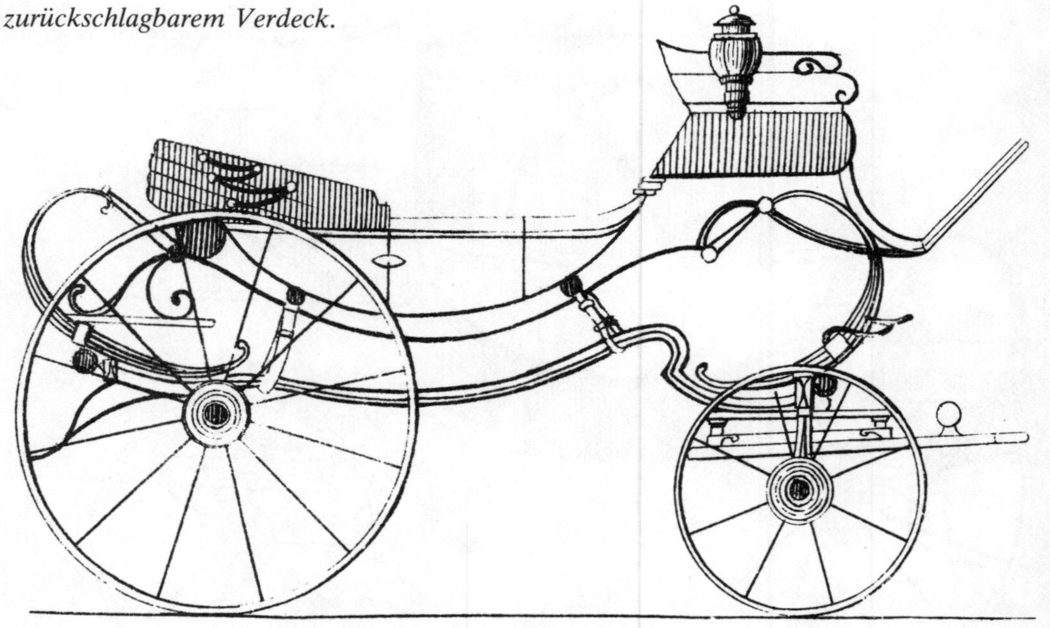

Leichte Reisekalesche mit steifem Verdeck und kleinem Koffer.

Die kleinen Reisewagen des 19. Jahrhunderts

Reisewagen kann im weitläufigen Sinn jeder Wagen heißen, der zur Reise gebraucht wird. Im engeren Sinn aber verstehen wir unter diesem Namen einen Wagen, der eigens zu diesem Zwecke erbaut wurde, den Reisenden alle Bequemlichkeiten darbietet und zugleich von größtmöglicher Dauerhaftigkeit ist. Im 19. Jahrhundert hat man vielerlei dergleichen mehr oder minder bequeme Wagen ausgedacht, und fast jedes Land hat solche aufzuweisen, die sich je nach Eigentümlichkeit des Bodens und dem Zivilisationsstand der Einwohner voneinander unterscheiden. In keinem Land dürfte wohl das Bedürfnis nach solchen Fuhrwerken ausgeprägter vorhanden sein als in Rußland, wo die großen Entfernungen der Städte und die schlechten Wege das Reisen sehr beschwerlich machten. Diesem Bedarf wurde durch die Kibitka abgeholfen, einer ziemlich einfachen, doch robusten Art von Wagen. Vollendeter und bequemer gestaltet waren das polnische Pritska und das ungarische Carriole. Eine Verbesserung dieser Wagen stellt das Wiener Wägelchen dar.

Das Wesentliche an diesen Fahrzeugen ist, daß das Gestell nicht durch zwei Bäume, sondern nur durch einen Lenkbaum zusammengehalten wird, den man Langwiede nennt. Diese Langwiede wird aus einem jungen Birkenbaum gemacht und mit eisernen Schienen beschlagen. Obschon man an einige Reisewagen eiserne Achsen antrifft, so bewährte sich solches doch nicht, weil Eisen weit eher bricht als gutes, gesundes Holz. Weiters konnte eine hölzerne Achse bei einem Unfall weit leichter gebunden werden, da sich diese der Länge nach spaltete, hingegen Eisen kurz und quer durchbrach.

Die Sitzkasten des Wagens konnten in der

Leichte Kalesche mit aufklappbarem Verdeck aus dem Jahr 1825.

Landauercoupé oder englisches Landaulet, aus dem Jahr 1826; hinter dem Kasten befindet sich ein Sitz für zwei Bedienstete.

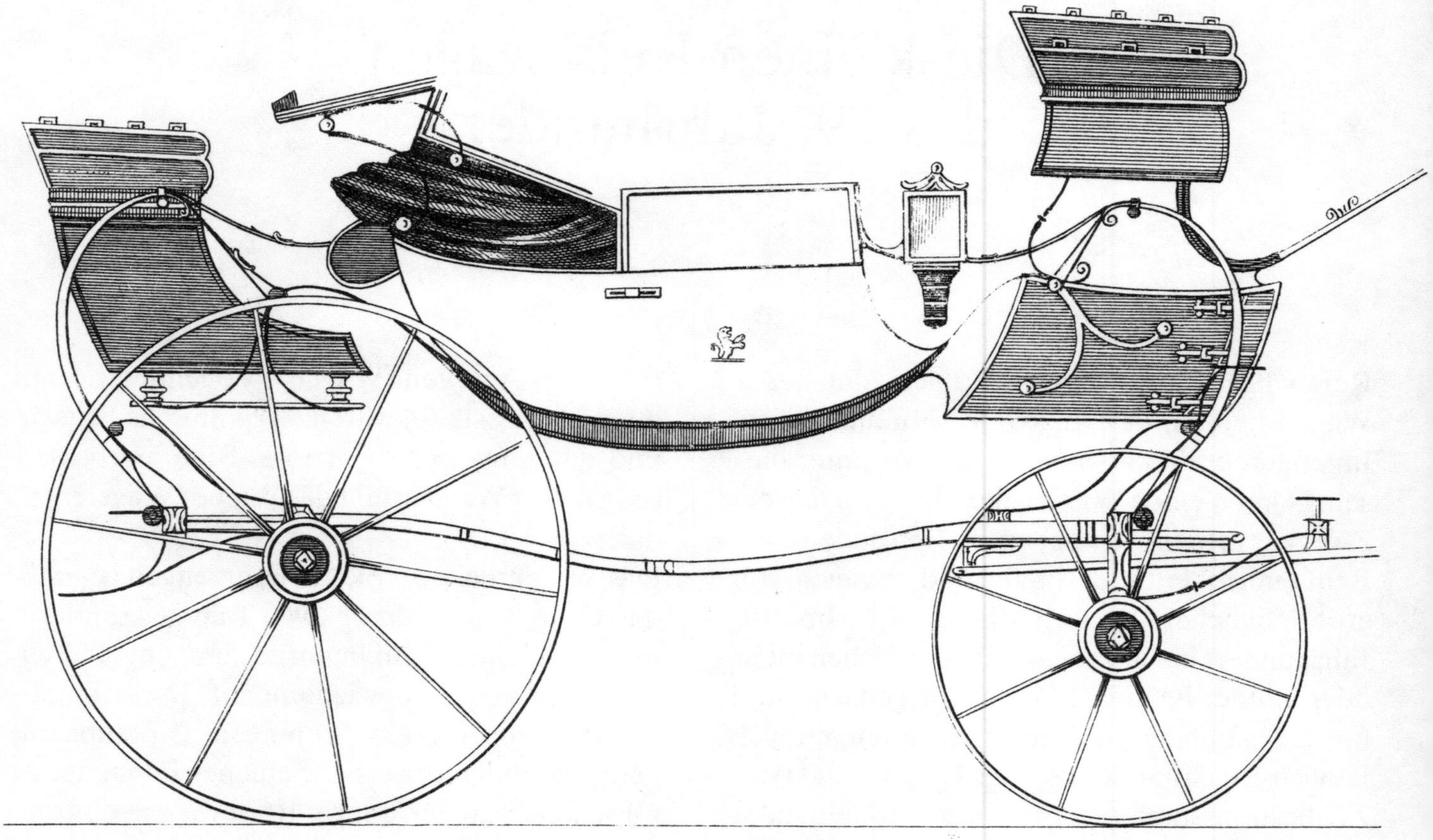

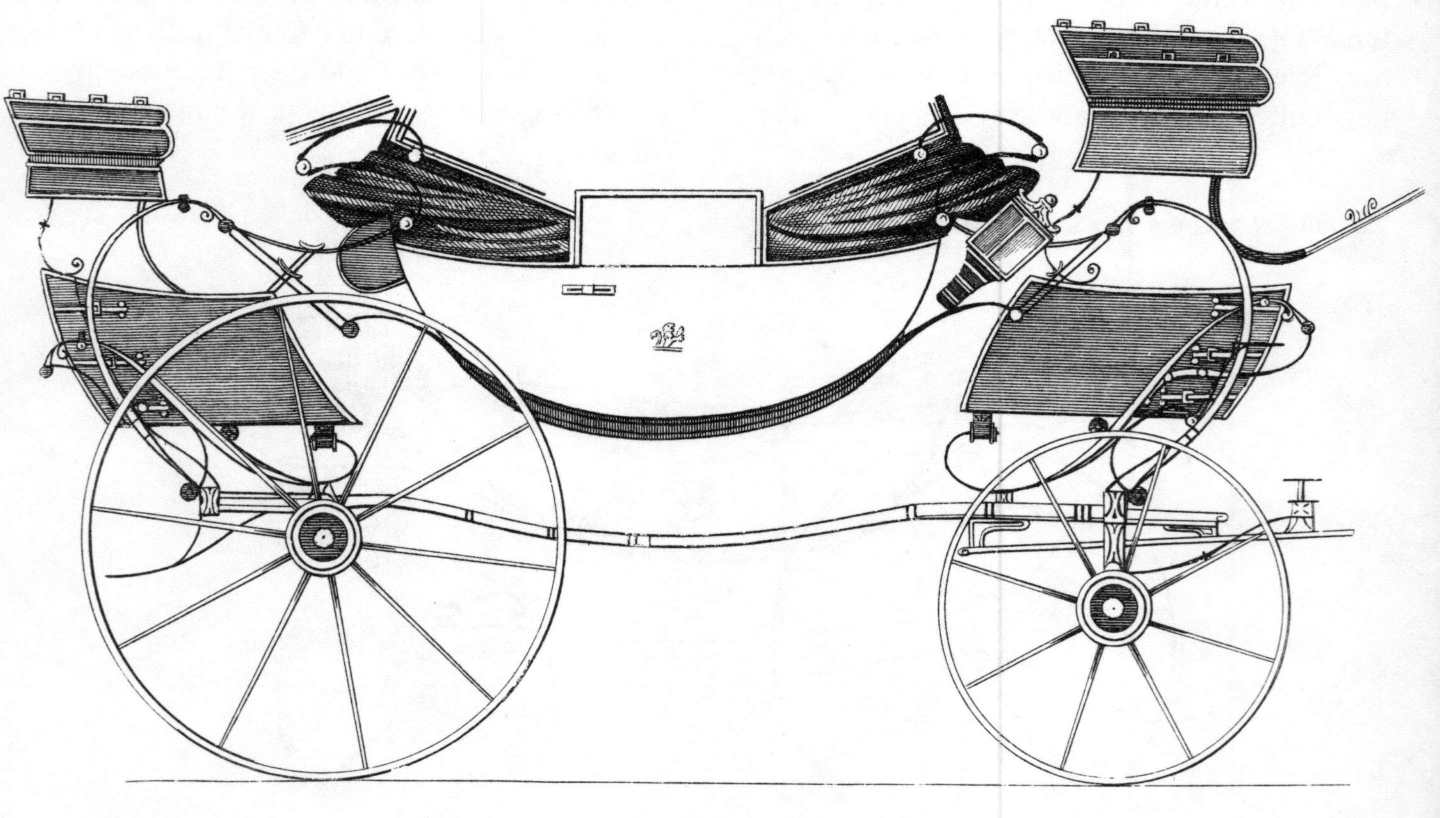

Londoner Landauer für vier Personen, aus dem Jahr 1826; das Verdeck öffnet sich geteilt nach vorne und hinten.

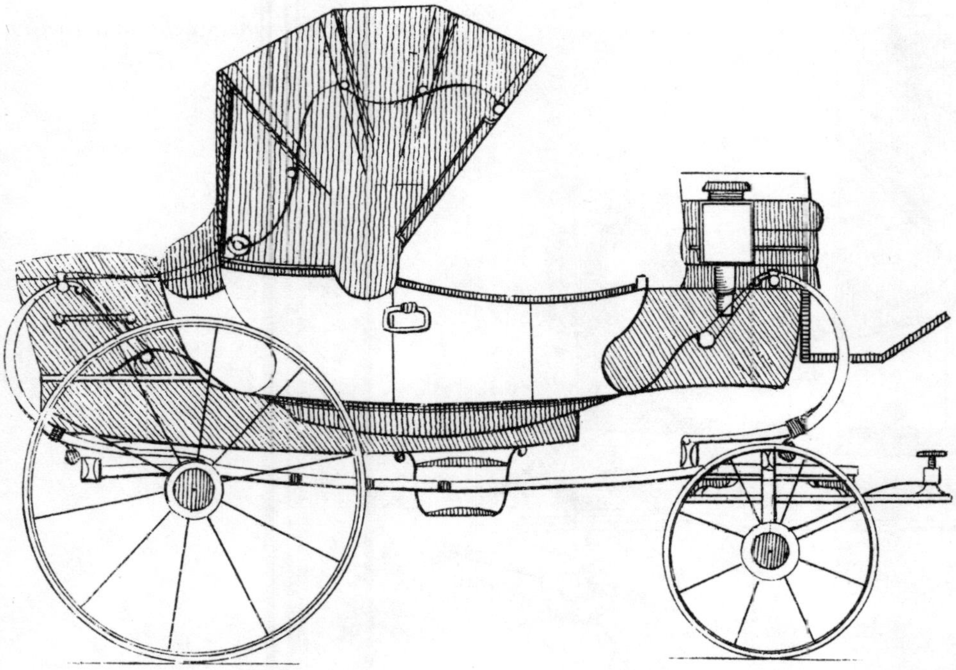

Pritska aus dem Jahr 1825; unter dem Kasten ist eine flache »Vache« befestigt, welche als Gepäckraum dient.

Regel herausgenommen werden, wodurch fallweise auch vermehrtes Gepäck transportiert werden konnte. Ein solches Fuhrwerk war gewöhnlich zur Hälfte gedeckt. Diese Bedekkung, von gutem Leder, hatte vorne einen ausfahrbaren Überhang, um die Reisenden sowohl vor der Sonne als auch vor Wind und Wetter zu schützen; zumeist konnte es zurückgeschlagen werden. Die Füße der Reisenden und der Rücksitz waren mit einem großen Leder bedeckt, welches die Bezeichnung Fußsack trägt. Manchmal konnte auch dieses Leder mittels vier mit Gewinden versehenen, eisernen Stäben aufgespannt werden, wobei durch kleine Scheiben Licht in den Wagen dringen konnte.

Auch die Schweizer und Berner Wägelchen zählen zu dieser Gattung. Diese wurden jedoch auch auf Jagdfahrten verwendet, sodaß ihre Gestaltung auch auf diesen Zweck hin ausgerichtet war. So findet man auch Schweizer Wägel, unter deren Sitz ein einfacher Hundestall eingerichtet war, welcher der Mitführung von Jagdhunden diente. Ebenso fanden sich hinter dem Kasten häufig Bedientensitze.

Gaillarde, benannt nach ihrem Erfinder Gaillard; hinter dem Kasten befindet sich ein Sitz für zwei Bedienstete.

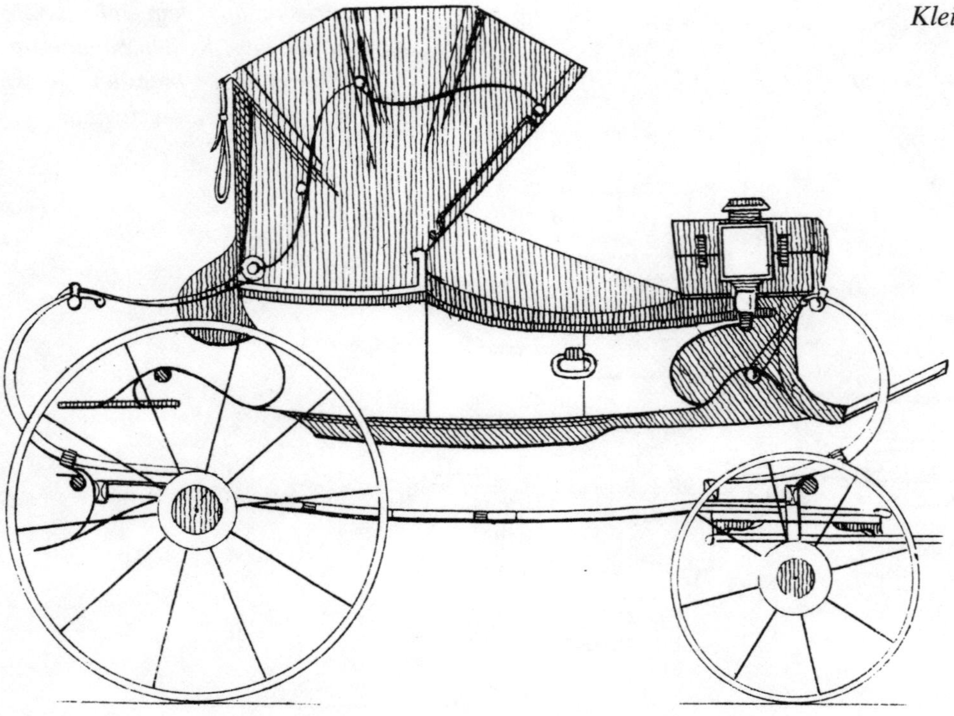

Kleine Pritska, ohne Vache und Koffer.

An diese Reihe schließt sich der Hamburger Stuhlwagen an, der auch Sandwägelchen genannt wird. Die Kästen, die in einem Korb standen, hingen auf zwei liegenden Stahlfedern, um das Stoßen des Korbwagens zu mindern. Das Verdeck war zurücklegbar und mit einem Vorfall aus Leder, die Vorhänge konnten übereinandergeschnallt werden und boten so den Reisenden hinlänglich Schutz vor Wind und Wetter. Die vorderen Räder hatten annähernd die gleiche Höhe mit den hinteren, weshalb dieser Wagen sich gut zu schnellerem Fahren eignete. Alle vier Räder waren gewöhnlich an eiserne, gedrehte Achsen gerichtet, die in messingenen, gegossenen Büchsen liefen. An geringeren Fuhrwerken wurden jedoch der Sparsamkeit wegen auch solche von ausgewähltem, trockenem Buchenholz verfertigt.

Gaillarde mit verschließbarem Verdeck und Fenstern.

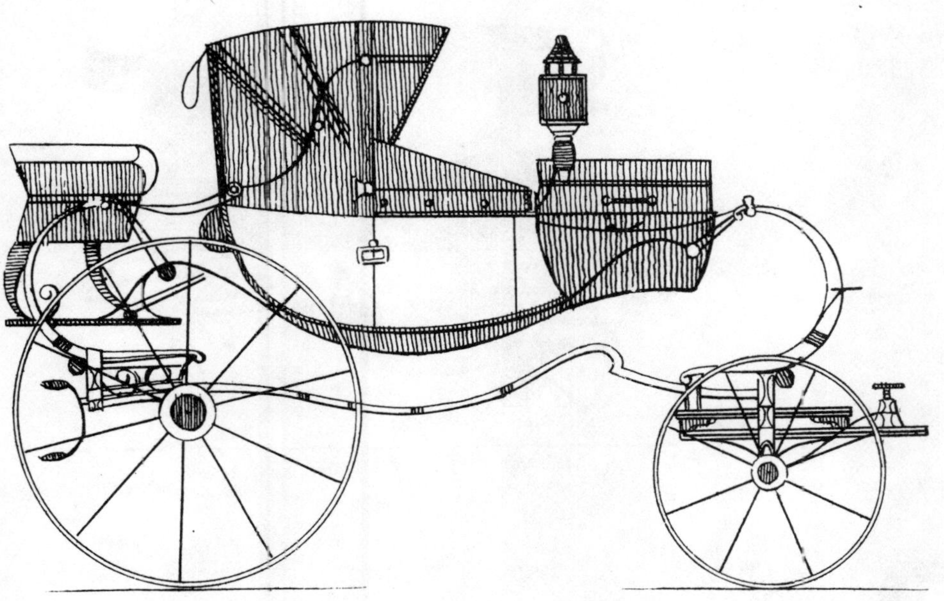

Gaillarde, französische Reisekalesche; unter dem Kutschersitz befindet sich der Gepäckraum.

Noch niedrigere Räder wies das englische Kaufmannswägelchen auf, weil es bei den immer gleichen und ebenen Straßen in ihrem Lande damit zur Genüge das Auslangen fand. Der Kasten war bloß für zwei Personen eingerichtet, mit einem zurücklegbaren Verdeck. Am Vorderteil des Verdeckes findet man aus Mahagoniholz gearbeitete Jalousieläden, sodaß man sich beliebig Luft und Helligkeit verschaffen konnte. An jeder Seite der Nebentafel war eine Reiselaterne in eine Traghülse eingeschoben. Hinten in der Rückwand war ein gewölbter Behälter, der »Haarbeutel«, dauerhaft angebracht. Der zweite Sitz hinter dem Kasten war für zwei Diener bestimmt und die darin befindlichen Kästen konnten bei Bedarf ausgehoben und als Gepäckbehälter mit in die Zimmer der Reisenden getragen werden.

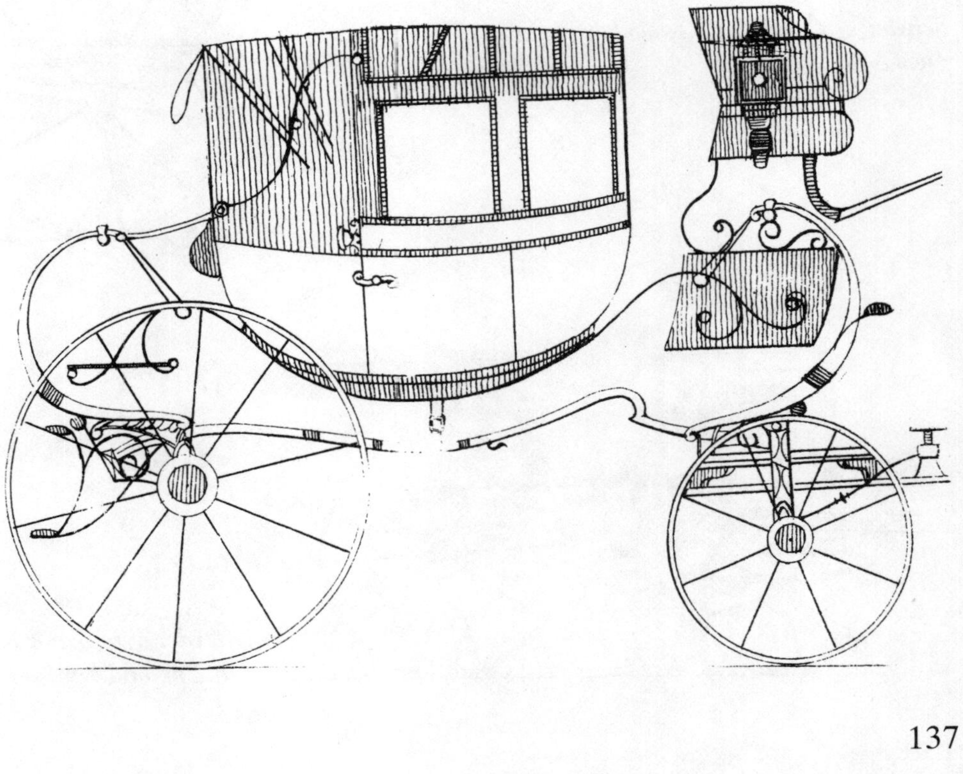

Gaillarde mit zur Gänze verschließbarem Verdeck und Fenstern.

Schweizer Wägel mit aufklappbarem Verdeck; unter dem Sitz ist ein einfacher Stall für Jagdhunde eingerichtet.

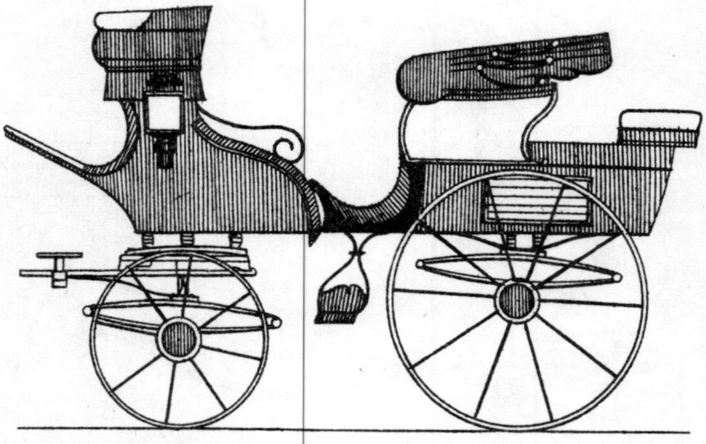

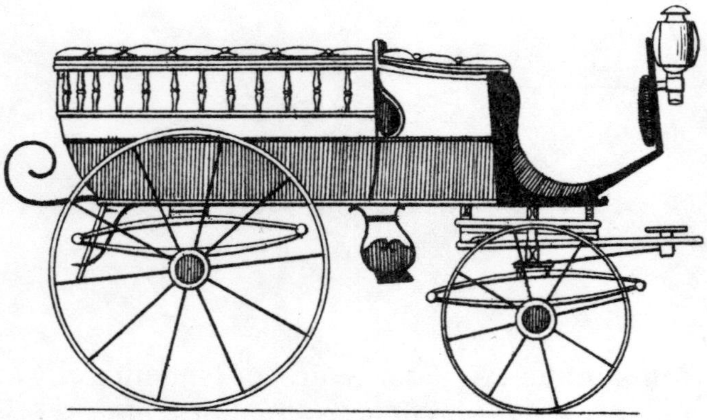

Berner Wägel aus dem Jahr 1824 für sechs Personen.

Schweizer Gesellschaftswägelchen mit steifer Decke für acht Personen.

Berner Wägel mit Kutscher- und Bedientensitz, in England bei Jagdpartien verwendet.

Englisches Kaufmannswägelchen mit besonders niederen Rädern und zurücklegbarem Verdeck für zwei Personen.

Hamburger Stuhlwagen, auch Sandwägelchen genannt, mit zurückklappbarem Verdeck und ledernem »Vorfall«.

Leichte Spazierchaise, auch deutscher Phaeton genannt.

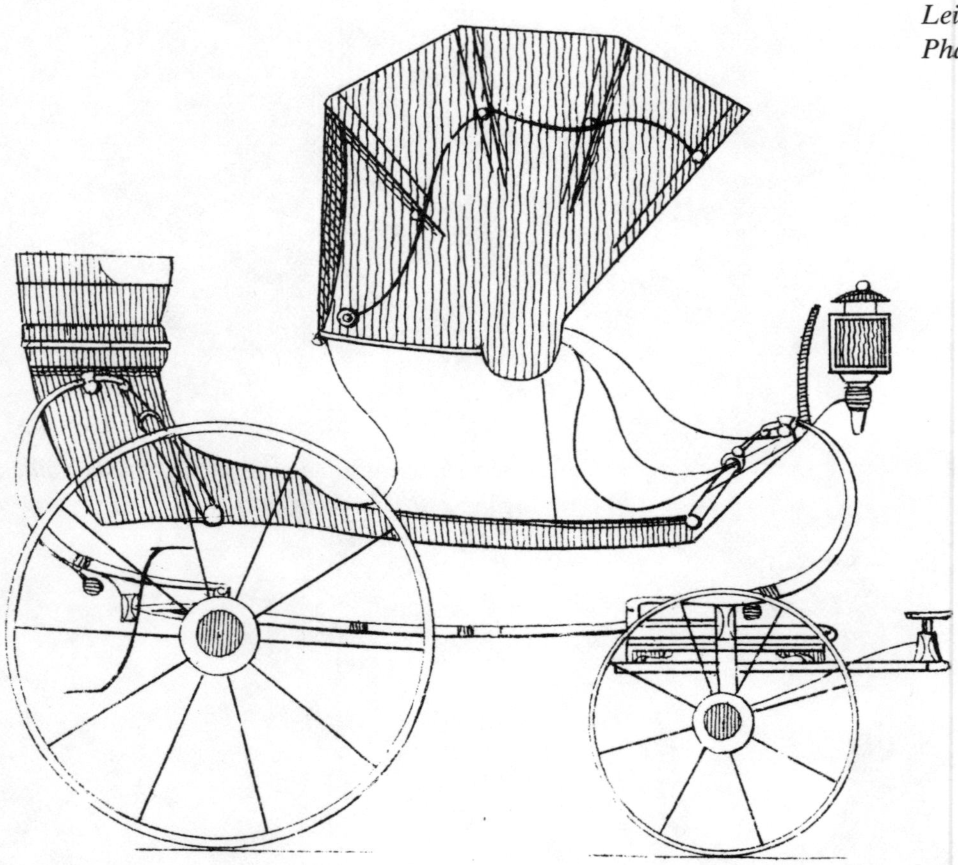

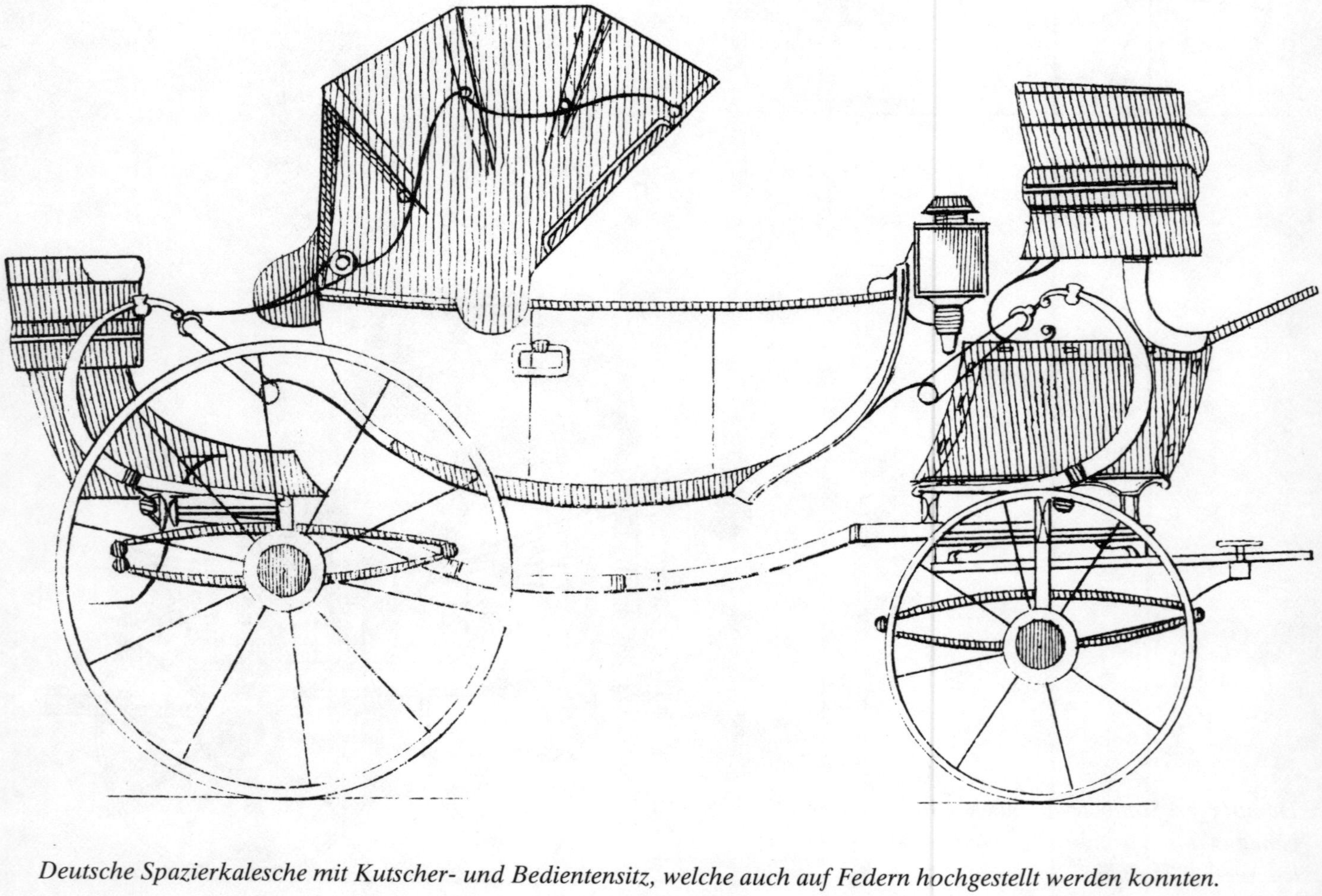

Deutsche Spazierkalesche mit Kutscher- und Bedientensitz, welche auch auf Federn hochgestellt werden konnten.

Herrschaftskaleschen

Von den so vielen prachtvollen Kaleschen, die man zur Zeit Ludwigs XIV. in Paris gesehen hatte, ist noch keine verfertigt worden, die herrlicher und mit mehr Glanz erschien als jene, worin die königliche Gemahlin Ludwigs XIV. im Jahre 1660 in Paris ihren Einzug hielt. Auch behauptete jedermann, der sie damals gesehen hatte, daß dieses Fahrwerk mehr den Namen eines Triumphwagens als einer Kalesche verdiente.

Von der Bauart dürfte dieser Wagen der Staatskalesche der Kaiserin Maria Theresia ähnlich gewesen sein, wie sie im Jahre 1743 beim Karussell in Wien Verwendung fand. Der Jagdwagen Maria Theresias war ebenfalls mit nicht wenig Prunk versehen, einspännig und mit nur zweirädrigem Wagen bot er trotz seiner geringen Ausmaße einen wunderschönen Anblick.

Zumeist hatten Kaleschen am Hintersitz Platz für höchstens zwei Personen und auf dem Vordergestell war ein Kutschersitz angebracht. Das Gestell hing auf zwei hölzernen Bäumen oder Brankarden, und der Kasten schwebte in vier Riemen in hölzernen Kipfen.

Neben den prunkvollen Kaleschen der Gemahlin Ludwigs XIV. waren an seinem Hof eine Reihe weiterer solcher Prachtwagen in Gebrauch. So findet sich eine offene Sommerkalesche, deren sich die Vornehmen vom Hofe bedienen konnten: Der Kasten ist von äußerst ansprechender Form, ringsum reich mit Schnitzwerk verziert, inwendig mit rotem Samt ausgeschlagen, sowie auch der kleine vordere Sitz für den Kutscher. Überall sind die Kissen, Platten und Klappen mit goldenen Schnüren und Fransen besetzt. Das Untergestell dieser Kalesche ist von der Art wie die damals neu

Staatskalesche Maria Theresias; gefahren anläßlich eines Karussells am 2. Jänner 1743 zu ihren Ehren von Erzherzogin Maria, geführt von Prinz Sachsen-Hildburghausen.

erfundenen Berlinen, nämlich mit niederen Rädern am Vordergestell, langen Tragbäumen oder Brankarden, langen und dicken Hängriemen, die vorne an einer Querwalze befestigt sind. Damit der Kasten nicht zu vielen Stößen ausgesetzt war, wurde derselbe durch Kreuz- und Stoßriemen nach Belieben festgeschnallt. An dem Wagen, wo die Tragbäume außerhalb des Kastens herlaufen, wurden gewöhnlich die Fußtritte mit eisernen Zapfen befestigt.

Von ähnlicher Form waren auch leichte Damenchaisen, worin man ohne Kutscher fuhr und ohne Mühe auch sechs vorgespannte Pferde selbst vom Sitz aus leiten konnte. Der Kasten hatte die Form eines reichen Phaetons, auf dem Hintersitz war Platz für zwei Personen, und vorne liefen beide Seiten zu einer Verschnörkelung zusammen. Inwendig war er mit rotem Samt ausgefüttert, alles Riemenwerk war mit Saffian überzogen und mit Goldfäden gestickt. Das Verdeck konnte bei schönem Wetter zurückgelegt werden, ohne daß man jedoch von außen die Spreizstangen bemerkt hätte. Auf solchen Damenwägelchen fand man nicht selten allerlei Bildhauerei verfertigt, vorne auf dem Scheibenkranz saß nicht selten ein Vogel oder anderes Getier, wodurch sich die Damen bei ihren Wettrennen voneinander zu unterscheiden suchten.

Derlei reiche Spazierkaleschen waren bei den Franzosen auch in allen darauffolgenden Jahren und Jahrzehnten äußerst beliebt. Die Kalesche erfuhr zwar immer wieder technische Verbesserungen, jedoch das äußere Flair eines leichten, sportlichen und doch eleganten Wagens blieb erhalten.

Kaiserin Maria Theresia in einem einspännigen Jagdwagen, geführt von Fürst Lobkowitz.

König Ludwig XVIII. ließ sich im Jahre 1819 nach seinem eigenen Geschmack und seinen Einsichten eine Spazierchaise verfertigen, welche für vier Personen Platz bot. Da der König jedoch von sehr starkem Äußeren war, so nahm er zumeist den hinteren Platz für sich ganz alleine ein. Im übrigen sah er gerne die Bürger um sich versammelt und wurde auch selbst gerne gesehen, weswegen er sich sehr häufig dieser unbedeckten Kalesche bediente. Die innere Garnitur des Kastens war von feinem, himmelblauen Tuch und passenden, seidenen Schnüren und Fransen ausgeziert. Der äußere Lack war von Glanzgold, worauf Kronen und Kriegstrophäen gemalt waren. Am Vordergestell war in die »Hängpratzen« der Kutschersitz eingepaßt, mit feiner, blauer Decke, Fransen und Stickereien verziert, und die Tragstützen des schwebenden Bocksitzes mit Bildhauerei gestaltet. Am Hintergestell fand sich noch ein reich gezierter Lakaientritt, der frei schwebend an den hinteren Hängpratzen befestigt war. Im übrigen glänzte alles von Gold und Silber und bot einen überaus reichen und kostbaren Anblick dar.

Fürstinnen und Frauen vom Hofe bedienten sich nicht selten solcher Kaleschen, an welchen ein »Parapluie« befestigt war. Der Kasten war zumeist für vier bis sechs Damen eingerichtet und hoch genug, um auch jeglichen Kopfputz ungehindert aufnehmen zu können. Er hatte die Form des Unterteils einer Berline, und statt des ledernen Verdecks erhob sich der Sonnenschirm. Sein Stiel war in der Mitte des Kastens

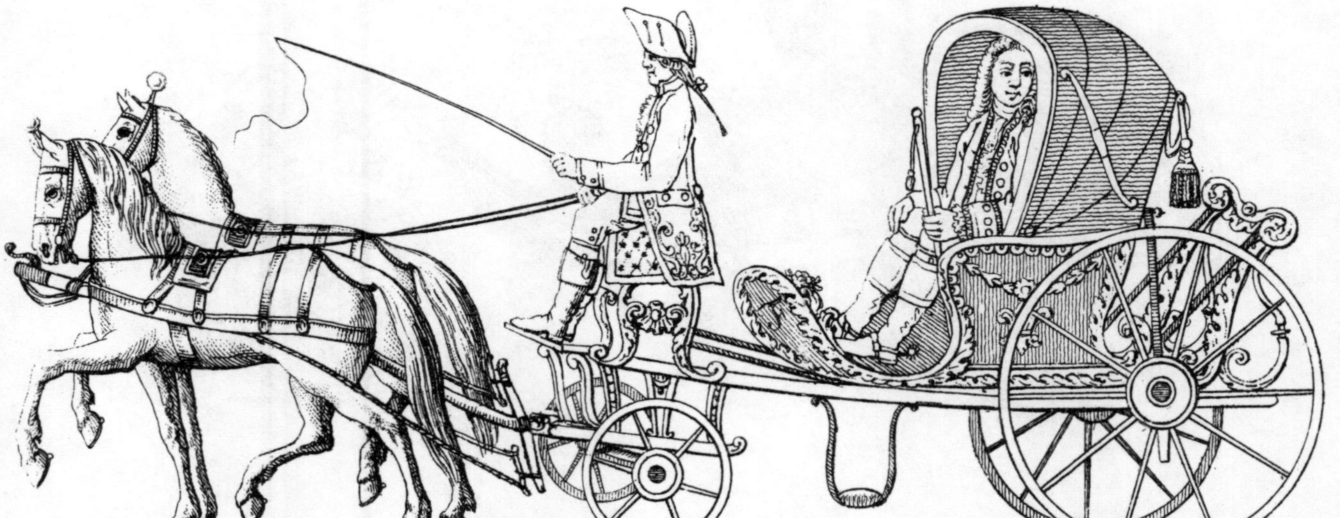

Kalesche aus dem Jahr 1693, abgezeichnet von einem Gemälde an der Wand eines Hauses.

Offene Sommerkalesche aus der Zeit König Ludwigs XIV.

auf dem Boden eingeschraubt und befestigt, so daß er nicht wanken und leicht entfaltet werden konnte, worauf er die ganze Oberfläche bedeckte und schützte, wenn sich etwa ein unerwarteter Staub oder Regen zeigte. Der Kasten war ultramarinblau lackiert, mit einer breiten Friese carmoisinrot umgeben, die Leisten und übrigen Zierate waren vergoldet oder mit lackiertem Leder bezogen. Reiche Bildhauerarbeit fand sich auch am Untergestell.

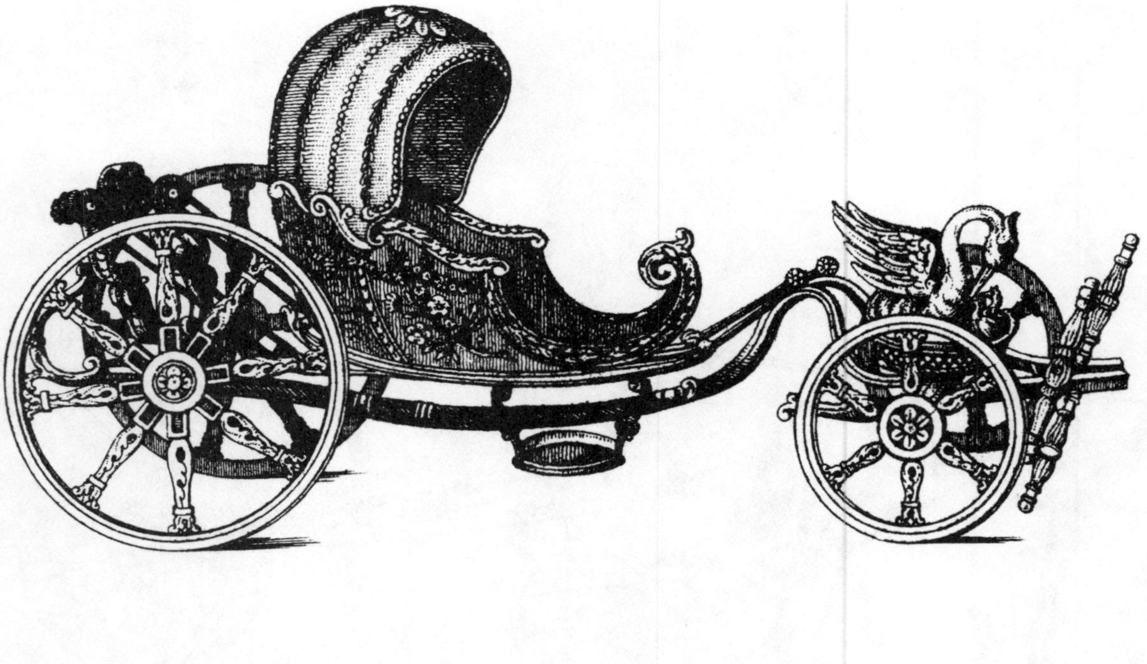

Leichte Damenchaise aus derselben Zeit, welche ohne Kutscher gefahren werden konnte.

Spazierchaise König Ludwigs XVIII. von Frankreich aus dem Jahr 1819, welche nach seinen eigenen Wünschen verfertigt wurde.

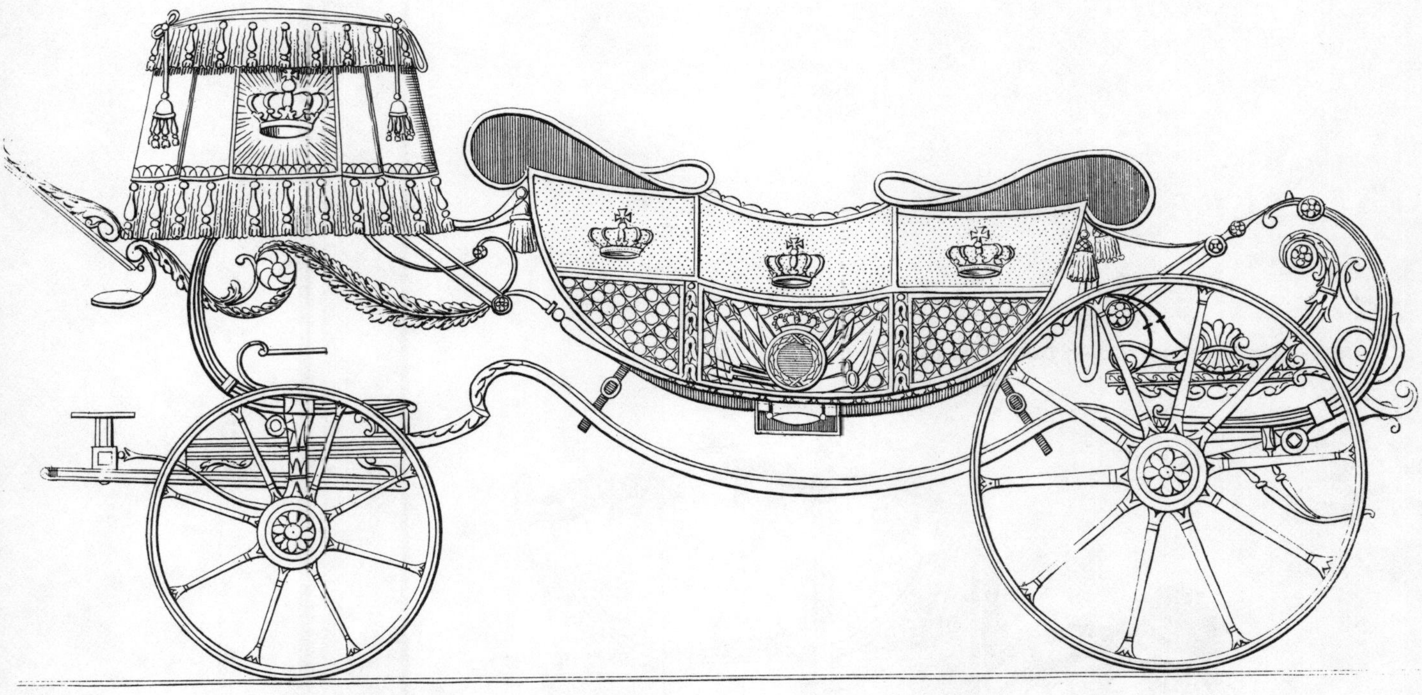

Reise-Spazierkalesche aus dem Jahr 1815, derer sich französische Fürstinnen und Frauen vom Hofe bedienten.

Berline-Wagen mit hölzernen Bäumen aus dem Jahr 1750.

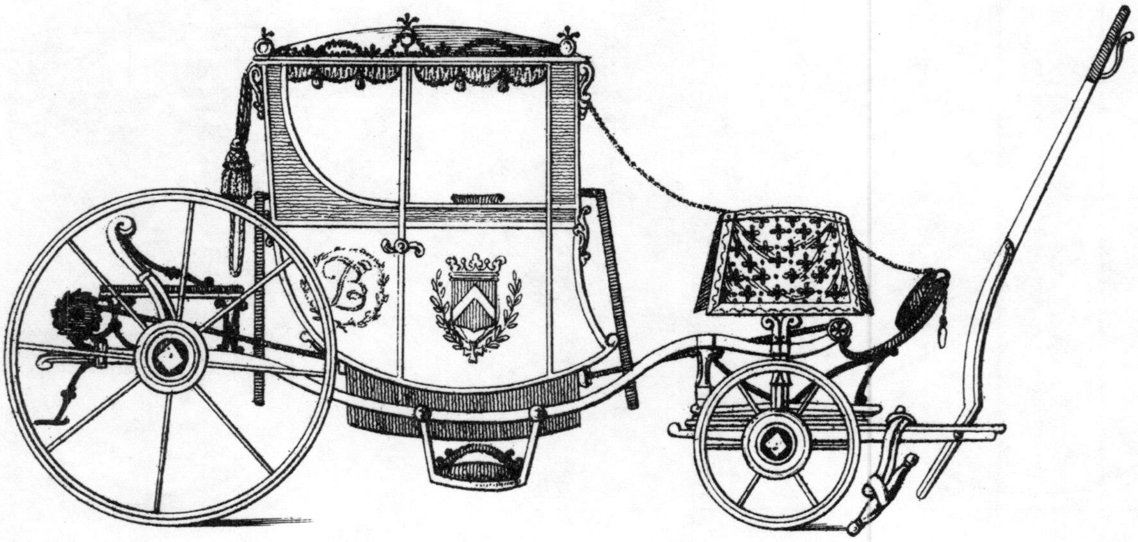

Halbe Berline oder Coupé auf französischem Gestell aus dem Jahr 1780.

Die Berline

Die Berline stellt den Standardtyp des Kutschenbaus ab der Mitte des 18. Jahrhunderts, vor allem aber im 19. Jahrhundert dar. Die Erfindung dieses Fahrzeuges war eine der wichtigsten und einflußreichsten in der Geschichte des Wagenbaus. Sie hat eine ganz besondere Epoche in der Konstruktion sowohl unter den Stadt- als auch unter den Reisewagen herbeigeführt, indem seit ihrer Erscheinung die Kutschen viel leichter, angenehmer, sanfter und sicherer gefunden wurden.

Wenn bei den früheren Karossen unglücklicherweise ein Riemen zerriß oder abbrach, so wurde dadurch der Kasten auf eine Seite geworfen, wodurch es nicht selten zu erheblichen Verletzungen der darin Sitzenden kommen mußte. Ganz anders aber waren die neuen Berlinen, die wegen ihrer Sicherheit mit Recht allen anderen Wagen vorgezogen wurden und bald so allgemein beliebt waren, daß man sie sowohl in Deutschland als in Frankreich und auch in anderen Ländern die Stelle aller bis dahin bestandenen Fuhrwerke einnehmen sah.

Das Wagengestell derselben bestand gewöhnlich aus zwei hölzernen Tragbäumen oder Brankarden, die öfters mit eisernen Spangen beschlagen waren. In späterer Zeit wurden sie aber ganz von gedrehtem Eisen verfertigt, ehe die doppelten Schwanenhälse an ihre Stelle traten.

Die Federung der altfranzösischen Berlinen war von angenehmer Art und wurde von vielen den neueren Stahlfedern vorgezogen, doch ihr Spiel war nur sanft und gelinde, solange das Leder neu war. Wenn aber nach mehrjährigem Gebrauch die Fasern der ledernen Riemen ihre Elastizität verloren hatten, so wurden sie steif wie Harz. Deswegen ließen die Herrschaften auch diese Hängriemen öfters im Jahr mit warmem Öl und Fett einschmieren, damit das Leder immer biegsam blieb und Nahrung erhielt.

Der Erfinder dieser Berlinen auf Riemen war Philipp von Chieze aus Piemont; er war Generalquartiermeister beim Kurfürsten Friedrich Wilhelm von Brandenburg und starb in Berlin im Jahre 1663. Als er einige Jahre früher in Geschäften in Paris war, ließ er sich zu seiner Reise nach eigener Erfindung einen Wagen bauen, der in Frankreich überall Beifall erhielt und den Namen Berline bekam.

Da man von diesen Wagen so viele Proben vorzüglicher Dauer erhielt und sich derselben auch auf weiten Reisen mit Sicherheit bedienen konnte, so erklärte sich bald die Mehrheit zu ihren Gunsten.

Auf die Gestelle dieser Berline-Kutschen wurden nicht immer Berline-Kasten gesetzt, sondern man stellte auch schmälere Kasten auf eben diese Wagen, wie zum Beispiel die einsitzigen, halben Berlinen für eine Person, welche man wegen ihrer Form auch die »Ungefälligen« nannte, weil sie deshalb so eingerichtet waren, um Staatsmänner nicht in Verlegenheit zu bringen, jemandem einen Platz anbieten oder versagen zu müssen.

Versteht man also unter der Bezeichnung Berline den gesamten Wagen mit dem typischen Berline-Gestell und dem steifen, meist viereckigen Kasten, so darf nicht übersehen werden, daß seit dem Aufkommen dieser Erfindung auch die leichten, offenen Fahrzeuge, die Kutschen und Chaisen und viele andere ebenfalls sich so eines Gestells bedienten, ohne aus diesem Grunde seine Bezeichnung anzunehmen. So werden in der Folge bloß die einigermaßen typischen »Originalberlinen« von ihrer Entstehung her beschrieben, im übrigen ist auf die anderen Kapitel zurückzugreifen. Nichtsdestotrotz veränderte sich im Laufe der Jahrzehnte auch der Bau dieser schweren Wagen, und es erfolgte eine Angleichung an die Gestalt der zierlichen Fahrzeuge, welche aber auf Grund der steigenden Qualität noch immer eine außerordentliche Festigkeit und Sicherheit garantieren.

Wegen des kompakten Baus eignete sich die Berline vor allem auch als Landwagen und stand daher öfters in diesem Gebrauch. Bei dergleichen Wagen fehlte oft am Vordergestell der Kutschersitz, da die vorgespannten Pferde vom Sattelgaul aus geleitet wurden. Statt dessen fand sich ein emporragender und auf mancherlei Art gekrümmter Spritzbogen zum Schutz der Vorderwand und der Gläser des Kastens. Vorne und hinten befanden sich an den vier Hängpratzen schwebende, lackierte Koffer, auch der sogenannte Haarbeutel an der Rückwand des Kastens wurde für Reisezwecke besonders geräumig gestaltet. Die Anbringung von Laternen hatte sich allgemein durchgesetzt. Ein besonders prunkvolles Beispiel einer Land- und Reiseberline stellt auch der Wagen Richelieus dar, welcher unter den Namen »La Dor-

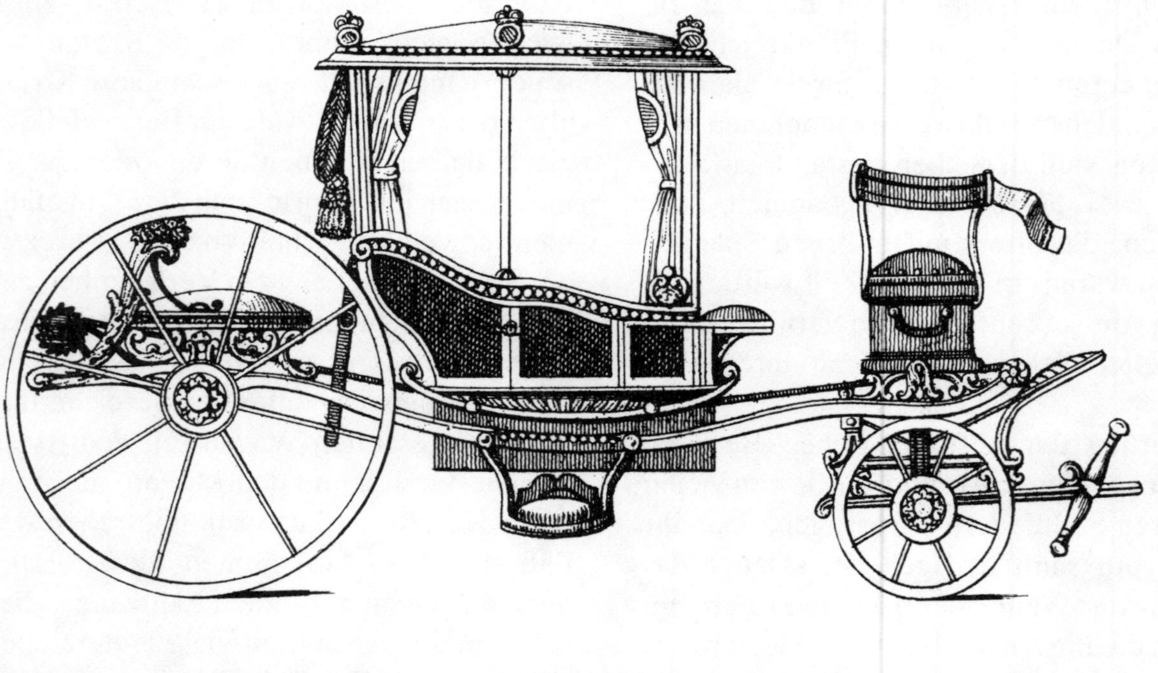

Kalesche mit Berlinengestalt auf zwei Bäumen und Windenriemen aus dem Jahr 1760.

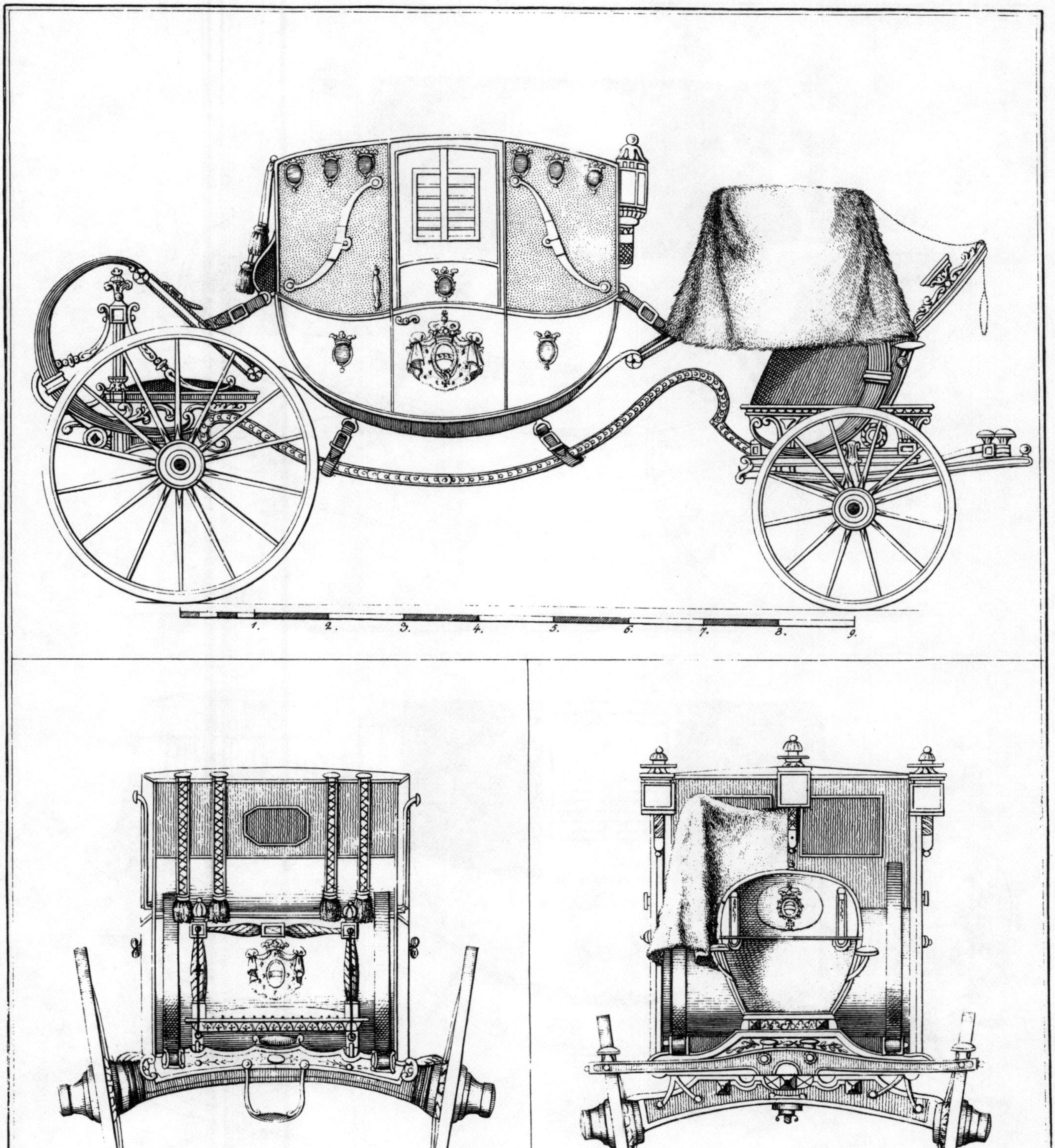

Staatsberline des Lords Cornwall, verwendet anläßlich des Vertragsabschlusses in Amiens; Seiten-, Vorder- und Hinteransicht.

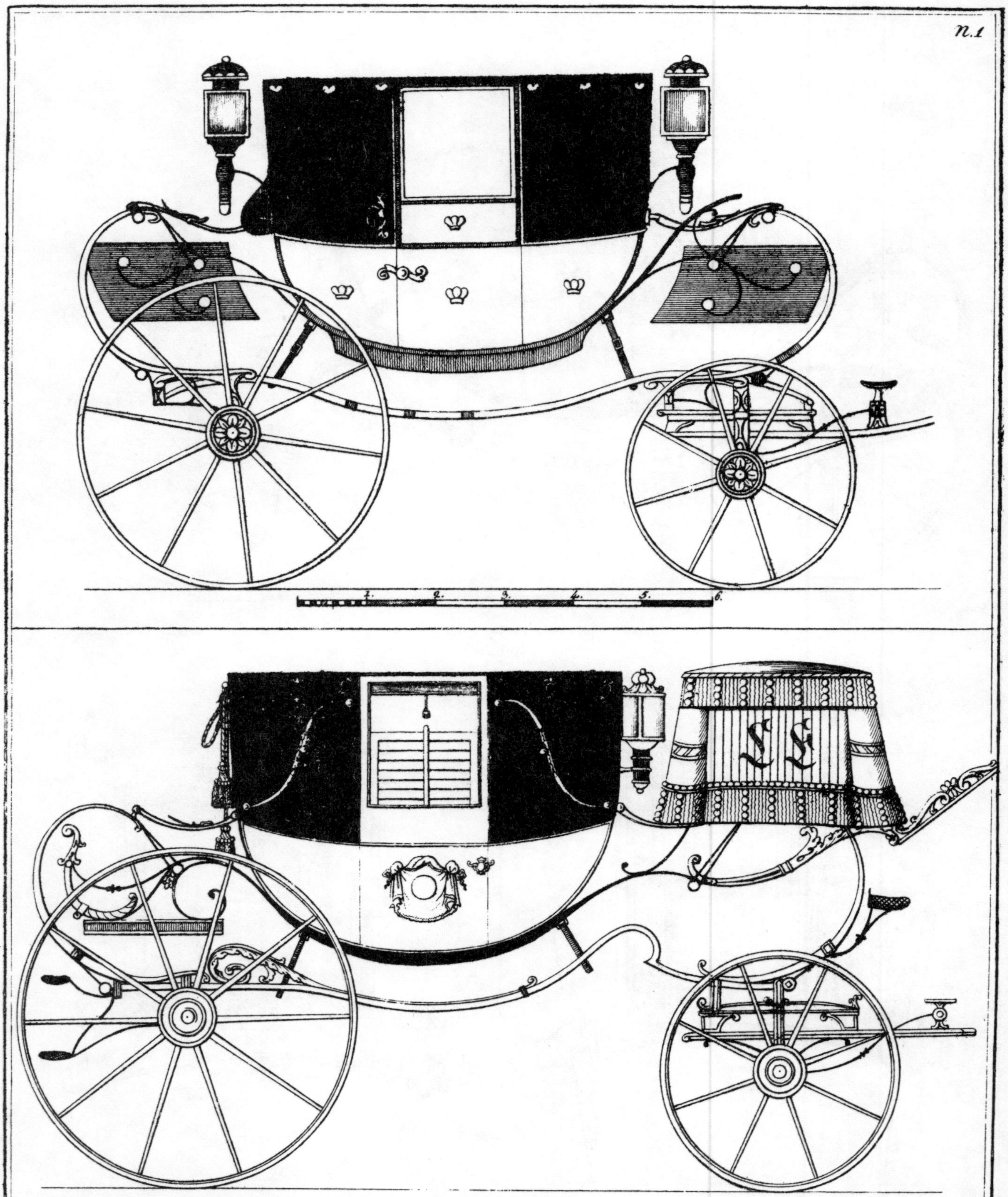

Oben: Leichte Landberline mit einer Langwiede aus dem Jahr 1820. – Unten: Stadtberline mit schwebendem Bock und Lakaientritt aus dem Jahr 1825.

meuse du Maréchal de Richelieu« allgemein berühmt war. Die Abbildung dieses kunstvoll gestalteten Fahrzeugs wurde zwecks Veranschaulichung der fortschreitenden Entwicklung des Wagenbaus bereits auf Seite 112 dieses Buches wiedergegeben: Es bestand aus einem gleich eingeteilten, viereckigen Kasten nach der Form des Staatswagens der Könige von England, welcher um dieselbe Zeit gebaut wurde. Die oberen kleinen Tafeln, die den Kasten umgaben, waren mit geschliffenen, venezianischen Spiegelgläsern geschlossen, wovon sich auf jeder Seite drei, und zwei an der Vorderwand befanden. Der Rahmen der Fenster war mit feinstem Carmoisinsamt eingefaßt. Die Hinterwand des Kastens konnte blasbalgartig hinausgelegt werden, und auch die Vorderwand ließ sich unter dem Kutschersitz freimachen, sodaß sich auf diese Art Raum für die bequemste Schlafstelle darbot. Die Fußtritte unter den Türen waren von bestem Schmiedeeisen, besondere Erwähnung verdient auch die für damalige Zeiten neue Erfindung der Verwendung von Darmfedern. Diese Federn gaben dem Wagen eine überaus sanfte und angenehme Bewegung.

Zierlicher und künstlicher gestaltet waren die Stadtberlinen. Das Gestell war mit eisernen

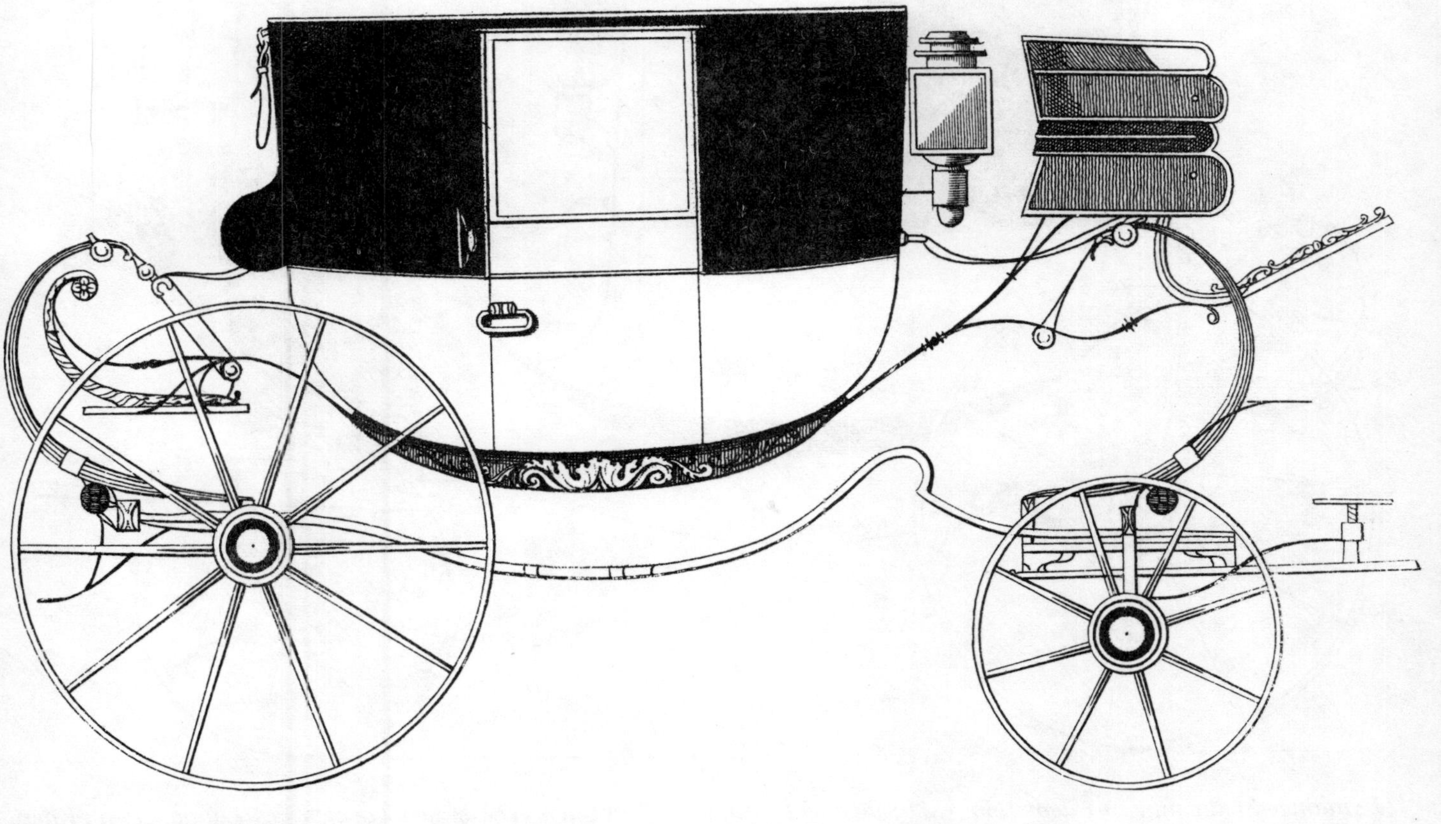

Leichte Stadtberline mit schwebendem Kutschersitz und Bediententritt aus dem Jahr 1820.

Schwanenhälsen und einer Langwiede versehen und hinten mit Bildhauereiarbeiten verziert. Auch das Lakaienbrett und der schwebende Kutscherbock waren zumeist reich verziert. Die inwendige Auspolsterung erfolgte gewöhnlich mit weißem, feinem Tuch und seidenen Schnüren und Quasten, die Farbe ging im übrigen aber mit den jeweiligen Modeströmungen einher und wurde nach Belieben ausgewählt. Ebenso wechselte oft die Art des Tuches und die Art der Tuchlegung auf dem Kutscherbock. Auch die Anbringung der Laternen wechselte mit der Mode, meist wurden sie ganz mit Silber plattiert, zuweilen fanden sich an allen vier Enden der Wagen Laternen, an mancherlei Fahrzeugen auch mehr. Jedenfalls aber waren die Wagen überreich mit Bronze-, Gold- und Silberarbeit verziert, an den Berlinen fürstlicher Häuser sah man Wappen und Kronen, selbst die Decke des Kutschbocks wurde an ihren beiden Seitenenden mit den Initialen der Herrschaft versehen, welche man vergoldete oder mit Silber belegte.

Bei den Stadtcoupés neuerer Art wurde der

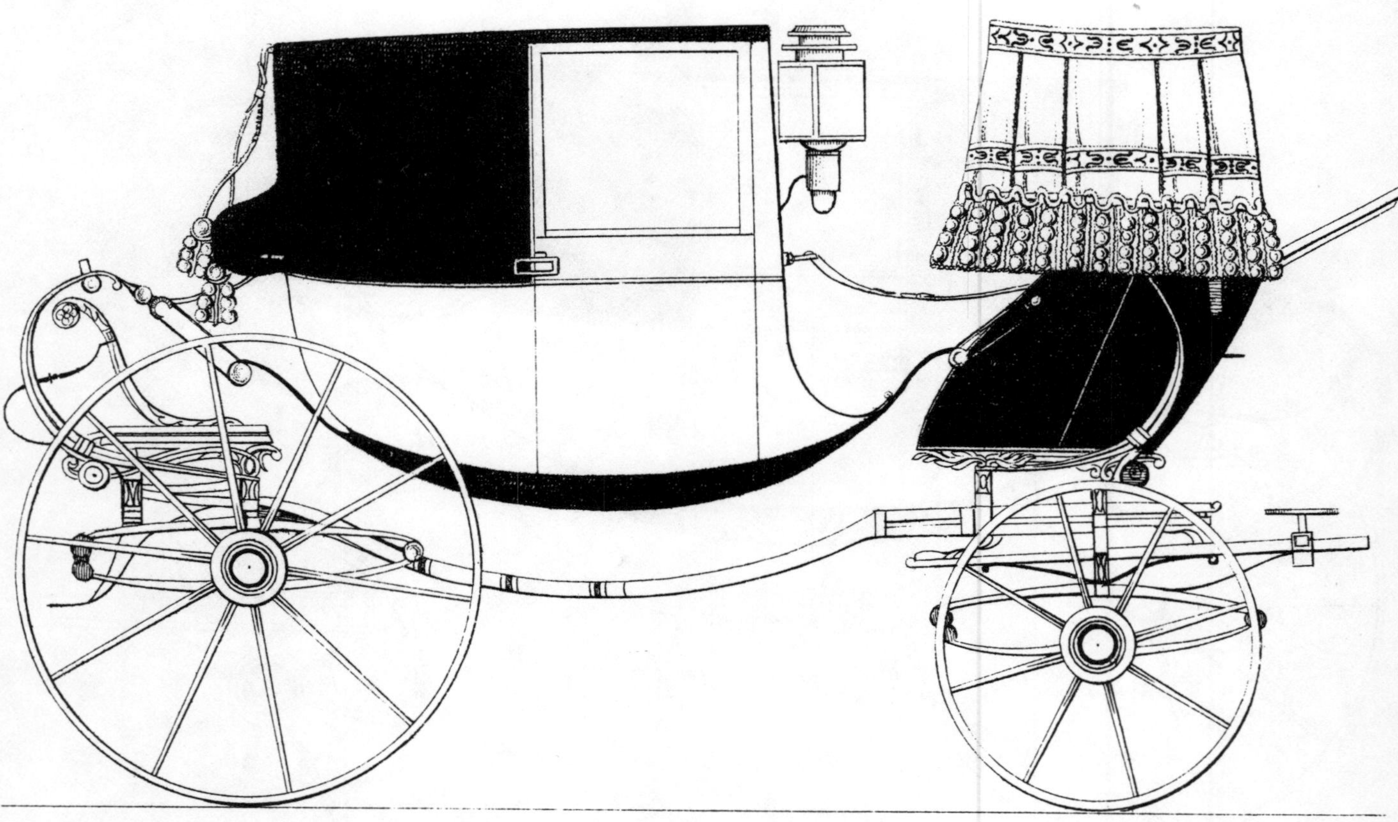

Londoner Stadtcoupé aus dem Jahr 1820; deutliche Ähnlichkeit mit den verwandten Formen des Landauers und der Postwagen.

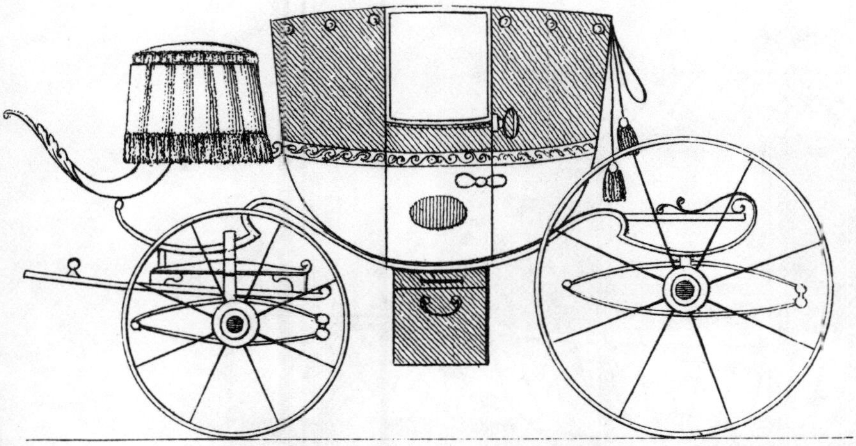

Leichte englische Berline mit liegenden Federn.

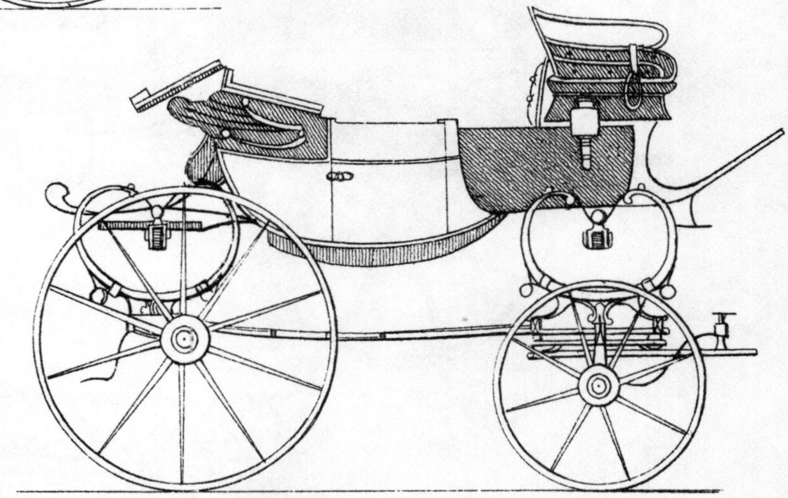

Demie Landeau mit einseitig aufklapp-barem Verdeck.

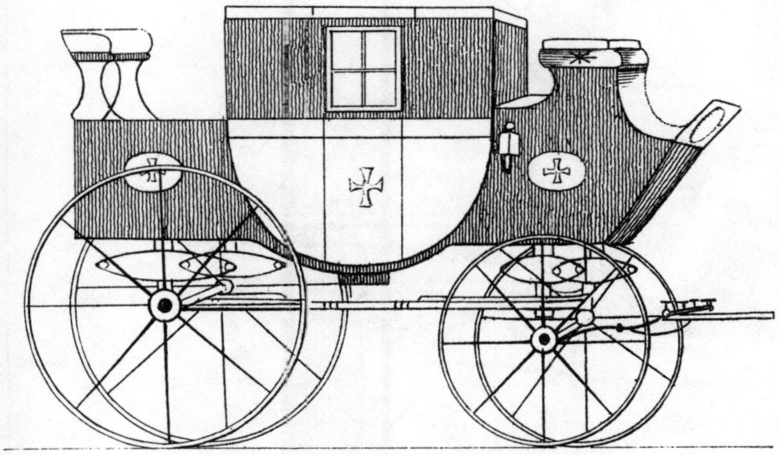

Englische Landkutsche mit Zwillings-federn.

Malle Poste; Briefkurierwagen mit steifem Verdeck im Bau einer leichten Kutsche.

Ansicht und Plan des Jagdwagens des Herzogs von Orléans aus dem Jahr 1818, mit einem Verschlag für Jagdhunde und Flintenbehälter für fünfundzwanzig Jagdflinten zum Einschieben.

Kasten um ein Beträchtliches länger, breiter und höher, folglich auch viel geräumiger gestaltet. Das Wagengestell bestand aus einer einfachen Langwiede ohne Schwanenhälse, die jedoch etwas nach unten gekrümmt war, um den Kasten tiefer hängen zu können, sodaß man nicht wie bisher üblich, mehrere Stufen hoch steigen mußte. Die Federn saßen auf Stöckeln, zu dem lag das Vorder- und Hintergestell auf Horizontaltafeln, welche eine sehr sanfte Fortbewegung ermöglichten. Jedoch konnten mit derlei Fahrzeugen nur kleinere Reisen in die Nachbarschaft der Städte unternommen werden, für längere Fahrten, besonders wenn schwer gepackt werden sollte, eignete sich dieses Coupé nicht. Das Gepäck konnte in dem vorderen Verschlag verstaut werden, wobei man die Bockdecke auch zusammenlegen und ein lackiertes Ledersitzchen an deren Stelle schrauben konnte. Unter dem Kasten befand sich kein Bodenmagazin, aber dafür ein sogenannter Haarbeutel in der Rückwand, welcher sehr geräumig war und längliches Gepäck, Regenschirme, Stöcke, Degen und so weiter aufnehmen konnte. An der Vorderwand des Kastens befanden sich zumeist zwei plattierte Laternen, im übrigen war aber auch hier die Gestaltung völlig der Mode unterworfen.
In eine ähnliche Richtung entwickelte man den französischen Kurierwagen, dessen Vorder- und Hinterteil jeweils von vier horizontalen Stahlfedern getragen wurde, wodurch die Last des ganzen Kastens zugleich auf acht solche Federn verteilt war und das Untergestell sehr kurz gehalten werden konnte.
Auch bei einfachen Reiseberlinen setzte sich die Verwendung von horizontalliegenden Kutschenfedern durch, welche sowohl billiger waren, als auch durch die vorne und hinten am Kasten befestigten Koffer gute und sicherere Verwahrungsplätze für das Gepäck der mitfahrenden Gäste aufwiesen.
Derlei flache Federung fand sich häufig bei Landberlinen und Jagdwagen, wobei vor allem letztere häufig in Form einer Berline gebaut wurden, da diese auch alles Zubehör der Jäger leicht in sich aufnehmen konnten.
Das in diesem Buch abgebildete Fahrzeug solcher Art fand auf der Jagd zu Vincennes Verwendung und wurde eben dort genau abgezeichnet und entworfen: der Kasten enthält in seinem Inneren Platz für sechs Personen, auf jedem der Sitze konnten bequem drei Jäger Platz nehmen, wobei der Platz in der Mitte geringer ausfiel als üblich, um die außen angebrachten Stauräume zu ermöglichen. An der Unterseite des Wagens befinden sich zwei Flintenbehälter, in welche insgesamt 25 Jagdflinten eingeschoben werden konnten und an der Hinterseite ist ein kleiner Stauraum für das Gepäck befestigt, des weiteren sind an der Rückwand schwarze, lederne Säcke angebracht, um einige Getränke und Mundvorrat mitführen zu können. Vor dem Kasten findet sich ein Verschlag, auf beiden Seiten mit Luftschiebern versehen, worin man drei bis vier Jagdhunde einschließen konnte. Der darüber befindliche Sitz wurde gewöhnlich mit wind- und wetterbeständigen Kalbfellen ausgepolstert, außen ist der Kasten mit Stäben versehen, welche als Schutz für die lederne Bespannung dienten, wenn man durch Gebüsch und Waldungen fuhr. Oben auf dem Himmel ist ein flacher Jagdkorb aufgeschnallt, welcher eben-

Reiseberline der Herzogin von Berry aus dem Jahr 1820.

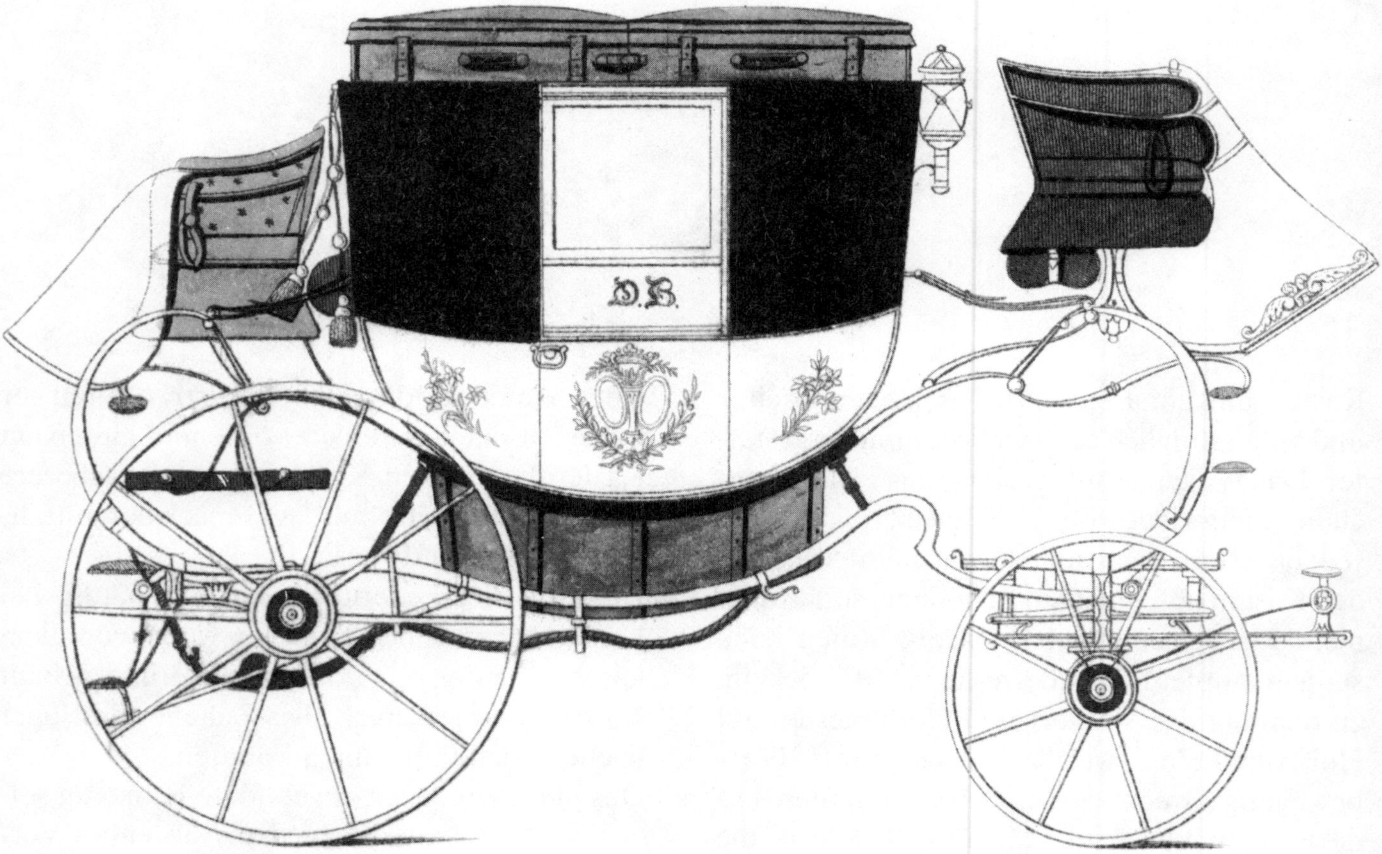

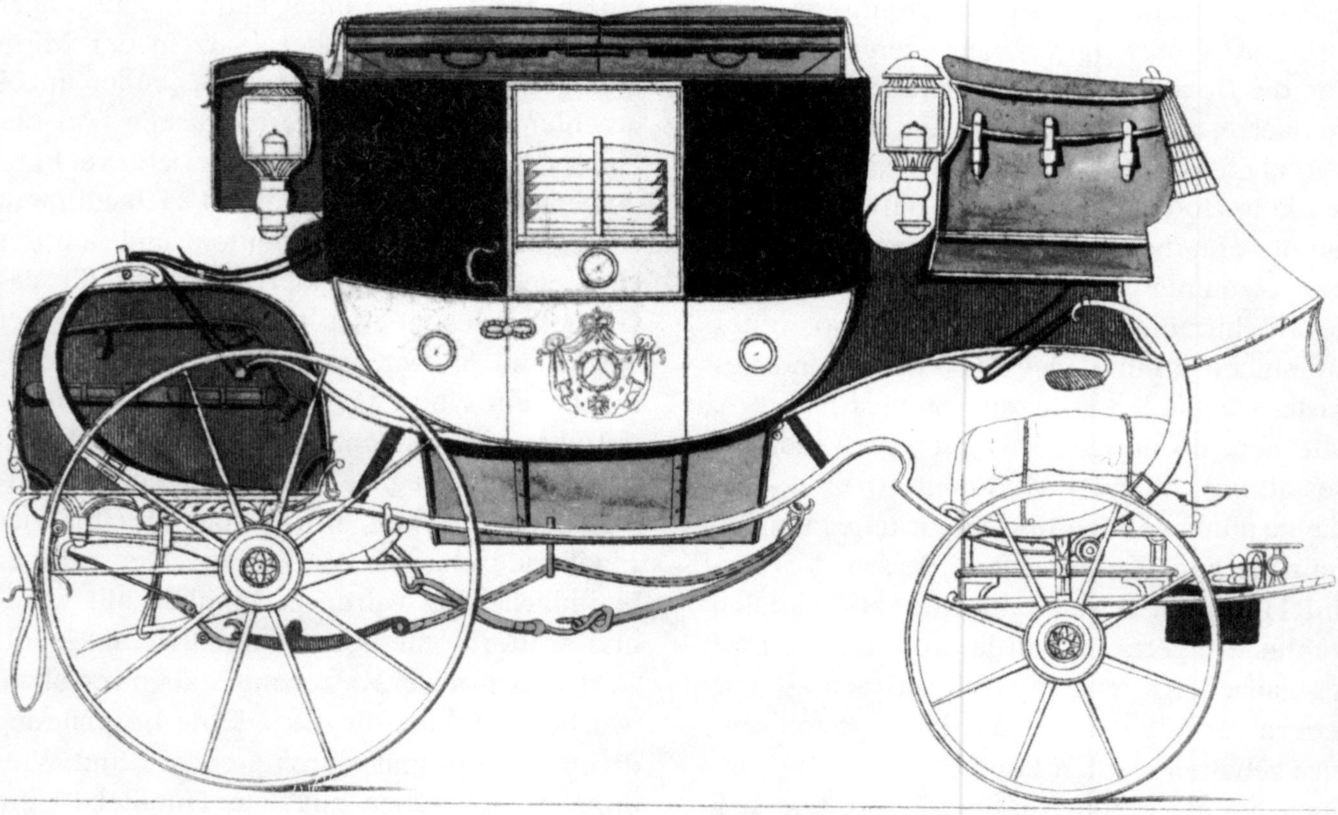

Königlich-bayerische Reiseberline Batarde aus dem Jahr 1824.

falls als Stauraum diente, beziehungsweise zur Lagerung des gejagten Wildes Verwendung fand. Der gesamte Kasten sowie das Wagengestell mit der Langwiede ist gelb lackiert, Eisenwerk und Zieraten sind grün ausgefaßt, und alle oberen Tafeln wie auch der Flintenbehälter mit schwarz lackiertem Leder bespannt. Inwendig besteht die Fütterung aus grünem Saffian und in der Mitte des Himmels befindet sich ein Hutnetz. Der ganze Wagen, wie die Abbildung zeigt, ist von gefälligem Äußeren und doch von äußerst dauerhafter Form, wie es seinem Gebrauch entsprach.

Um das Jahr 1800 zeigte die nimmerruhende Mode ihren mächtigen Einfluß auch im Bau der Kutschenkasten. Die neuen Kasten, die sie schuf, waren von den schweren, viereckigen Berlinekästen dadurch verschieden, daß sie die Form eines Kürbisses aufwiesen, wodurch man ihnen den Namen Batarde verlieh. Diese sogenannten Kürbiskästen, so unvernünftig sie auch zusammengefügt waren, bekamen dennoch in kurzer Zeit eine große Anzahl Verteidiger. Man fand, daß sie besonders bequem seien, auf Reisen als Schlafwagen eingerichtet zu werden, indem die Reisenden sich mit dem Kopf bequem in die runden Ecken legen konnten. Da die Seitentafeln zusätzlich nach außen gewölbt waren, verschafften sie den darin Fahrenden auch einen größeren Innenraum. Hingegen ist zu bemerken, daß die Einzapfung der Eck- und Türstollen nicht so fest und dauerhaft einge-

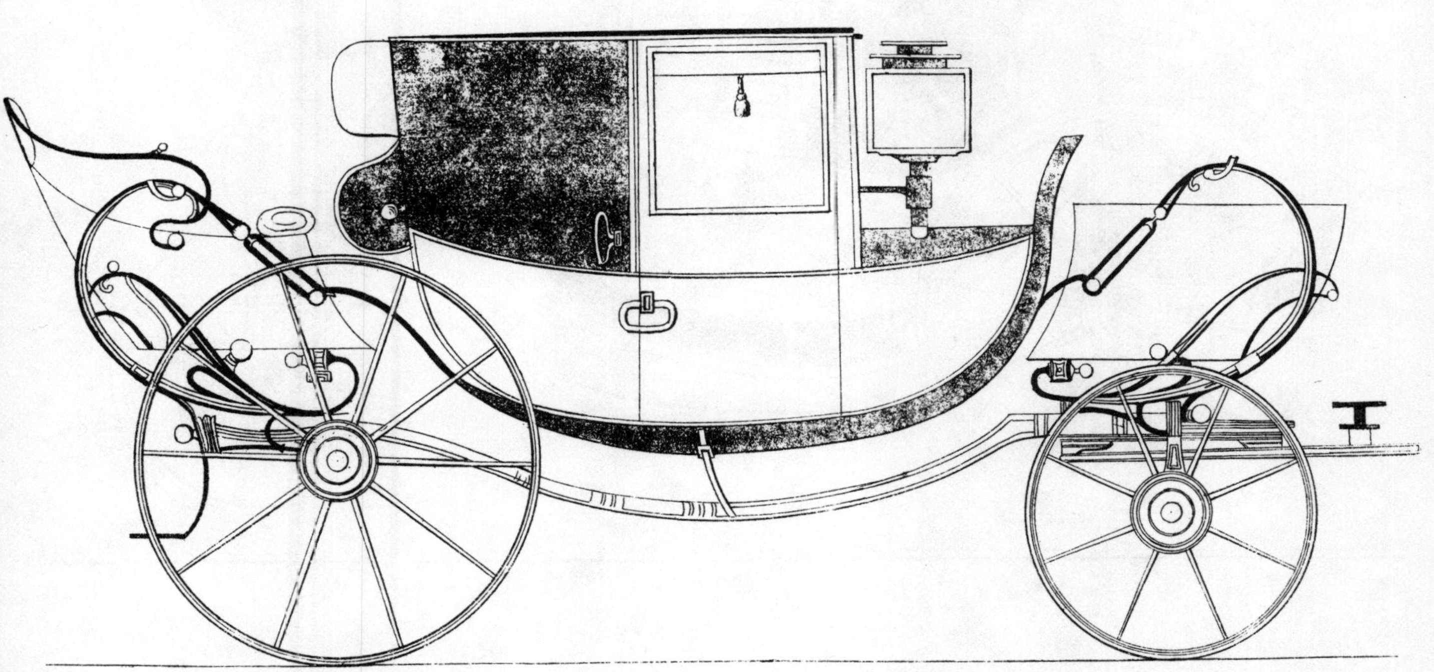

Schlafwagen König Georgs IV. von England, welcher inwendig ganz auf die Bedürfnisse des kranken Königs abgestimmt war.

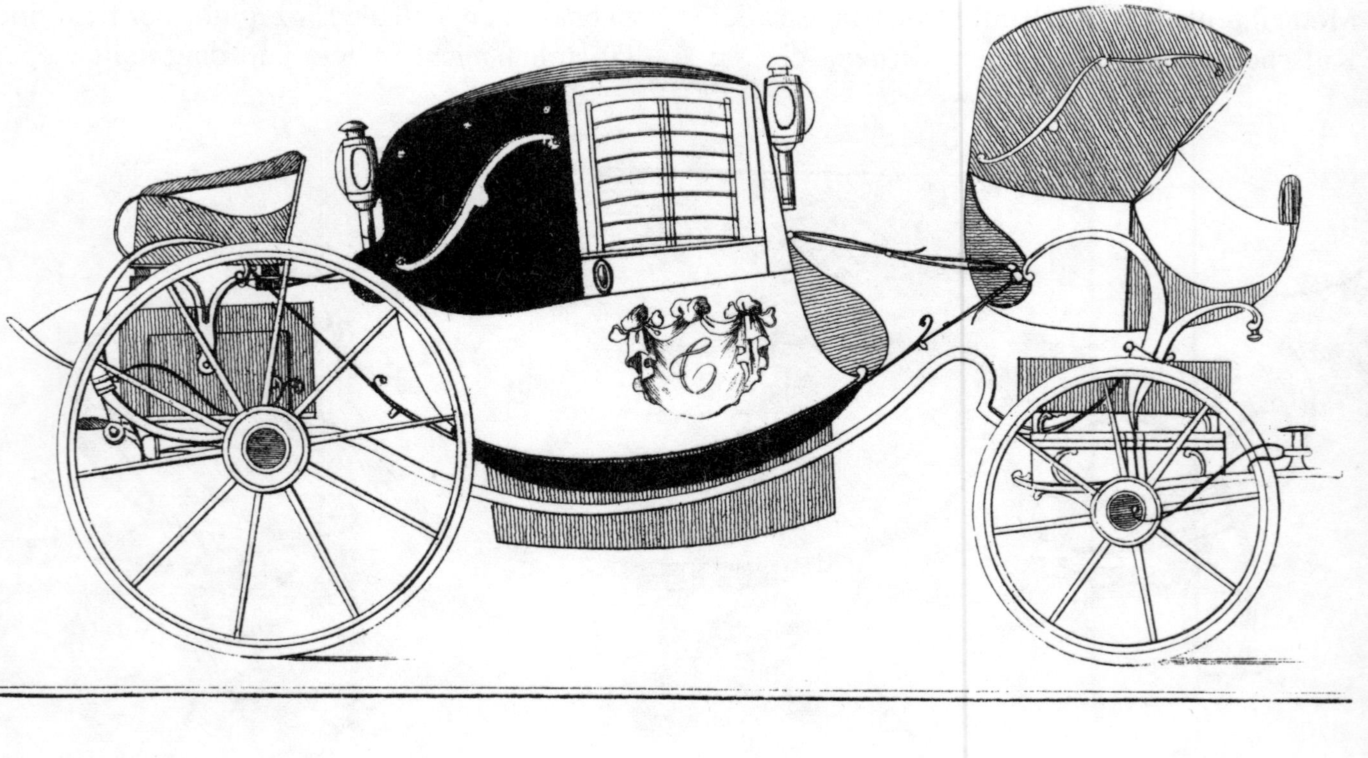

Oben: Reise-Batarde mit Kürbiskasten, »Batarde en Bontonière« aus der Zeit um 1800.
Unten: Rundes Schlafwagencoupé, »Coupé Dormeuse arrondie« aus der Zeit um 1800.

richtet werden konnte, und die äußeren Füllungen rings um den Kasten ungemein viel Mühe erforderten, um sie einzupassen. Die Tafeln indes, die durch Kochen oder über dem Feuer ihre Biegsamkeit erhielten, ließen sich vorzüglich schön bearbeiten und zeichneten sich im Glanzlack und schön geschliffen sehr vorteilhaft aus. Auch der Glasrahmen und die Jalousieläden waren sehr mühsam einzufügen, und im übrigen mußte der Kasten soweit wie möglich aus den Rädern herausgehalten werden, um ihm hinlänglich freies Spiel zu ermöglichen, ohne die Spur erweitern zu müssen.

Große Reisebatarden wiesen außer dem Kutschersitz noch zwei Bedientensitze auf. An der Rückwand war ein Haarbeutel angebracht, über welchem man zuweilen eine Leselaterne befestigte. Das Gestell war mit zwei Schwanenhälsen in einer Langwiede versehen, welche zwischen den zwei Bodenmagazinen in der

Leichte Reisecoupé-Batarde aus dem Jahr 1810.

Mitte durchlief, und genug Spielraum übrig ließ, daß weder die Seitentafeln an die Räder noch die innere Magazinwand an die Langwiede schlagen konnte.
Das sogenannte Brüsseler Batarde Coupé nannte man auch Schlafwagen oder Dormeuse. Seine innere Vorderwand war zum Auf- und Abschieben eingerichtet, womit man den Innenraum beliebig vergrößern und zum Schlafen einrichten konnte; weiters enthielt er einen Schreibtisch, der sich wie eine Schublade zur Hälfte herausziehen ließ.

Besonders gewölbt und der Kürbisform entsprechend waren die kleineren Reisebatarden oder Schlafwagen-Coupés. Eine darin aufgerollte Matratze dehnte sich vom hinteren Sitz bis unter den Sitz der beiden Bedienten, welche in diesem Fall vorne auf dem Wagen Platz nahmen. Hinter der Rückenlehne konnte noch ein kleines Reisekistchen eingeschoben werden. Auch über den Vorderrädern befand sich ein gewölbter Reisekoffer, welcher gewöhnlich für die Mantelsäcke der Diener, für Stiefelhölzer und dergleichen benutzt wurde, und worauf

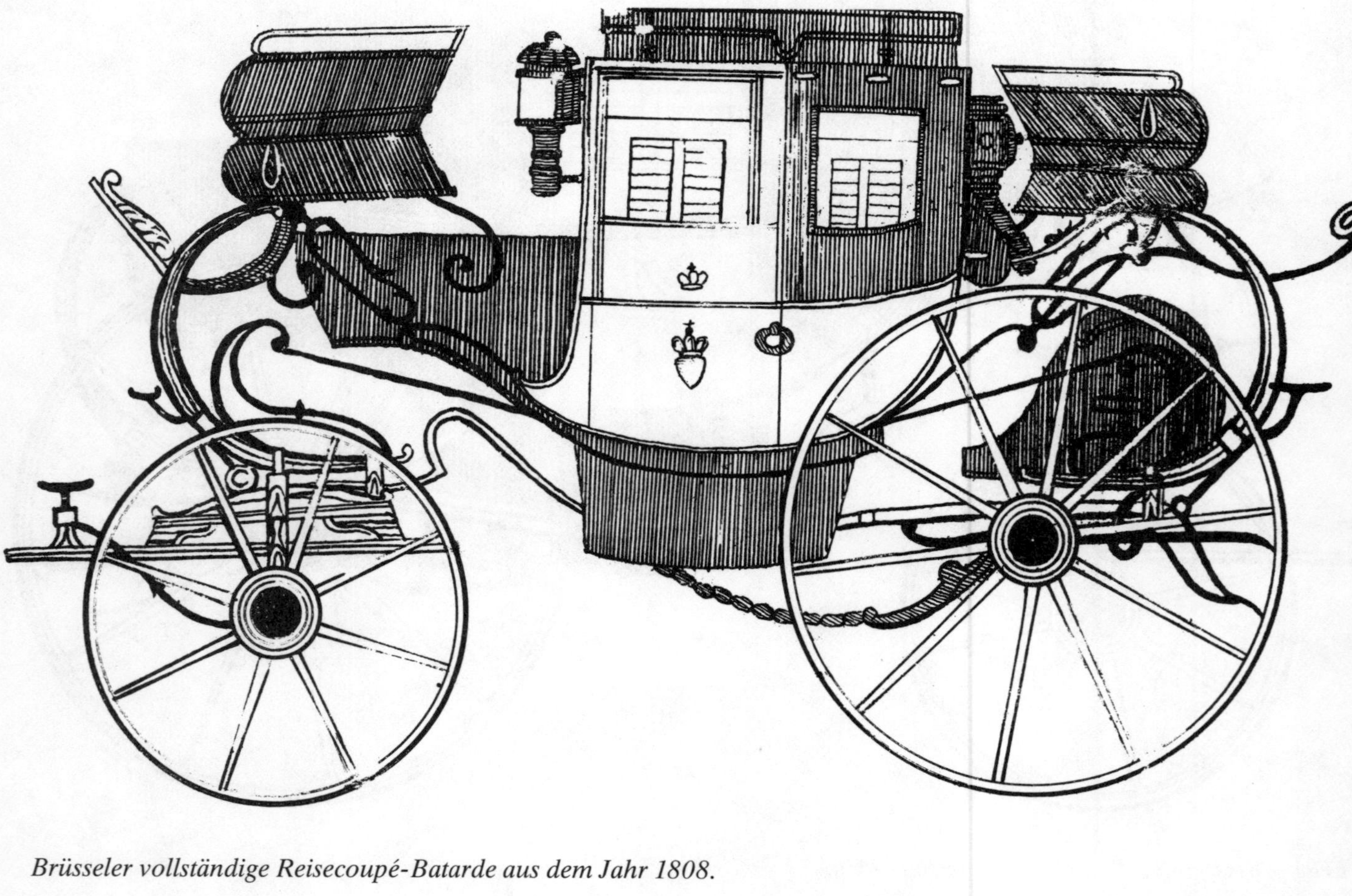

Brüsseler vollständige Reisecoupé-Batarde aus dem Jahr 1808.

die Füße der vornauf sitzenden Lakaien ruhten. Die vier zugerundeten Ecken des Kastens waren mit Laternen versehen, und das ganze Gefährt bot einen recht lieblichen Anblick.
Um diesem kleinen Wagen mehr Raum zu geben, sah man öfters eine kleine Versenkung im unteren Boden, und die Vorderwand war stark nach außen gewölbt. Auch fand sich zuweilen, wenn die Bedientensitze über den hinteren Rädern lagen, über dem Vordergestell ein zierlicher Reisephaeton zwischen den vier Federn, welcher, mit zurückschlagbarem Verdeck versehen, einer Kammerjungfer Platz bieten konnte.
Auf Grund ihres gefälligen Äußeren fand die neue Kastenform der Batarde jedoch auch bei Stadtwagen Verwendung, so wie auf den folgenden farbigen Abbildungen zu sehen ist. Diese zeichneten sich besonders durch ihre auffallende Länge aus, sowohl am Kasten als am Gestell, welches nur eine Langwiede aufwies. Weiters fanden sich ein gerader Kutschersitz mit gefalteter Bockdecke und vier Federn, woran die Riemen über den Rücken hinliefen. Im ganzen war dieses Gefährt also bloß für Stadtfahrten eingerichtet und keineswegs für längere Reisen geeignet.
Auch das englische Stadtcoupé war von ähnlicher äußerer Gestalt. Das Gestell bestand aus zwei eisernen Schwanenhälsen mit vier hohen C-Federn und einem Spritzbogen. Die Bockdecke aus Bärenhaut mit vier silberplattierten Pratzen ruhte auf einem sogenannten »Salisbury Budget«, das zugleich als Behälter von Mantelsäcken, Gepäck et cetera auf Landreisen diente.

Fig. 1: Modisches Phaeton aus dem Jahr 1790. – Fig. 2: Phaeton, auf vier Federn hängend, aus dem Jahr 1783. – Fig. 3: Half-pannel-Phaeton; englisches Phaeton aus dem Jahr 1805. – Fig. 4: Offenes Phaeton auf sechs Telegraphfedern aus dem Jahr 1810. – Fig. 5: Phaeton, in zwei horizontalen Querstahlfedern hängend, aus dem Jahr 1812. – Fig. 6: Besonders leichtes Phaeton aus dem Jahr 1815. – Fig. 7: Phaeton mit hinterem Verschlag, auch als Bedientensitz verwendet, aus dem Jahr 1785. – Fig. 8: Niedrig hängendes Phaeton aus dem Jahr 1800.

Oben: Alte englische Stadtberline mit Kürbiskasten aus dem Jahr 1795. – Unten: Englisches Stadtcoupé aus der Zeit um 1800.

Zweirädrige Wagen neuerer Zeit

Ausgehend von den leichten Jagdwagen und den alten Postchaisen entwickelte sich in der Mitte des 18. Jahrhunderts das französische Cabriolet auf zwei Rädern. Eigentlich stammt diese Erfindung des Wagens aus Italien, wo man dieses Gefährt seiner Einfachheit, Leichtigkeit und seiner billigen Kosten wegen lange beibehielt. Denn an diesen zweirädrigen Wagen wurde anfangs noch keinerlei Art von Stahlfedern befestigt, sondern das Hängwerk war durch ein Paar Riemen, welche an der vorderen Querwalze befestigt und längs den Kastenschwellen zu den hinteren Windenriemen liefen, von solch unvergleichlicher Elastizität, wie sie selbst von Stahlfedern nicht übertroffen werden konnte. Die vordere Türe des Cabriolets, die an Stelle eines ledernen Fußsacks den Kasten abschloß, ließ sich aufstellen und konnte so als Sitzchen für zwei Kinder dienen.

Das Pariser Cabriolet kam besonders zu Beginn des 19. Jahrhunderts sehr stark in Mode und wurde unter dem Namen »Zuckerbüchse« allgemein bekannt. Um diese Zeit begann man auch diese Cabriolets ungemein leicht auszuarbeiten, sodaß solche von einem starken Gaul im Trab gezogen werden konnten.

Das Kastenverdeck war nicht zum Zurücklegen eingerichtet, sondern blieb fest an seinem Platz und war mit feinem, japaniertem, glanzlackiertem, schwarzem Leder überzogen. Am oberen Kastenteil fanden sich zumeist kleine Seitenfenster, welche in das Verdeck eingeschnitten waren.

Auch das Brüsseler Cabriolet, wie man es in der Stadt mit ebenfalls nur einem Pferd gebrauchte,

Alte französische zweirädrige Postchaise aus dem Jahr 1664.

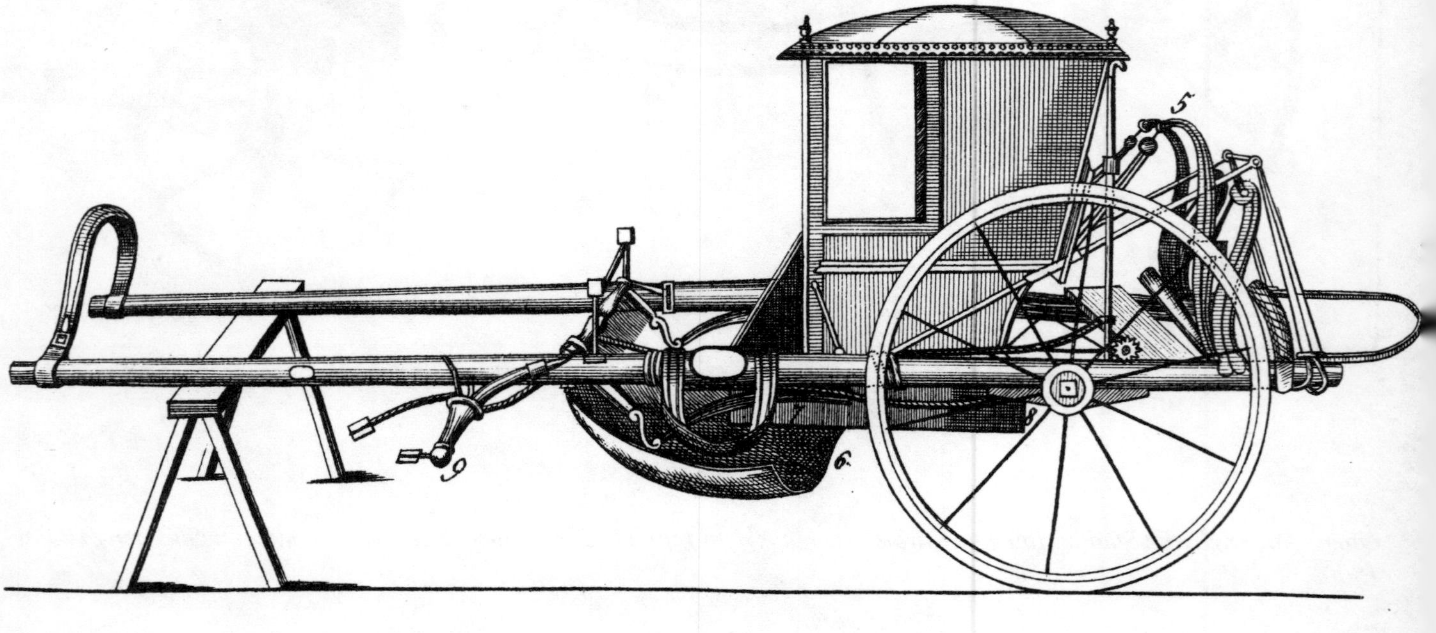

Spaziercabriolet, welches Ende des 18. Jahrhunderts in Frankreich sich großer Beliebtheit erfreute.

Französisches Cabriolet mit aufklappbarem Verdeck, von einem Pferd gezogen.

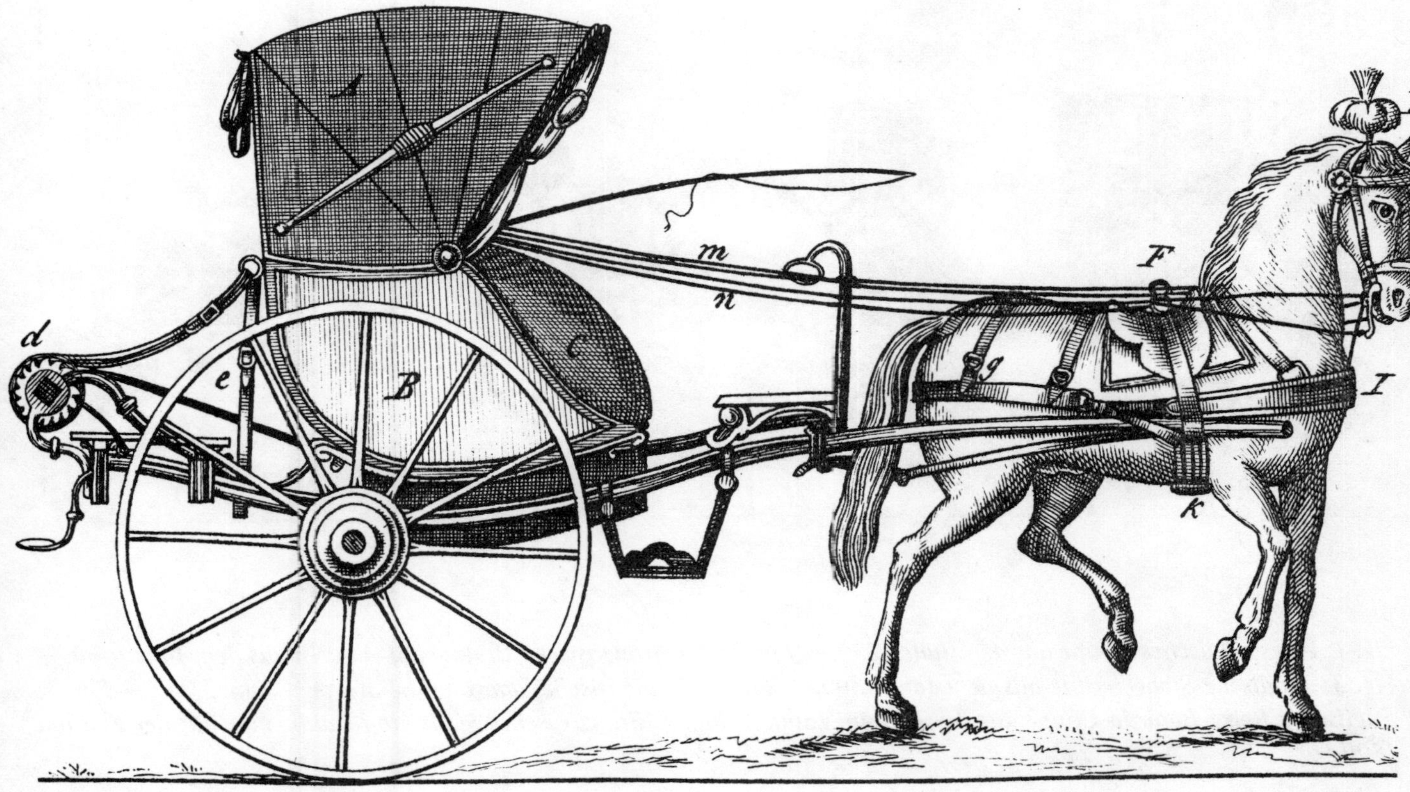

Fig. 1: Altes englisches Coupé aus dem Jahr 1750. – Fig. 2: Alte französische Berline auf Winden aus dem Jahr 1660. – Fig. 3: Englische Staatsberline aus dem Jahr 1800. – Fig. 4: Französische Staatsberline aus dem Jahr 1789. – Fig. 5: Englisches Reise-Batarde-Coupé aus der Zeit um 1800. – Fig. 6: Französisches Stadt- und Landcoupé aus der Zeit um 1800.

Königlich-bayerischer Reisefourgon aus dem Jahr 1820.

Deutscher Packwagen aus dem Jahr 1818.

Italienischer Packwagen aus dem Jahr 1810.

Pariser Cabriolet, unter dem Namen »Zuckerbüchse« bekannt, aus dem Jahr 1805.

wies ein steifes Verdeck auf und besaß Vordertüren und Wetterläden zum Zusammenlegen. Beide Formen stammen wie erwähnt aus Italien, wo dieses Gefährt unter der Bezeichnung Neapolitanische Sediola oder Paduana gebräuchlich war. Dieses enthielt nur einen Platz für die darin sitzende Person, welche nach dortiger Sitte von einem dahinter stehenden Kutscher geführt wurde. Das Geschirr dieser Wagen war ebenfalls von ganz eigener Art. So war das Tragsättelchen durch seine Bauart so hoch gestellt, daß es die Tragstangen stark zurückwarf, und somit nur wenig Last auf dem Rücken des Pferdes verblieb.

Dergleichen Cabriolets entwickelten sich in der Folge in vielerlei Formen, welche sich teilweise durch besondere Originalität auszeichneten. So findet man Wagen, dessen Speichen aus gebogenen Stahlfedern bestehen, deren Scheitelpunkte in einem Kreis liegen und auf diese Art gleichsam die Felgen bilden.

Auch fand man im Jahre 1771 zu Paris eine Art des Cabriolets, welche an Übermut alle Gestaltungen des Phaetons noch weit übertraf. So besaßen diese Wagen nur ein einziges Rad, wodurch sich aber so viele Unglücksfälle ereigneten, wie man auch leicht voraussehen konnte, sodaß sich dieses Gefährt weder im In- noch im Ausland durchsetzen konnte. Die Ursache der vielen Unfälle lag aber nicht allein in der allzu kecken Struktur des Wagens, sondern der Erfinder hatte einfach nicht bedacht, daß ein sicheres Fahren nur mit besonders festgeschnalltem Bauchgurt möglich gewesen wäre, welcher aber das Pferd so beengt hätte, daß es wohl aus diesem beängstigenden Zustand eher durchgegangen wäre, anstatt den Wagen ruhig und sicher zu führen. Auch war es gar nicht möglich, beim Kurvenfahren den Bauchgurt allzu streng anzuziehen.

Ein weiteres Übel der damaligen Zeit stellten die Fahrgewohnheiten der jungen Leute dar. Diese suchten ihren Ruhm darin, dergleichen ein- und zweirädrige Cabriolets derart ungestüm zu lenken, welches gewöhnlich auf Spazierwegen der Fall war, wo diese »Fahrkünstler« dann oft zusammenstießen und nicht mehr so leicht auseinanderfinden konnten. Überhaupt wurden die Gefahren unterschätzt, die das Lenken dieser Fahrzeuge mit sich brachten.

Denn es ist nötig, ein Pferd vorangespannt zu haben, über dessen Laune und Eigenheiten der Fahrer Bescheid weiß, aber in jedem Fall muß es als grober Leichtsinn bezeichnet werden, sich mit jungen, undressierten Pferden abgeben zu wollen. Eine wesentliche Voraussetzung für ein sicheres Fahren ist auch die Kenntnis über die richtige Bespannung, welche aber nur allzu oft in ungenügendem Maß vorhanden war. So sah man Gefährte unterwegs, an dessen Geschirr sich kein Bauchgurt befand, oder es fehlten die nötigen Dornen und Schnallen oder die Stränge waren ungleich oder nicht in gehöriger Länge, wodurch es dann oft geschah, daß im Bergabfahren den Pferden das Vordergestell des Wagens an die Beine schlug. Die armen Tiere glaubten dann, all die harte Behandlung komme vom Menschen her, und sie rissen aus und waren nur mit Mühe anzuhalten, wenn der Weg nicht gerade wieder bergauf ging.

Die verschiedenen zweirädrigen Fuhrwerke wurden in der Folge mit vielerlei Namen belegt: das Curricle, die Wiskeys, Chairs, Gigs, Sulkys und Buggys, die späteren Tilburys und Tan-

Brüsseler Cabriolet mit steifem Verdeck und Wetterläden aus dem Jahr 1805.

Stanhope Wiskey, englischer zweirädriger Wagen für drei Personen.

Jagdtandem aus dem Jahr 1818; unter dem Kastensitz befindet sich ein Hundeverschlag.

tums, welche auch Tandem genannt wurden, die sogenannten Hoppas, im Französischen Tappecul genannt, sowie allerlei Abarten und Zwischenformen dieser Wagen.

Das Curricle bestand schon seit einigen Jahrhunderten in England und war von jeher ein zweirädriger Karren mit einer Deichsel, woran zwei Pferde unter dem Joch zogen. Vor Zeiten war das Joch ein glatter, zugerundeter Prügel, später waren es fein polierte Stangen von Eisen, die in der Mitte einen Kloben hatten, an welchen die Tragriemen geschnallt wurden, der die Deichsel in die Höhe hielt. Auf den zwei Tragsättelchen der Pferdegeschirre war auf jedem ein zierlicher Ring, worin die zwei Enden der Jochstange nach den Bewegungen der Pferde hin- und herspielen konnten. Dieses Stück Kunstarbeit ist in den darauffolgenden Jahrzehnten vervollkommnet worden: Die Tragstange wurde an einem feinen Curricle nicht mehr aus einem Stück gemacht, weil sie sich zu sehr auf die eine Seite herausschob und an hervorragenden Gegenständen hängenbleiben konnte, was öfters zu Unfällen führte, sondern sie bestand aus drei Teilen, welche nach Erfordernis ein- und ausgeschoben werden konnten. Der Ursprung des Wortes Curricle mag von dem lateinischen »curriculum« entstanden sein, welches von »currus«, zu deutsch: der Wagen, kommt. Da nun das Curricle zum Lieblingswägelchen aller Personen von hohem Rang geworden war, sah man an dergleichen Wagen

Englischer Tandem zum Spazierenfahren aus dem Jahr 1817.

auch Pferde meistens von der feinsten Gattung. Stäbe, Schnallen und das Geschirr waren oft kostbar verziert und mit Silber belegt.
Um ein sicheres Fahren mit diesen zweirädrigen Wagen zu gewährleisten, durften die Räder nicht übertrieben hoch, die Spur mußte jedoch so breit wie möglich gehalten werden. Denn da diese Lustkärrlein (französisch: Cabriolet, Bockspringerchen) eigentlich bloß bestimmt waren, auf dem Pflaster in den Städten zu fahren, mußte man keinerlei Rücksicht auf schmale Landwege nehmen. Allein die jungen Fahrer fanden ihren Gefallen nur an verwegenen Fahrwerken, die recht hochgestellt waren. Der Wiskey, von weniger kostbarer Ausstattung, war ebenfalls in England sehr beliebt. Der Kasten war ringsum, anstatt mit gedrehten Sprossen, mit Meerrohr – ganz wie ein Sommersessel – geflochten. Die Bauart dieses Wagens war sehr stabiler Natur, der Kasten saß fest auf den Tragbäumen, doch ruhten diese mittels horizontalliegenden Stahlfedern auf der Achse, so daß man mit diesem Gefährt dennoch sehr sanft fahren konnte. Der Kasten war innen mit einem Tuch ausgeschlagen, ebenso das Verdeck, und mit einfachen Schnüren verziert. Mit einem Knieleder von feinem, schwarzem Leder, mit zurücklegbarem Verdeck und lackierten, doppelten Fußtritten war es trotz der einfachen Ausstattung von gefälligem Äußeren.
Ein ähnlich leichtes Fuhrwerk war das neumodischere Stanhope Wiskey. Dieses besaß ebenso ein zurücklegbares Verdeck; die nach vorne schließende Türe mit hölzernem Rahmen war als Klapptüre eingerichtet. Inwendig war Platz für drei Personen, an der Außenseite der

Sulkey-Chaise, besonders leichter Einspänner.

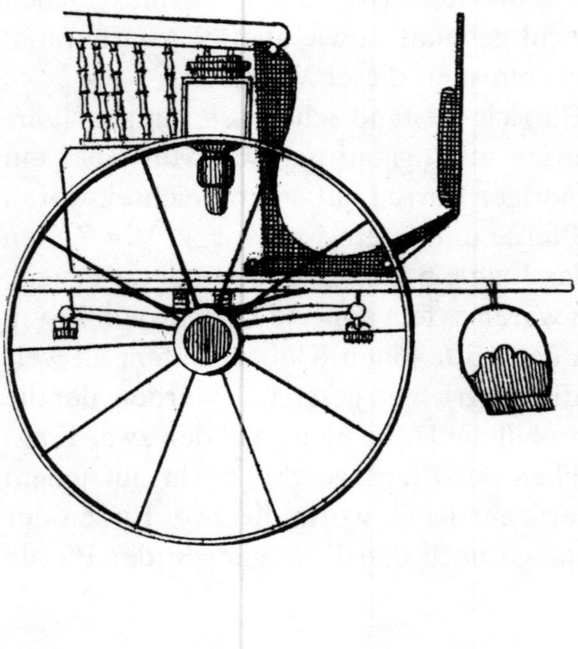

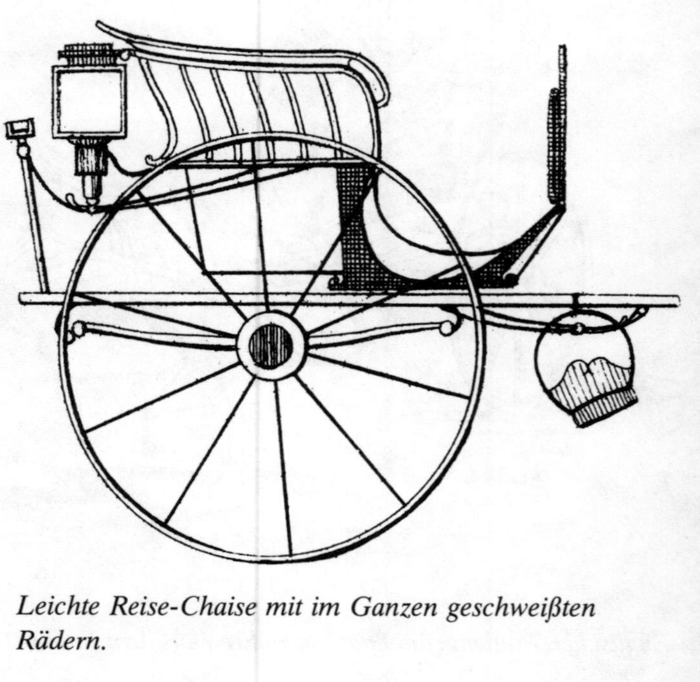

Leichte Reise-Chaise mit im Ganzen geschweißten Rädern.

Türe war für den Kutscher ein Sitz befestigt, welcher auch ausgehängt werden konnte. Davor befand sich ein Spritzleder, um die Fahrenden vor Kot zu schützen. Der Kasten bestand nur aus oberen Tafeln, unter der Sitzfläche war er ganz offen und ruhte bloß auf zwei eisernen Stützen. Dieser Wiskeys bedienten sich meist die Fiaker, um die Leute in der Stadt umherzufahren. Deswegen wurde bei ihrer Gestaltung großer Wert auf Dauerhaftigkeit gelegt, weniger Augenmerk aber auf künstlerische Gestaltung und Ausarbeitung gerichtet. Chairs nannten die Engländer zweirädrige Wagen, deren Kasten fest auf den Landern saß, und statt eines zurücklegbaren Verdecks nur zwei Seitenflügel von lackiertem Leder hatten. Die halben Oberteile des Kastens waren nicht mit Tafeln, sondern mit gedrehten Sprossen umgeben, und die Tragbäume, welche gewöhnlich aus Eschenholz waren, wurden auch nicht mit Eisenspangen belegt; so war dieses Wägelchen von sehr geringer Ausstattung und daher auch um sehr geringe Kosten zu haben. Hauptsächliche Verwendung fand es bei Landarbeitern und bei über Land fahrenden Krämern.

Unter einem Gig verstand man in England ein leichtes zweirädriges Fuhrwerk, welches nur von einem starken Pferde gezogen wurde. Es

Tilbury neuerer Bauart mit ringsum offenem Kasten; unter dem Sitzkissen befindet sich ein kleiner Stauraum.

diente sowohl in der Stadt zum Spazierenfahren als über Land für kleinere Reisen. Diese Wagen hatten alle nötige Bequemlichkeit in der Innenseite des Kastens, wie zum Beispiel Sitzkästchen, ringsum Säcke von Tuch und Saffian und ein zurücklegbares Verdeck, welches auch ganz weggenommen werden konnte. An deren Stelle konnte man auch schwarz lackierte Kotflügel setzen. Das Vorderteil des Kastens konnte von beiden Seiten mit schwarzen Vorziehmänteln aus Saffian und einem feinen, ledernen Fußsack, welcher mit Tuch gefüttert war, verschlossen werden. Da überdies diese Fahrwerke mit einem Reisekoffer, der sich auf der hinteren Packbrücke zwischen den zwei Federn befand, versehen waren, so fand sich hier alles vereinigt, um eine Reise angenehm verbringen zu können. Das Holz des Wagens war von verschiedenen Arten; durch den aufkommenden englischen Handel mit Westindien wurde in späteren Zeiten vor allem Lanzenholz verwendet, welches bekannt war für überaus große Elastizität. Es verschaffte den Fahrenden den angenehmsten Federschwung und brauchte überdies nicht mit eisernen Spangen besetzt werden, welches sich auch gar nicht mit der großen Elastizität des Holzes hätte vereinbaren lassen.

Die Sulkeys waren die allerleichtesten zweirädrigen Fuhrwerke von allen bekannten Gattungen. Alle Teile, woraus dieses Gefährt bestand, mußten so leicht gearbeitet sein, daß man auch nicht das Geringste an Gewicht hätte vermindern können. Die Rädchen mit ihren feinen Büchsen von gewalztem Messingblech, die vorderen Kapseln mit Silber plattiert, die Reifen im ganzen geschweißt, die eisernen Achsen so fein als möglich der Länge nach gedreht und

Kleine Reise-Chaise mit aus indischem Lanzenholz verfertigten Brancarden.

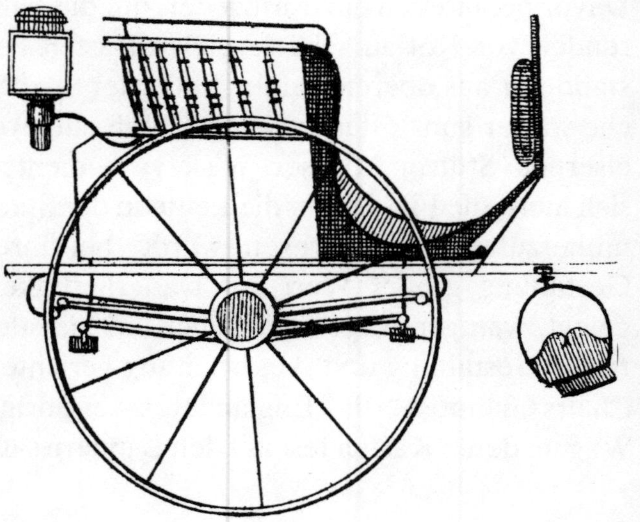

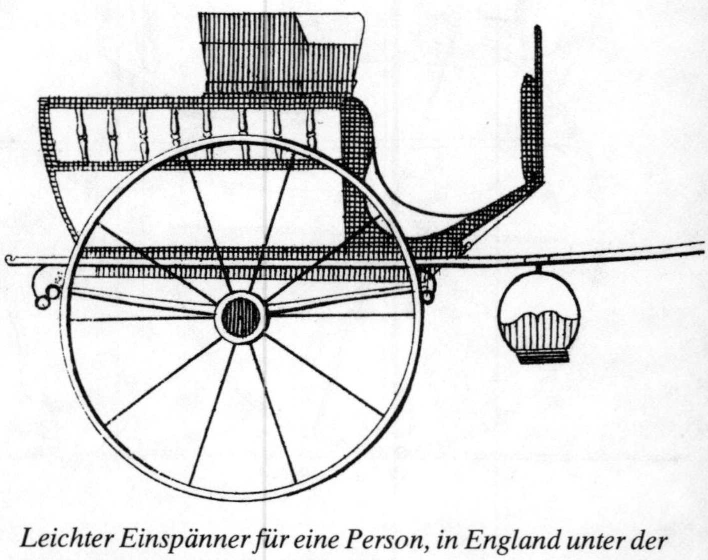

Leichter Einspänner für eine Person, in England unter der Bezeichnung »Gig« gebräuchlich.

die beiden Tragbäume von indischem Lanzenholz verfertigt – alles war mit der größten Sorgfalt ausgearbeitet. Die Federn bestanden nur aus drei horizontal aufeinanderliegenden Stahlblättern, welche in ihren Formen ein klein wenig voneinander abwichen, sodaß also bei dieser Art der Federung nicht viel Spiel zu erwarten gewesen wäre, wenn nicht die Tragbäume von der beschriebenen, außerordentlichen Elastizität gewesen wären. Denn diese Federn, die nicht mit langen, ledernen Riemen in Verbindung standen und nur durch ihre kurzen Gegenstöße von Stahl auf Stahl wirken konnten, gaben nur kurze Prellstöße und würden ohne die besonderen Eigenschaften der Tragbäume den Fahrenden sehr beschwerlich fallen. Von vorne gesehen stellte ein solcher Chaisenkasten bloß einen ringsum zugerundeten Armsessel dar. Da dieser Sitz seinen Reisenden so eng und sicher umschloß, daß er auch im Winter bequem darin fahren konnte, so hatte der Fahrende auch auf holprigen Straßen nicht zu befürchten, auf dem Sitz hin- und hergeworfen zu werden, wie dies in einem weiten Kasten der Fall war.

Ein ähnlich leichtes Fahrzeug stellte der Buggy dar, dessen Name sich vom englischen Wort buggy (Wanzennest) ableitete, nur für eine Person Platz bot und wegen seiner Leichtigkeit hauptsächlich auf dem Land zum Befahren von Seitenwegen gebraucht wurde.

Auch der Tilbury, auch Tantum oder Tandem genannt, zählte zu den besonders leichten Wagen. Die vielfältige Namensgebung beruht einzig und allein auf der Art der Bespannung, so wurde der Tilbury immer nur einspännig gefahren, wogegen der Tandem mit zwei hin-

Reise-Chaise für eine Person und einen Bediensteten.

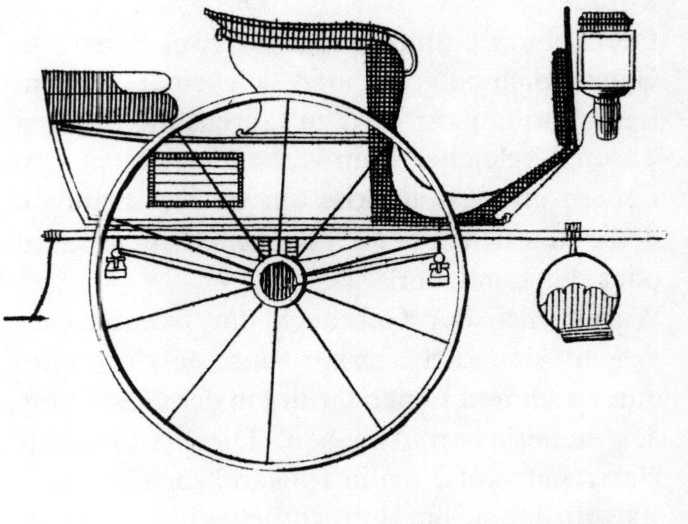

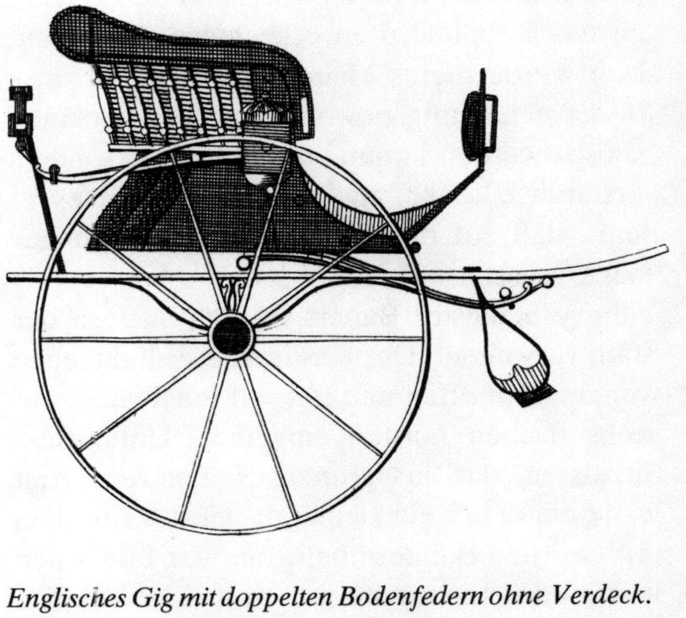

Englisches Gig mit doppelten Bodenfedern ohne Verdeck.

tereinandergespannten Pferden gefahren wurde.
Der Tilbury enthielt Platz für zwei Personen. Gewöhnlich bediente man sich seiner auf dem Land und um zur Jagd zu fahren. Im Übrigen waren dergleichen Fuhrwerke bloß den jungen Leuten überlassen. Alte ehrwürdige Familien bedienten sich lieber der Kutschen mit Gläsern oder der Landauer.
Warum sich der Gebrauch der zweirädrigen Wagen dennoch stärker durchsetzte, hatte unter anderem seinen Grund in der Gestaltung der steuerlichen Abgaben. Diese waren für Herrschaftskutschen in England so sehr angestiegen, daß sie um Beträchtliches höher waren, als die der Zweirädrigen. So wog die finanzielle Erleichterung all die Mängel an Sicherheit und Bequemlichkeit des Fahrens auf.
Der mit zwei Pferden bespannte Tandem diente hauptsächlich, um über Land auf Feldwegen zu fahren, wo der Boden holprig und es daher nötig war, ein Pferd als Vorspann beizufügen, um das Gabelpferd zu erleichtern. Nach und nach wurde dieses kleine Fuhrwerk zu einer Modeerscheinung, obwohl es nur von Personen benützt werden konnte, die sich als besonders verständige Lenker ausgezeichnet hatten, es sei denn, daß auf das vordere Pferd ein junger Jockey gesetzt wurde.
Tilburys neuester Bauart wurden auch in der Stadt verwendet. Der Kasten dieser Fahrzeuge war ringsum offen und nur auf jeder Seite mit sechs flachen Leisten eingefaßt. Unter dem Sitzkissen, das aus grünem Saffian verfertigt war, befand sich ein kleines, lackiertes Kistchen mit eisernen Bändern befestigt, der Fußboden war an der Innenseite mit wollenem Teppich

»Cabriolet à Soufflet«, französischer Reisewagen mit Verdeck.

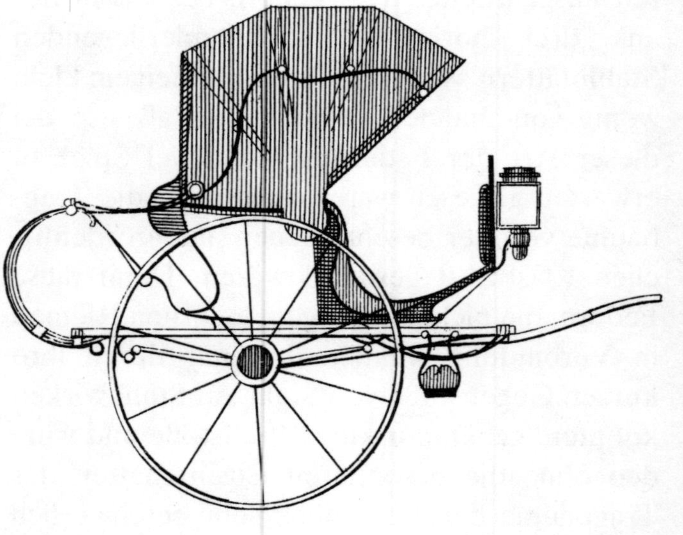

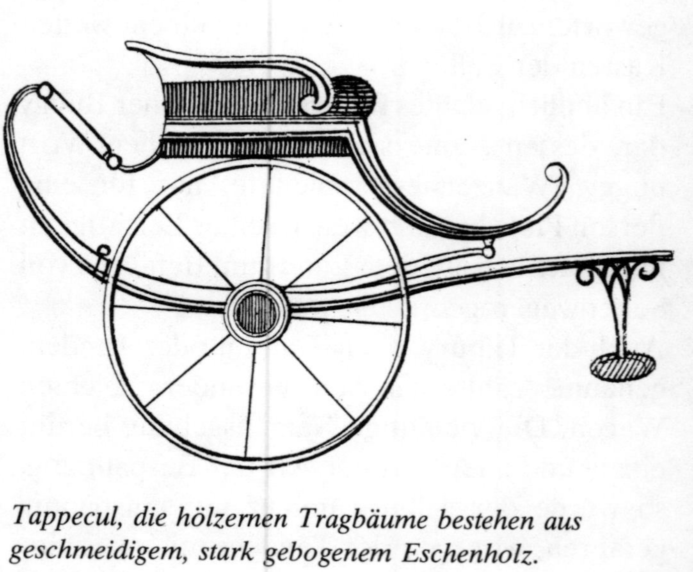

Tappecul, die hölzernen Tragbäume bestehen aus geschmeidigem, stark gebogenem Eschenholz.

belegt, und über den Vorderteil des Bodens ragte ein Spritzbogen mit zwei Handgriffen hervor, an dessen Innenseite der Fußsack flach zusammengeschlagen und niedergeschnallt wurde. Der zweisitzige Kasten hing in vier Stahlfedern, welche mit Hilfe elastischer Tragbäume dem Fahrenden eine sanfte Bewegung garantierten. Entsprechend dem allgemeinen Gebrauch in der Stadt war auch dieser Stadtwagen im Vergleich zu den Landfahrzeugen reichlicher geschmückt und verziert. Vor allem Zaumzeug, Stränge, Geschirr und Beschläge waren oft kunstvoll gestaltet.

Hoppas, im Französischen Tappecul genannt, waren im wesentlichen den Gigs ähnlich. Die hölzernen Tragbäume waren äußerst geschmeidig von jungem Eschenholz, an den beiden Vorderenden wurden sie stark nach unten gebogen, damit die zwei Bäume mit ihren Spitzen aufgelegt werden konnten. Der hintere Teil des Kastens war mit einer niederen Rückwand versehen, auf jeder Seite befand sich ein flacher, gebogener, schwarz japanierter und schwarz lackierter lederner Kotflügel, und der Sitz saß auf vier feinen Stahlfedern. Sie eigneten sich für vier Personen und wurden sowohl in der Stadt, in Paris, als auch für Fahrten auf das Land verwendet.

Im Jahre 1820 ließ sich Admiral Willaumez, ehemaliger Seekapitän in holländischen Diensten, den zweirädrigen sogenannten Rouff bauen. Dieser wurde nur von einem Pferd gezogen und zeichnete sich durch seinen ungewöhnlichen, runden Kasten aus. Die Türe an der Vorderseite konnte in zwei Teilen nach oben und unten geklappt werden, wobei der untere Teil den Sitz für den Kutscher darstellte. Der obere Teil aber hob sich in die Höhe und diente als Schutzdach gegen Sonne und Regen. Das Verdeck war von steifer Form, unterhalb desselben an den beiden Seiten sowie an der Rückseite befanden sich runde Fensteröffnungen. Der Kasten hing auf doppelten Horizontalfedern zwischen zwei Tragbäumen. Das ganze Gefährt war sehr leicht und artig, wenn auch etwas eigenartig anzusehen. Der Eigentümer behauptete, daß es sehr bequem sei, in dem rund ausgepolsterten Wagen auszuruhen. Doch scheint die Erfahrung diese Meinung nicht völlig bestätigt zu haben, denn es wurde dieser Wagentyp nicht nachgebaut.

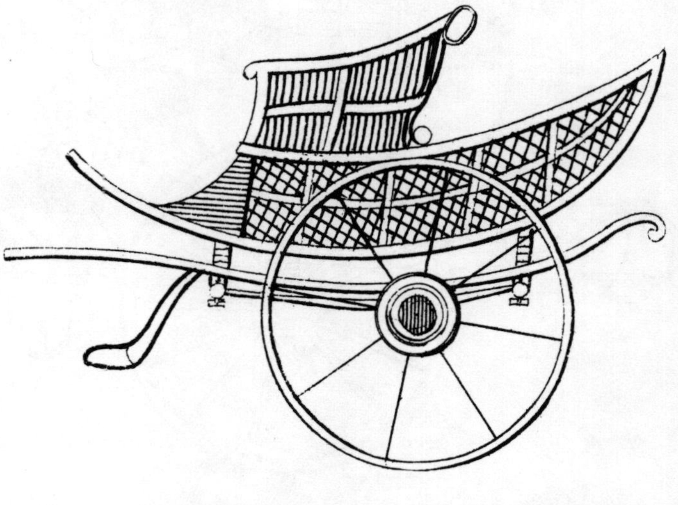

Hoppas, zweirädriger Reisewagen für vier Personen.

Zweirädriger Rouff, als Einspänner gefahren von Admiral Willaumez zu Paris, aus dem Jahr 1820.

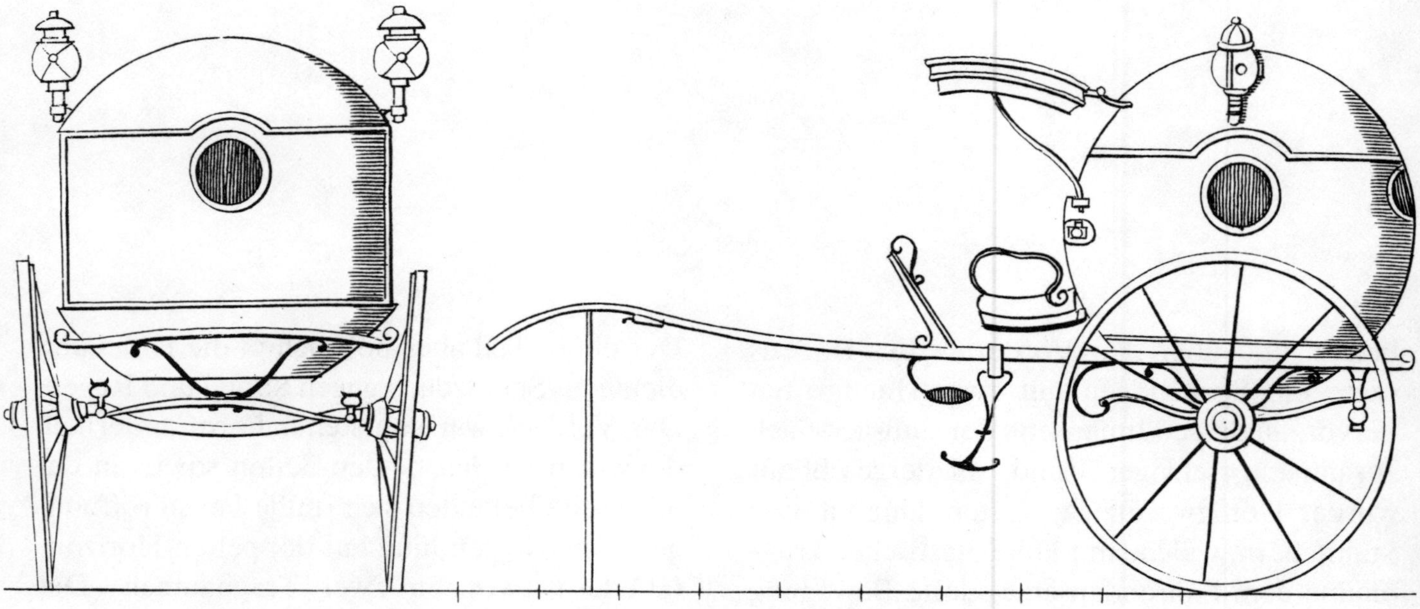

Postberline für neun Personen aus dem Jahr 1815.

Das Post- und Transportwesen

Es ist ein geflügeltes Wort, daß seit Jahrzehnten die Erde kleiner geworden ist, und die Orte auf derselben näher aneinandergerückt scheinen. Noch vor einigen Jahrzehnten wurde ein Mann, der sich ein wenig in fremden Ländern umgesehen hatte, der gar über das Meer gefahren war, als ein kleines Wunder angestaunt. Heute erregt dies kaum mehr Aufmerksamkeit, da es fast täglich vorkommt. Diese Erscheinung ist hauptsächlich eine Folge der vermehrten und verbesserten Kommunikationsmittel zu Wasser und zu Land. Durch diese wurden die Beschwerden und die Gefahren des Reisens vermindert, ihre Annehmlichkeit erhöht und die Zeit auf einen Bruchteil gesenkt, die man früher für die gleiche Entfernung benötigte. Groß und unschätzbar sind die Vorteile, welche dadurch dem Verkehr, unter den Völkern der Erde dem Handel, den Wissenschaften und den Fortschritten der Zivilisation im allgemeinen zugehen.

Zu Lande verdanken wir diese Vorteile neben der Verbesserung der Straßen im wesentlichen der Vervollkommnung des Wagenbaus.

Die ersten Wagen, die im besonderen dem ausgedehnteren Transportwesen dienten, waren die Boten- und Zäunselwagen. Als der Gebrauch der Fuhrwerke sich nach und nach weiter verbreitet hatte, gab es eine Menge Wagen, die nach den besonderen Bedürfnissen der verschiedenen Länder eingerichtet waren. So fand man in Berggegenden die gewöhnlichen Krämerwagen mit vier niederen Rädern von gleicher Höhe, hingegen hatten die Fahrzeuge der niederländischen Karren sehr hohe, schmale Felgenräder, womit man sich am besten durch den schweren Lehmgrund durchhelfen konnte. In der Nachbarschaft großer, bevölkerter Städte fand man bald eine Menge Fuhrwerke von verschiedenen Gattungen. Teils aus Notwendigkeit, teils aus Sparsamkeit bediente man sich jedweder Wagen, die nur irgendwie für den Transport geeignet waren und die Lohnkutscher suchten alle Arten abgängiger, alter Fahrwerke zu verwerten. So wurde das zweisitzige Cabriolet in eine Gesellschaftschaise zu vier bis sechs Personen umgeändert. In diese wurden Leute aufgenommen, soviel darin Platz hatten, um sie nach den umliegenden Städten, Jahrmärkten oder königlichen Lustschlössern um einen kleinen Preis zu fahren. An denjenigen Chaisen, wo der Kasten in seinem Inneren nicht mehr als vier Personen Platz bot, wurden auf dem Vorder- und Hintergestell noch je ein Strohkissen gelegt, um dadurch für zwei weitere Personen Platz zu erhalten. Diese auf den äußeren Sitzen reisenden Personen, die das Pariser Volk mit den Namen »Affen« beziehungsweise »Kaninchen« belegte, mußten nur den halben Fahrpreis zahlen.

Zur Veranschaulichung dieser Wagen, welche die Bezeichnung Patachen trugen, sei auf die folgenden Farbabbildungen verwiesen.

Im Ursprung verstand man unter einer Patache ein kleines, bedecktes, rundliches Boot, worin man in den Meerhäfen oder in den Mündungen der Flüsse kleine Aufträge als Mautner, Zöllner oder Aufpasser verrichtete und auch die Leute sogleich auf das andere Ufer übersetzte.

Wie die Patachen, so wurden in jener Zeit alle Arten von Fahrwerken, die man kannte, als Miet- und Botenwagen, als Landkutschen und nach Einführung der Post auch als Postwagen gebraucht.

Im Jahre 1650 wagte ein gewisser Nikolaus Sauvage ein großes Unternehmen, indem er Landkutschen von Paris nach Amiens errichtete. Er nahm zu diesem Zweck ein großes Haus mit Hof und Stallungen in der Straße Saint Martin in Pacht, welches nach einigen alten Grundbüchern den Namen des heiligen Fiacre trug (König der Schotten im 7. Jahrhundert) und dessen Bildnis noch bis heute in seinem Schild führt. Dieser Mann war erfahren im Umgang mit Pferden und kannte den Bau, den diese Pferde aufweisen mußten, um für die Dauer der Fahrten tauglich zu sein.
Beim Entstehen dieses Unternehmens bekam er großen Zuspruch. Bald erhielt er auch Miteiferer, die sich in den verschiedenen Teilen der Stadt niederließen, obgleich es keiner so wie er verstand, diesem Geschäft den wahren Schwung zu geben. Er hatte zu manchen Zeiten zwanzig Kutschen und vierzig bis fünfzig Pferde, und da er Pächter des Gasthauses war, das den Namen Hôtel de Saint Fiacre führte, so wurde nicht nur den Wagen, sondern auch dem Eigentümer und selbst den Kutschern der Name Fiaker zugedacht, welch Letztere auch in der Folge den heiligen Fiacre zu ihrem Schutzpatron erwählt haben.
Anfänglich waren diese Fiakerkutschen nichts anderes als alte, auf alle mögliche Weise geflickte Wagen, die von ausgemergelten Kleppern gezogen wurden. Späterhin aber trachteten die Lohnkutscher, den Zustand ihrer Kutschen sowie den ihrer Pferde so sehr wie möglich zu verbessern, daß sie schließlich so an äußerer Gestalt gewannen, daß sie von den Kutschen der Privatherrschaften nicht mehr unterschieden werden konnten. Dennoch waren diese Kutschen nicht bei jedermann beliebt, so sind von einem Zeitgenossen, Pater Labat, die Worte überliefert: »Dieses Licht und das Geklapper, welches alle die schlecht zusammengefügten Teile von sich geben, verkündigen ihn schon von weitem her.«
Die ersten, die es wagten, auf ihre Kosten mehrere Kutschen zu diesem Gebrauch herstellen zu lassen, waren der Herzog von Roannez, der Marquis von Souches und der Herr von Crenont, welche den König von Frankreich gegen Ende des Jahres 1661 in einer Bittschrift ersuchten, diese Mietkutschen öffentlich halten zu dürfen. Ludwig XIV. erteilte diese Erlaubnis, jedoch mit der Beschränkung, daß keine Pagen, Handwerksleute, Soldaten und Bediente darin aufgenommen werden dürfen.
Am 18. März 1662 haben diese Kutschen ihren Betrieb aufgenommen. An diesem Tag und noch einige Tage nachher setzten ihnen Bediente und das gemeine Volk nicht nur mit großem Lärmen nach, sondern verfolgten sie auch mit Steinen. Es wurden jedoch Kommissarien eingesetzt, die nach einiger Zeit die Ordnung wiederherstellten.
Der Gebrauch wurde immer allgemeiner, vielerlei Unternehmungen entstanden, mit vielerlei Arten der Wagenvermietung, -leihe und des Transports zu festen Fahrplänen.
Schon im Jahre 1625 unternahm es ein alter Seeoffizier, die ersten Lohnwagen in London einzurichten, welche man dort Hackney nannte. Die Kutscher waren mit einer artigen Livree bekleidet, so wie es auch später in Paris üblich war. Auch in allen anderen Belangen hinterließen sie ihren französischen Nacheiferern ein Beispiel, welches sich nachzuahmen lohnte.

Alte französische Briefpost aus dem Jahr 1780.

Englische Briefpost aus dem Jahr 1822.

Großer französischer Postwagen, mit nach vorne offenem Kasten aus dem Jahr 1820.

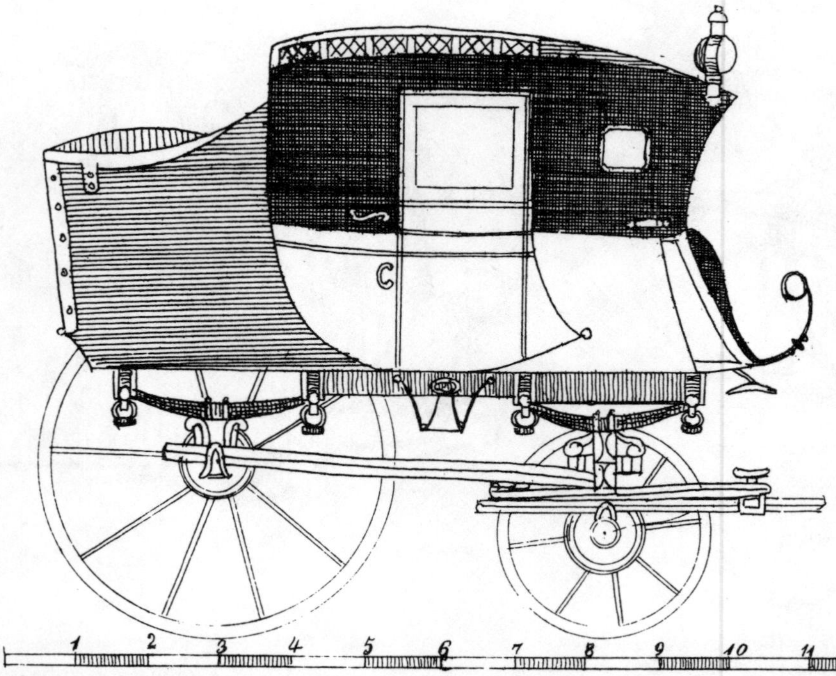

Patentierte Chaise Roulante aus dem Paris des Jahres 1823.

Diese Kutschen hatten schon einige Jahre später so zugenommen, daß die Zahl der bewilligten Wagen begrenzt werden mußte.
Wiewohl es eine Menge Anstalten in London gab, wo man sich mit allen Gattungen Mietwagen, Chaisen, Sänften, Tragsesseln oder Chaises Roulantes versehen konnte, so gab es doch damals noch keine Eilwagen, mit denen man Tag und Nacht über Land reisen konnte. Erst im Jahre 1734 erhielt Johann Tull, ein Artillerieoffizier, das königliche Privileg, Eilwagen für Reisen zu stellen. Seit 1783 schließlich waren in England Landkutschen unter dem Namen »Stage Coach« in Gebrauch, welche überall Beifall fanden und täglich zu einer bestimmten Stunde in die benachbarten Städte abfuhren.
Diese Stage Coaches hatten gewöhnlich acht Räder und faßten 16 bis 20 Menschen, welche auf sich gegenüberliegenden Bänken um einen langen Tisch saßen. In der Folgezeit sah man auch mehrere dieser Art mit zwölf Rädern, und es gab welche, die 24 bis 28 Personen faßten, wovon vier bis sechs auf dem Dach sitzen mußten. Diese frei sitzenden Personen zahlten gewöhnlich nur die Hälfte. Auf der zurückzulegenden Strecke waren bereits kleine Schenken eingerichtet, an denen die Reisegesellschaft mit Essen und Trinken versorgt wurde.
Die Bequemlichkeit, welche diese neue Anstalt den Einwohnern der größeren Städte darbot, und den Vorteil, den die Unternehmer an sich ziehen konnten, hatten zur Folge, daß sich dieselben schnell in alle Hauptstädte Europas verbreiteten. So fand man bald Fiaker in Wien, Warschau, Kopenhagen und vielen anderen Orten.
In jenen Städten, in denen dieses Kutscherwesen noch nicht solche Verbreitung fand, kam es öfters vor, daß die vornehmen Herrschaften, die sich Kutscher und Pferde hielten, ihren Kutschern erlaubten, sich wöchentlich ein- bis zweimal derselben zu bedienen. Auf diese Art konnte von jedermann zu einem geringen Entgelt ein Wagen gemietet werden.

Deutsche Briefpost, Brieffelleisen genannt, zweirädriger Karren, von einem Pferd gezogen.

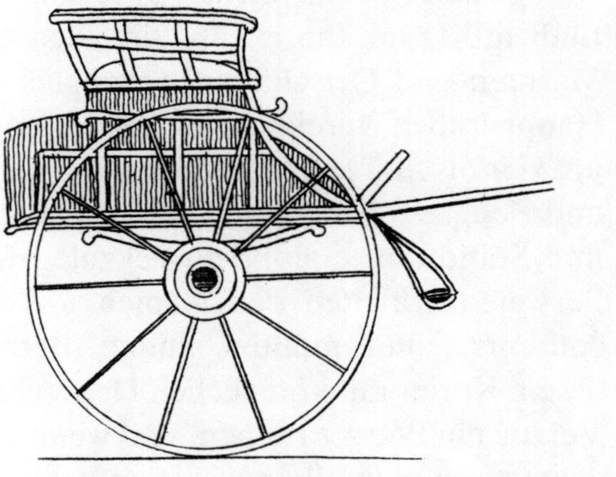

Während sich auf diese beschriebene Weise Miet- und Landkutschen als Fiaker gestalteten und ausbildeten sowie Eilwagen in Gebrauch kamen, entwickelte sich noch ein anderer Zweig von unberechenbar wohltätigem Einfluß auf den Verkehr der Völker – die Post.
Es kann hier nicht Aufgabe sein, die Geschichte dieser wichtigen Anstalt zu beschreiben. Wir übergehen daher hier im Stillschweigen die Errichtung der Post unter Karl dem Großen und werden nur einige der interessantesten Vorgänge anführen, welche mit dem Zweck dieses Werkes in unmittelbarem Zusammenhang stehen:
Da die bisher bestehenden, königlichen Boten nicht in der Lage waren, aus allen Teilen des

Reiches schnell und ohne Verzug wichtige Nachrichten und Mitteilungen zur Kenntnis des Königs zu bringen, wurden in Frankreich von Ludwig XI. im Jahre 1464 in allen Städten, Märkten und Ortschaften, vorzüglich an den Hauptstraßen vereidigte Personen angestellt, um vier bis fünf leichte Pferde mit gutem Sattel und Zeuge zu halten, und die imstande waren, ihre Station im Galopp zurückzulegen. Diese Personen erhielten den Namen »Maître des coureurs« und mußten immer bereit sein, jedem Kurier mit königlichen Depeschen ohne Verzug ein Pferd zu geben, und wenn es gefordert wurde, denselben selbst zu begleiten. All diesen Personen im ganzen Königreich wurde ein »Grand Maître des coureurs de France« vorgesetzt. Ohne dem ausdrücklichen Auftrag dieses letzteren durfte kein Maître bei Todesstrafe an irgend jemanden anderen ein Pferd verleihen, da diese Anstalt einzig für den königlichen Dienst war.
Unter Ludwig XII., Franz I. und Franz II. wurde nichts an dieser Anstalt verändert. Nach den langen und blutigen Kriegen, welche der Thronbesteigung Heinrichs IV. vorangingen, war dessen erste Sorge, alle Zweige des Staatshaushaltes neu zu orden. Zwar wurde an der alleinigen Zuständigkeit der Post für den König nichts geändert, doch wurden in der Stadt und in den Vorstädten von Paris sogenannte Relais-Stationen errichtet. In diesen wurden Mietpferde gehalten, nur durften diese Pferde nicht als Postpferde gebraucht werden. Auch wurde bei strengster Strafe verboten, andere als diese bestehenden Stationen zu errichten, und alle verwendeten Pferde wurden als dem König gehörig betrachtet und mit einem Brandmal

Kleiner Wagen für Personentransporte, bestehend aus zwei Phaetonkästen.

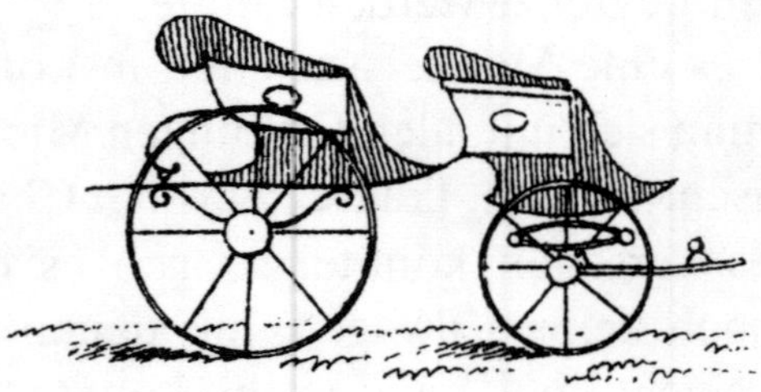

gekennzeichnet. Noch im nämlichen Jahre 1597 wurde diese Anstalt über das ganze Königreich verbreitet.
Alle diese Vorsichtsmaßnahmen und Gebote zeigten sich bald als ungenügend. Es wurden daher im Jahre 1602 die Relais mit der Post vereinigt.
Hatten sich am Anfang die Privaten das Recht angemaßt, selbst das Postporto zu bestimmen, und schickten mit ihren Briefen und Paketen soviel Geld mit, als ihnen eben gefiel, so wollten sich die Postoffiziere nicht länger die willkürliche Taxe gefallen lassen. Schließlich hielt es der Postgeneral für geraten, ein allgemeines Reglement der Posttaxen festzusetzen, welches unter keinem Vorwand überschritten werden durfte.
Im Jahre 1632 wurde dem König Ludwig XIII. zur Kenntnis gebracht, daß Kaufleute und andere Personen gegen das Reglement und gegen die Absicht des Königs, welcher die Posten nur für die Depeschen der Regierung und die Privatkorrespondenz bestimmt hatte, mit den Postkurieren eine große Menge von Paketen mit Gold, Silber, Edelsteinen und anderen kostbaren Dingen versendeten. In Betracht, daß dies auf den Straßen Diebe anlocke, wur-

Englischer Post- und Eilwagen mit aufklappbarem Dach.

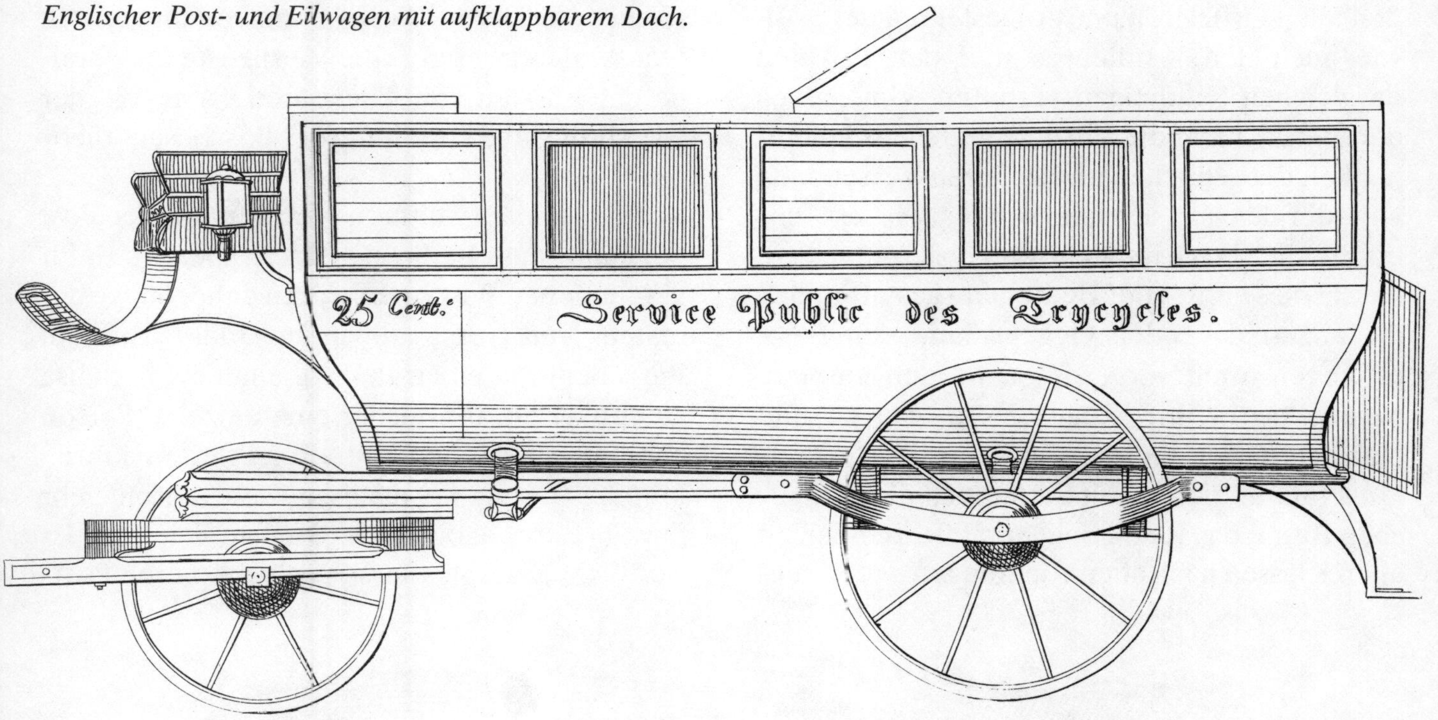

Transportwagen auf acht Federn schwebend, sowohl für Lastentransporte als auch für die Beförderung verletzter Personen verwendet.

den allen Offizieren und Angestellten der Post, wie auch den Kaufleuten und den Privaten dergleichen Sendungen verboten. Um jedoch dem Volke nicht die Vorteile und die Bequemlichkeit der schnellen und sicheren Versendung von dergleichen Kostbarkeiten, wie sie nur durch die Post möglich war, zu entziehen, wurde diese unter der Bedingung gestattet, daß die abzuschickenden Gegenstände den Postoffizieren offen vorgewiesen werden mußten, welche sie in ihre Register einzutragen und dafür zu haften hatten.

Ungefähr in dieser Zeit hatten sich die königlichen Boten das Recht angemaßt, Reisende von allen Klassen nach allen Richtungen des Königreiches in ihren Wagen mitzunehmen. In Deutschland waren es die Verdienste der Familie der Fürsten von Thurn und Taxis, die der Errichtung und Erhaltung des Postwesens dienten.

Mit der immer weiteren Verbreitung der Post entstand das Bedürfnis nach speziell dafür geschaffenen Wagen. Es waren daher einige der ersten Kunstverständigen im Jahre 1664 in Paris bemüht, einen Plan zu einer Reisechaise zu entwerfen, in welcher eine einzelne Person bequem sitzen und mit drei Pferden fahren konnte. Diese Postchaisen haben sich sehr bewährt und haben gute Dienste geleistet. Es war nicht gesorgt, viel Gepäck auf diesen Post-

Russische Feldschmiede mit verschließbarer Feuerstelle; unter dem Kasten befindet sich der Blasbalg, dahinter das Kohlenmagazin.

Oben: Leichte französische Reiseberline aus dem Jahr 1810. – Unten: Englische Postkutsche aus derselben Zeit.

chaisen mitnehmen zu können. Man hatte damals noch keinen Himmelkoffer oder Vache, sondern das ganze Gepäck bestand aus einigen Hemden, einer Uniform, ein Paar Pistolenhalfter auf jeder Seite des Sitzes und ein Vorrat an Zeitungen, um sich während der Reise die Zeit zu verkürzen.

Später ging man über zu den vierrädrigen Malles postes-Wagen, die außer dem Raum für die Briefe und Päckchen noch hinlänglich Platz für vier Reisende boten, nämlich drei nebeneinander auf dem inneren Sitz und einen im Cabriolet neben dem Kurier.

Eine leichtere und weniger kostspielige Art von Brief-Postwagen waren die in einem großen Teil von Deutschland eingeführten Karren auf zwei Rädern, Brief-Felleisen genannt. Dieser Name entstand aus der Bezeichnung des eigentlichen Briefpakets, des ledernen Brief-Felleisens, welches unter den Sitz geschoben, mit einer Kette durch die zwei Handgriffe an das Gestell des Wagens geschlungen und mit einem Vorhängeschloß gesichert wurde. Der Wagen wurde durch ein Pferd, das an eine Seitendeichsel gespannt war, gezogen, welches von einem Postbuben am Leitseil von dem schmalen Sitzchen aus gelenkt werden konnte.

Im Jahre 1767 fand man die Postlandkutsche schon um vieles verbessert. Besonders zeichnete sich in der damaligen Zeit die Pariser Diligence aus, die alle zwei Tage um vier Uhr morgens nach Lyon abfuhr. Diese enthielt Platz für acht Personen, der Kasten hing auf vier liegenden Stahlfedern, welcher im übrigen bereits von der damaligen Form der Berline war.

In Frankreich kannte man bis in die Hälfte des

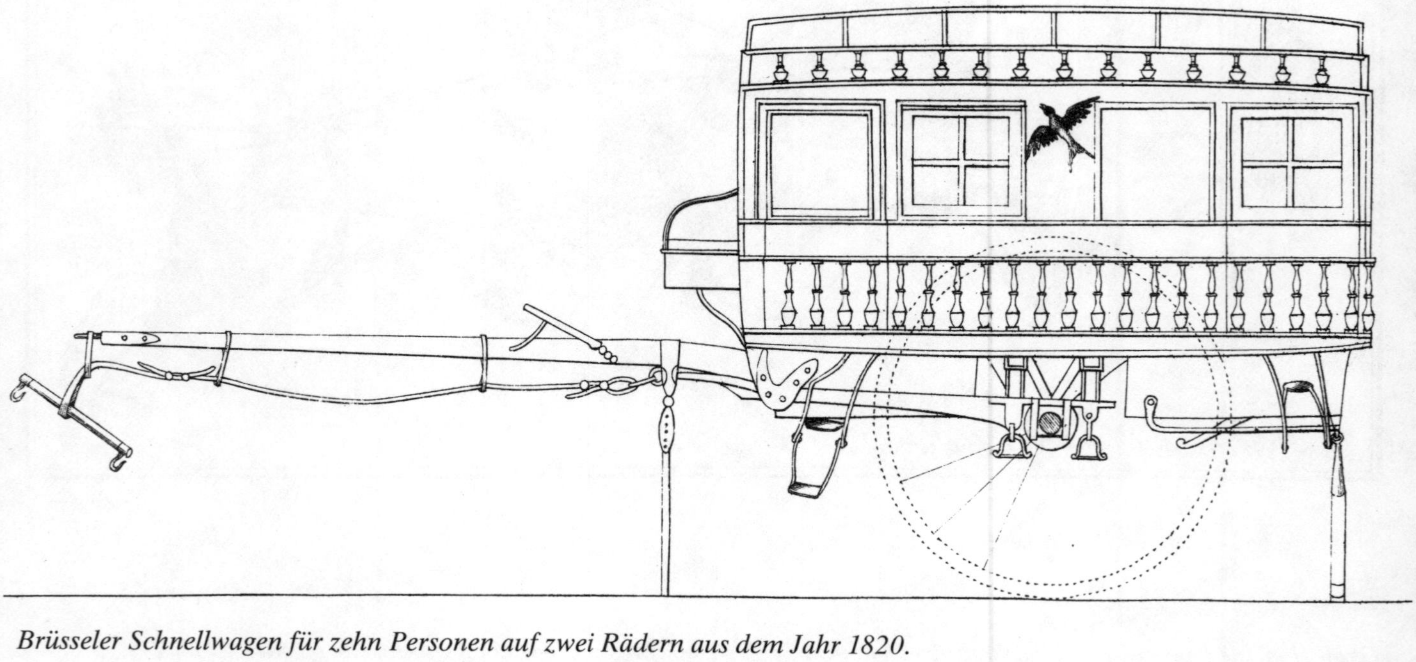

Brüsseler Schnellwagen für zehn Personen auf zwei Rädern aus dem Jahr 1820.

Englische Eilwagen aus dem Jahr 1820 für 18 bis 25 Personen.

18. Jahrhunderts keine anderen Post- und öffentlichen Mietwagen, womit man über Land reisen konnte, als die Landkutschen, Botenwagen und die Leiterwagen der Landwirte, welche dergleichen Fuhrwerke hielten. Es mußte also für die Bürger eine sehr angenehme Empfindung gewesen sein, als eine Verordnung eine große Veränderung und Umorganisation mit den öffentlichen Wagen ankündigte. Und tatsächlich wurde dies mit großem Erfolg durchgeführt. Der Bau der Eilwagen hat sich unter den königlichen Verwaltungen von Tag zu Tag verbessert. Die Fahrwerke bekamen eine andere Einrichtung; sie wurden leichter und kürzer und dennoch dauerhafter gebaut, um eine weit beträchtlichere Last aufladen zu können. Die ersten Eilwagen, welche die alten, ungeheuren Landkutschen verdrängten, waren, obgleich keiner neuen Erfindung, doch dem Auge gefälliger. Anfänglich nahm man nur starke Privatkutschen oder große Stadtberlinen, in deren Kasten man ungehindert sechs Personen setzen konnte, und ließ an die äußere Vorderwand ein Cabriolet für zwei oder drei Personen anfügen. Auf das hintere Gestell ließ man eine Brücke errichten, so groß, wie es der Raum gestattete, und befestigte darauf einen mit einem eisernen Reif umgebenen Packkorb von Weidengeflecht, worin die Koffer und die Mantelsäcke der Reisenden geladen werden

Französischer Eilwagen, welcher in der Umgebung von Paris im Jahr 1815 Verwendung fand.

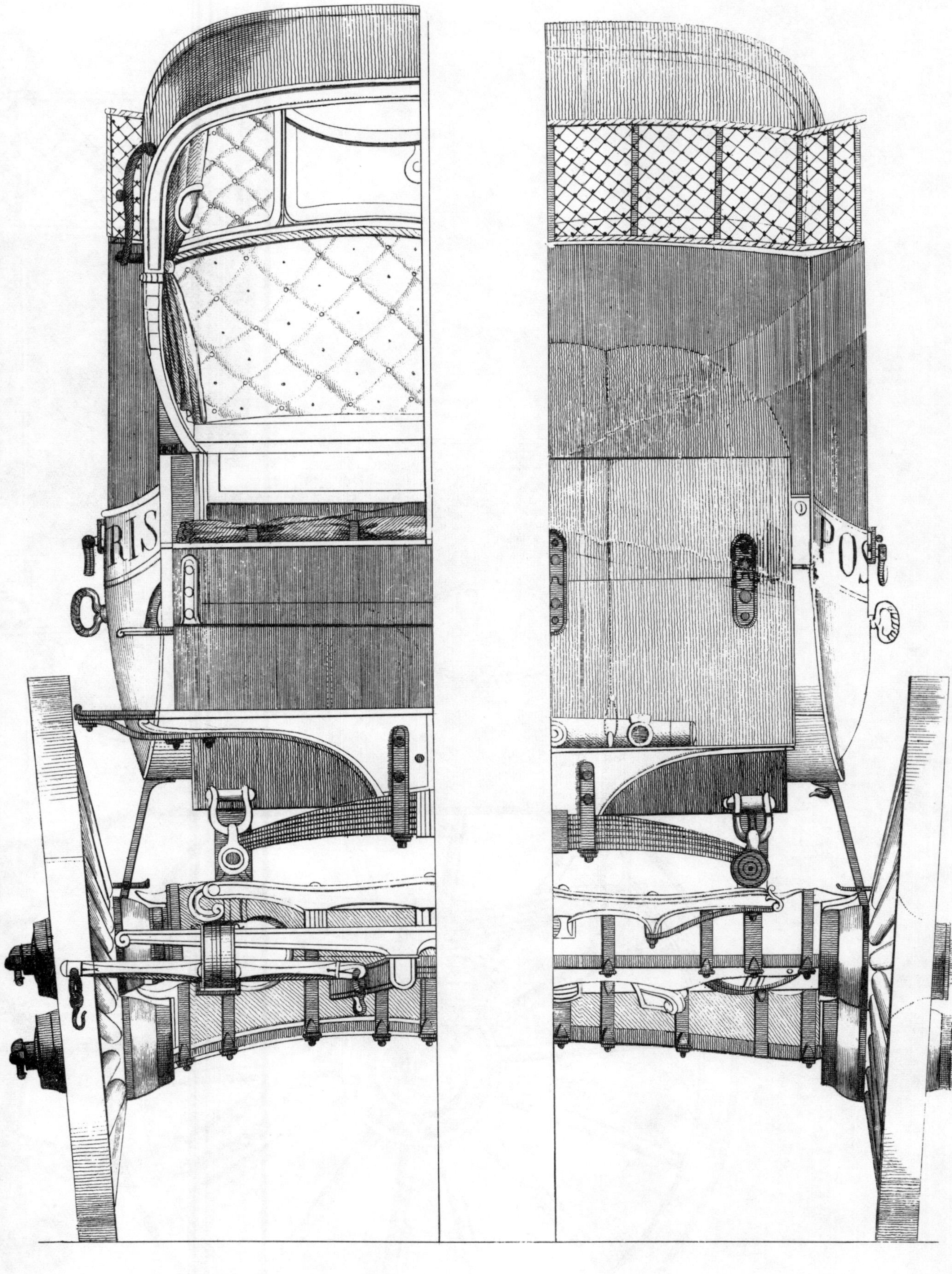

Vorder- und Hinteransicht der französischen Land- beziehungsweise Postkutsche aus dem Jahr 1820.

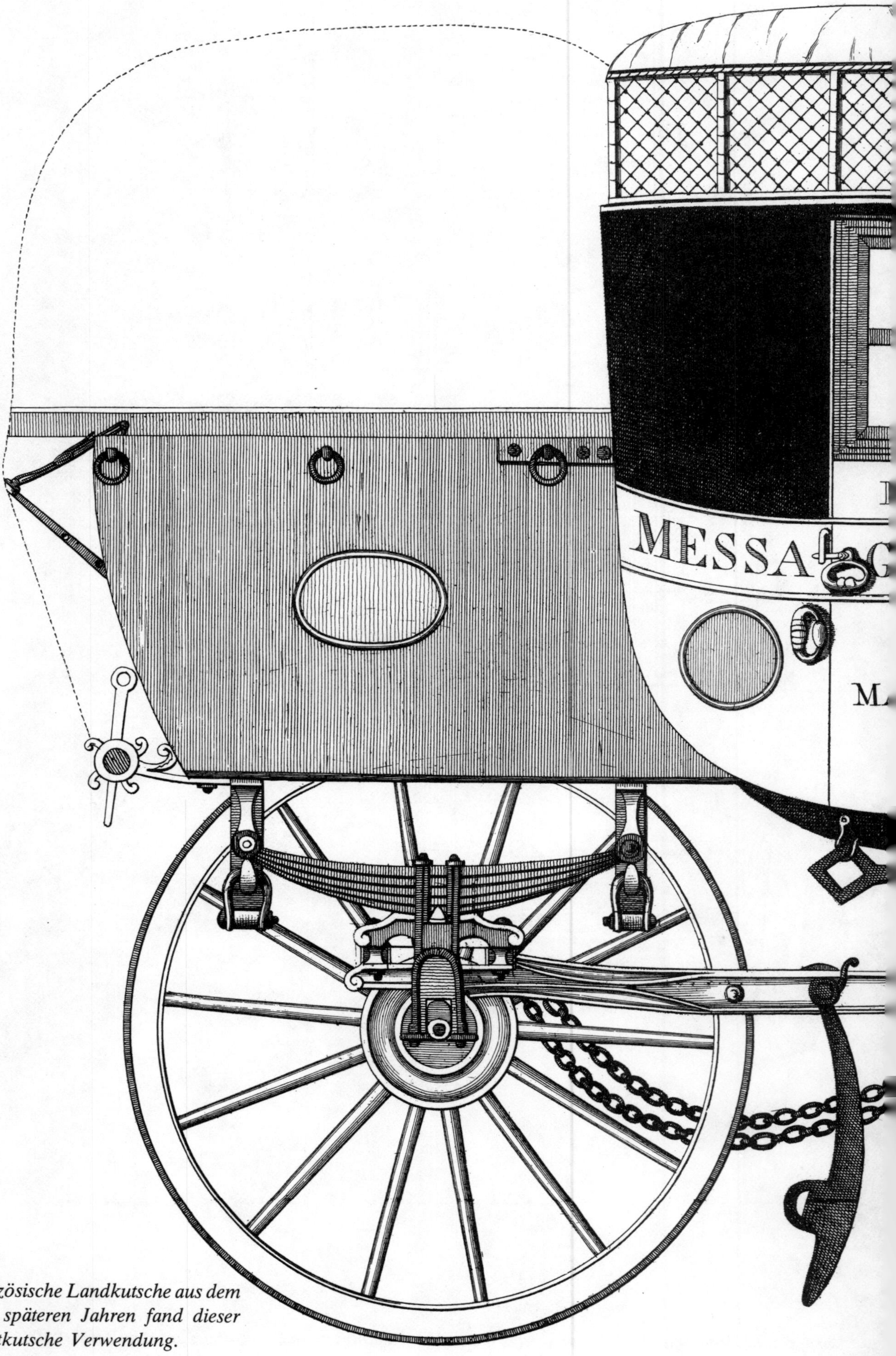

Königlich-französische Landkutsche aus dem Jahr 1820; in späteren Jahren fand dieser Wagen als Postkutsche Verwendung.

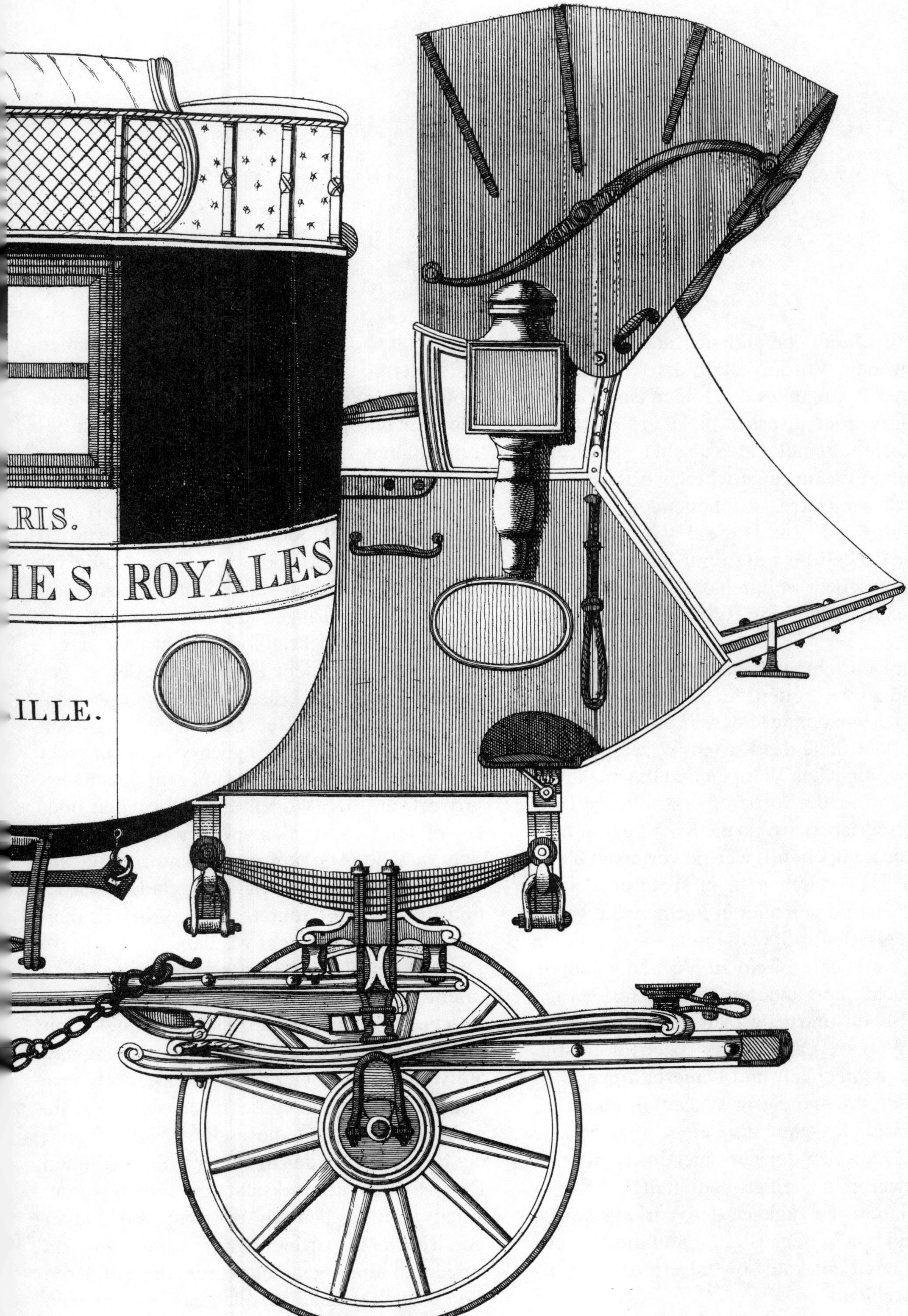
RIS.
IES ROYALES
ILLE.

konnten. Ebenso befand sich auch ein Packkorb auf dem Vordergestell, der so groß war, wie es der Raum unter den Füßen des Conducteurs am Vordersitz erlaubte. Überdies war auf dem Kastenhimmel ein Verschlag oder eine sogenannte Vache aufgerichtet, worin gewöhnlich die am meisten zu schonenden Päckchen aufbewahrt wurden. Diese Vache sowie die übrigen Packkörbe waren mit ledernen Packdecken versehen, wodurch das Gepäck und die Waren hinlänglich vor Regen geschützt blieben.

Auch in Deutschland begannen sich die Eilwagen bald zu verbreiten. Ihre Gestalt war nicht wesentlich von denen anderer Länder verschieden: An der Seite des Kastens waren gewöhnlich die königlichen Wappen und Patente angebracht, und auf der vorderen und hinteren Tafel stand geschrieben, wohin die Kutsche fuhr oder woher sie kam, ebenso wer sie verfertigt hatte. Diese Eilwagen sah man in späterer Zeit zu Hunderten und von allerlei Formen. Sie gaben ein weites Feld für Spekulanten, die mit diesen Wagen ein leichtes Geld zu machen glaubten. Einer suchte den anderen zu übertreffen, und die Kutschen und Eilwagen gewannen durch diesen Wettstreit an schöner Bauart, Leichtigkeit, Bequemlichkeit und Dauerhaftigkeit.

Sowohl die Menge dieser Wagen als auch ihre Formenvielfalt schuf für eine unglaubliche Menge Menschen der verschiedensten Künste und Gewerbe in allen großen Städten Arbeitsplätze, indem sie zugleich den Verkehr belebten, den Handel begünstigten und die Versendungen der Fabrikate sowohl ermöglichte als auch beschleunigte.

In Frankreich haben die großen Eilwagen von ihrem alten Ursprung her noch den Namen Messagerie beibehalten, welches eigentlich Botenwagen heißt, und welche nur Boten, Metzger und Landwirte für diesen Dienst bereitgehalten hatten. Die Gestelle waren von besonders ausgewähltem Holz verfertigt, die Tafeln waren alle inwendig mit Sorgfalt ausgeädert, geleimt oder behäutet, und wurden dann, wenn sie getrocknet waren, sorgfältig mit Ölfarbe überstrichen, damit keine Feuchtigkeit in das Holz eindringen konnte.

Auch hat man in Frankreich Beiwagen eingeführt, die sehr leicht liefen und eiserne, gedrehte Achsen und messingene Büchsen hatten. Die Spur der Beiwagen wie der großen Eilkutschen war ursprünglich vier Schuh acht Zoll breit, später wurde sie auf fünf Schuh vergrößert, um den Wagen auf halbrunden oder gewölbten Landstraßen vor dem Umwerfen zu sichern. Dies war umso notwendiger, da auf diese Fahrzeuge oft hoch aufgeladen wurde, und die Wagen dadurch allzu leicht aus dem Gleichgewicht gebracht wurden.

Die Moden in Paris sowohl an Privat- als an öffentlichen Wagen blieben nie auf einem festen Punkt stehen, sondern sie änderten sich mit fast jedem Jahr. Sowohl die Verbesserung und Vervollkommnung der Bauart als auch ihre zierliche Verfertigung schritten stetig voran, wobei meistens auf die äußerste Leichtigkeit des Baues, verbunden mit einer wohlüberlegten Dauerhaftigkeit, Rücksicht genommen wurde. Auch wurden jährlich die früheren Fiaker durch die neuen Erfindungen verdrängt, wovon eine »Omnibus« genannt wurde, dieser folgten die »Dames blanches«, welchen wiederum bald eine dritte Art von zwölfsitzigen Stadtwagen

Königliche Landkutsche beziehungsweise Postwagen für vierzehn Personen und den Transport von Waren.

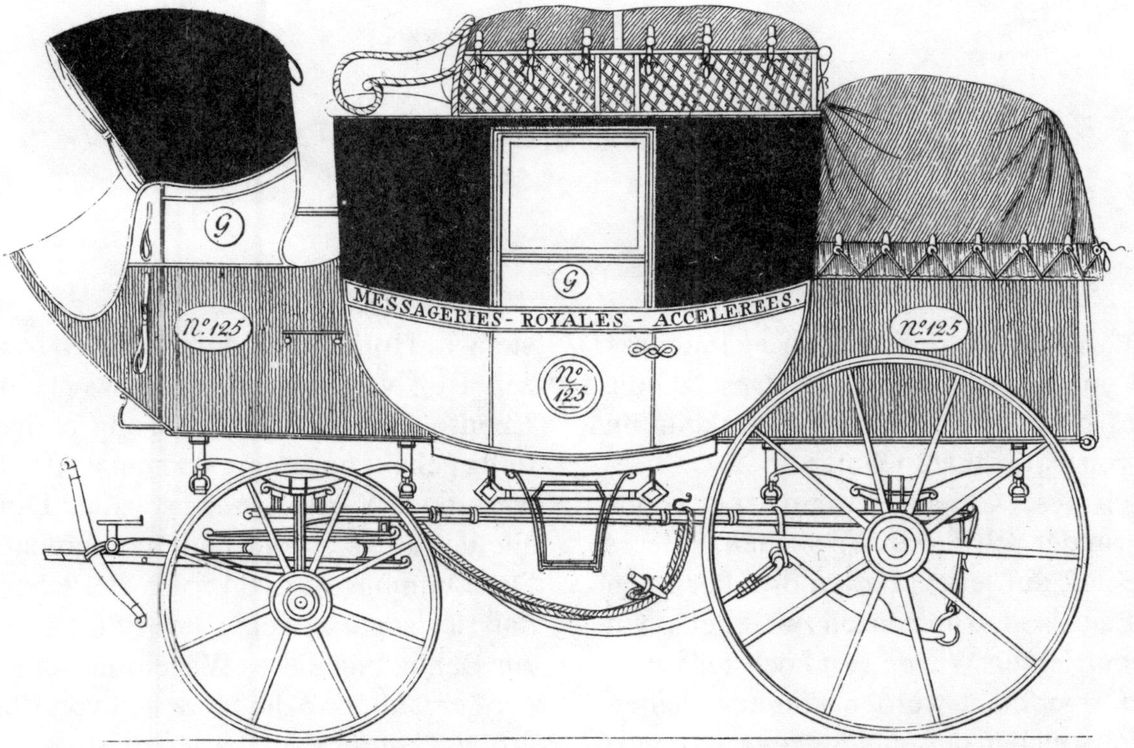

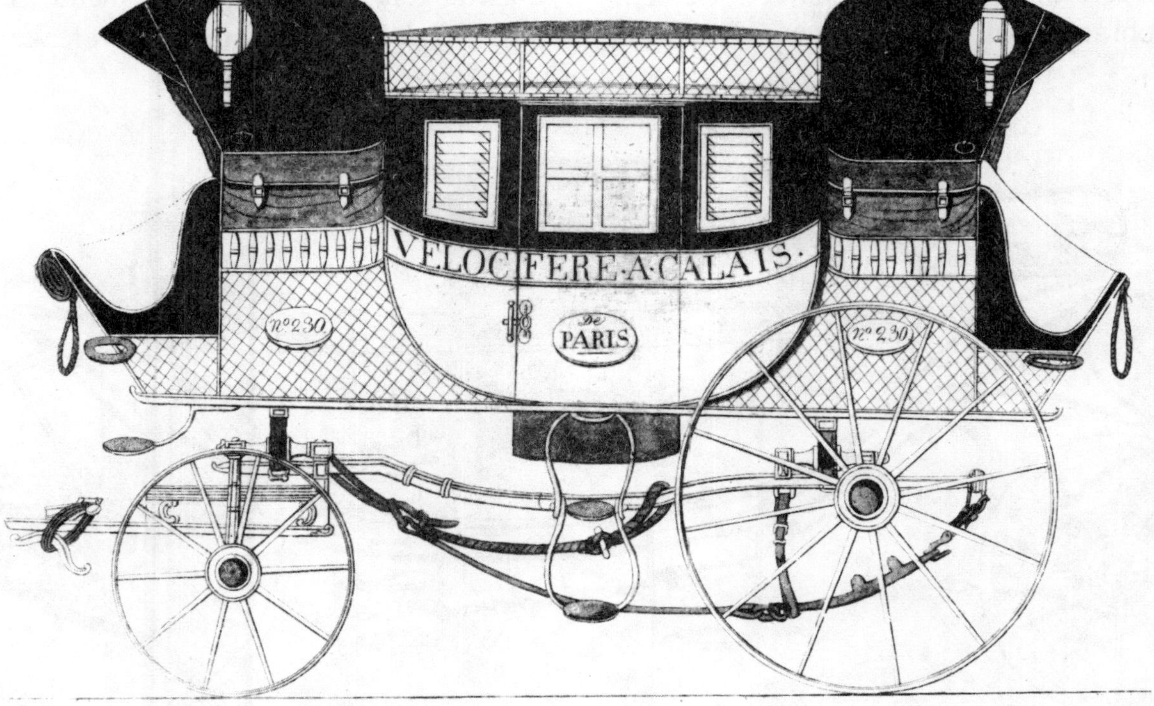

Velocifère; neuerer Eilwagen für zwölf Personen aus dem Jahr 1820.

beigefügt wurde, die den Namen »Citadines« führte. Von diesen waren 24 festgesetzt, die bloß dazu bestimmt waren, den Verkehr im Inneren von Paris aufzunehmen.
Der Kasten dieser Citadines war in der gewöhnlichen Form der Schweizer Wägelchen. Er wies vier Sitze auf, auf jedem hatten drei Personen bequem Platz, sodaß im ganzen zwölf Personen auf diesem leichten Wagen von höchstens zwei Pferden fortgebracht werden konnten. Saßen weniger Personen in diesem Fahrzeug, so benötigte man sogar nur ein Pferd. Deswegen hatte man für diese Wagen sowohl Gabel als auch Lander für ein oder für zwei Pferde, die man je nach Bedarf anbringen konnte. Die leichte Beweglichkeit dieses Fahrzeugs wurde durch die zweckmäßige Höhe der Vorder- und Hinterräder, verbunden mit einem kurzem Gestell, hervorgebracht. Auch das Hängwerk des Kastens in Horizontalfedern auf vier freien Stützen trug viel zur großen Beweglichkeit bei. Ebenso konnte die Erzeugung einigermaßen billig gehalten werden, da man weder Riemenwerk noch Verdeck noch sonstige Dinge, welche den Preis erhöht hätten, anbrachte.
Der Omnibus war von solch zierlicher Bauart, daß sich sogar zuweilen hohe Standespersonen zur Benützung dieses Wagens entschlossen. So wird erzählt, daß die Herzogin von Berry einst große Lust gezeigt hatte, diese Kutschen in Paris zu versuchen. Der König wettete 200 Louisdors, daß sie es nie wagen würde, mit so vielen verschiedenen Leuten in einem Gefährt zu fahren. Die Herzogin verließ daher eines Morgens in aller Frühe mit einer Hofdame den Palast und stieg auf dem Boulevard in einen eben abgehenden Omnibus. Nachdem sie hin- und wieder zurückgefahren war, kehrte sie

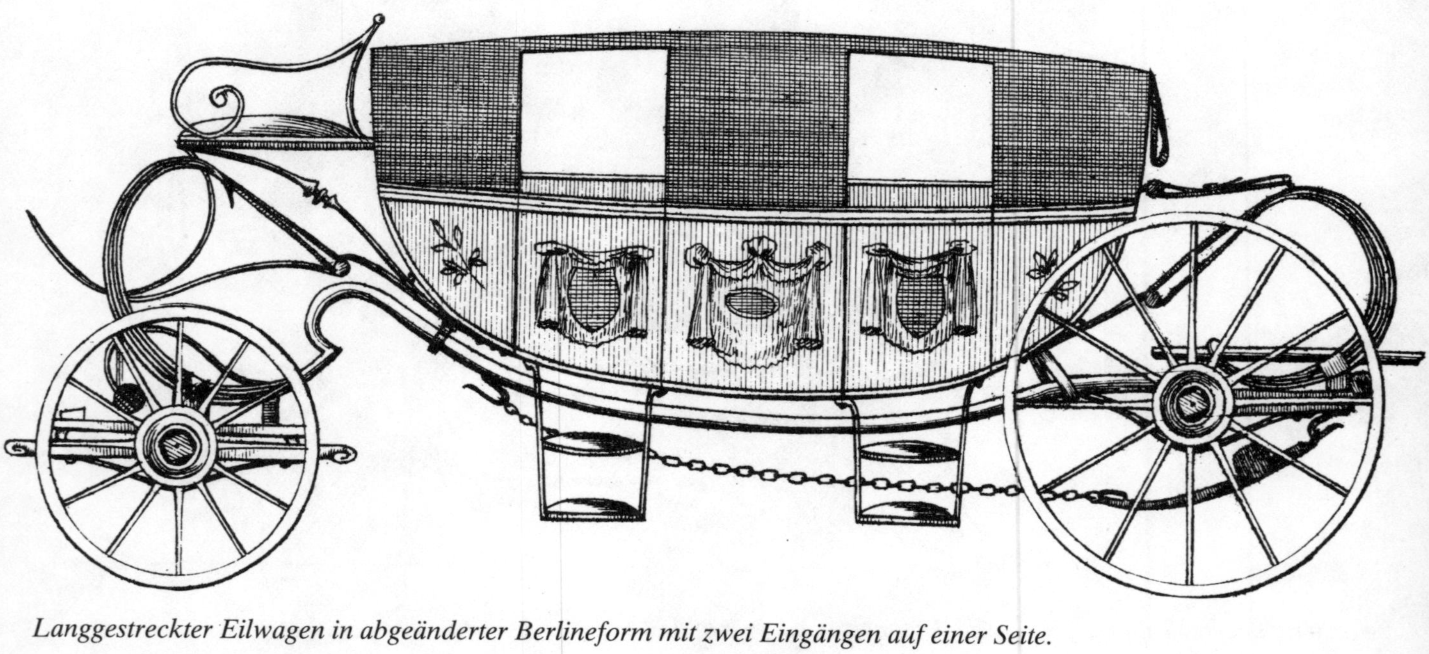

Langgestreckter Eilwagen in abgeänderter Berlineform mit zwei Eingängen auf einer Seite.

Neuerer Eilwagen mit langgestrecktem, viereckigem Kasten für 24 Personen.

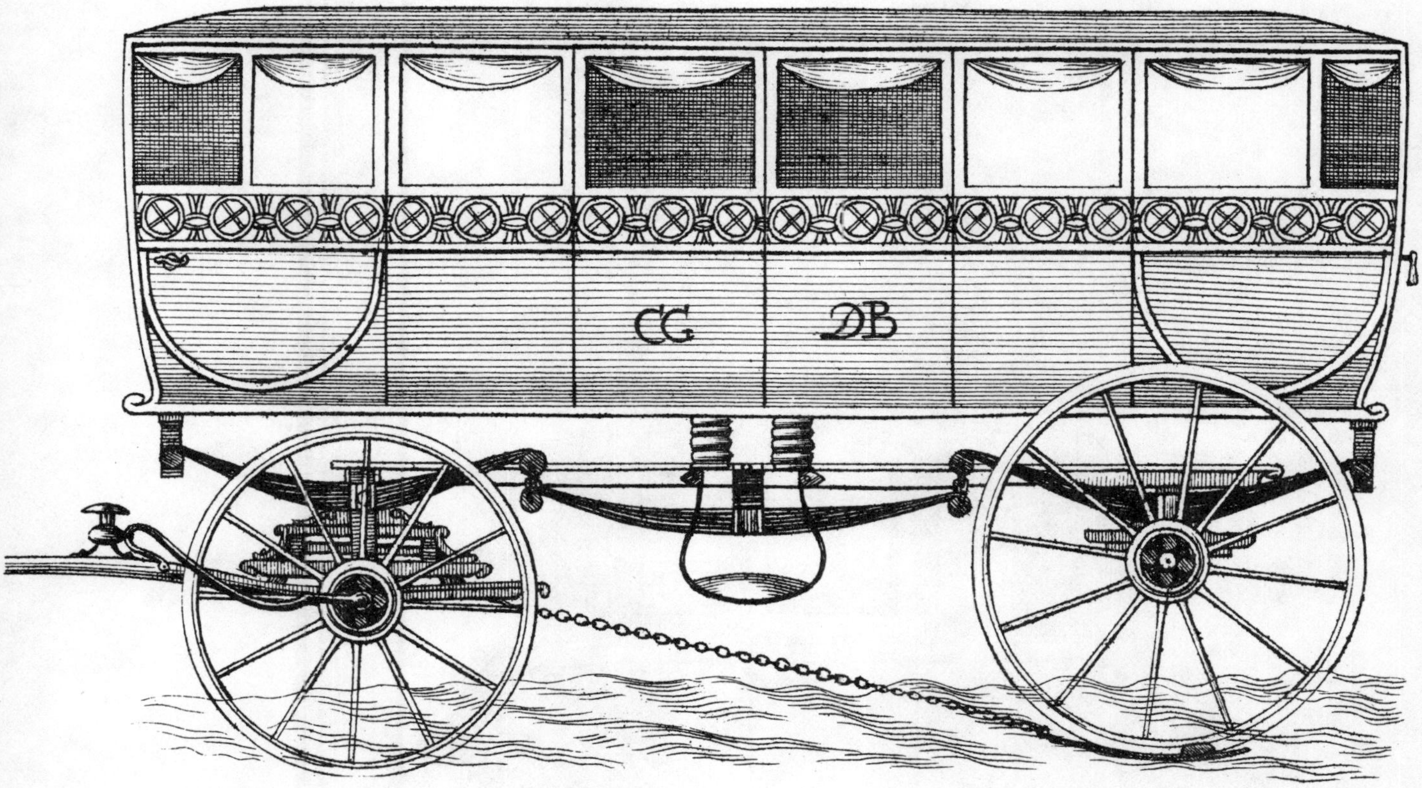

Kleinerer Eilwagen in Berlineform mit außen gelegenen Sitzen auf dem Vorder- und Hintergestell.

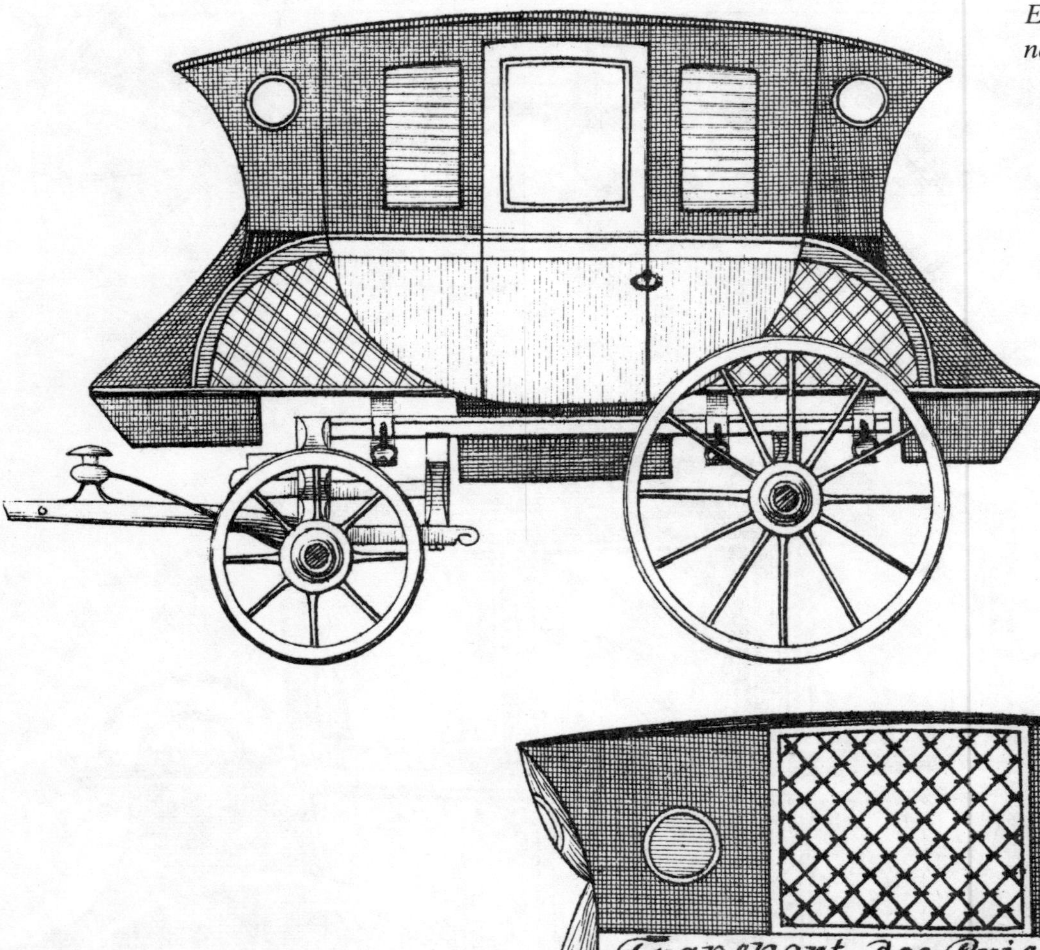

Eilwagen mit außen gelegenen, überdachten Sitzplätzen.

Französischer Gefangenentransportwagen auf zwei Rädern.

triumphierend wieder in den Palast zurück, forderte vom König die 200 Louisdors und schenkte sie den Armen.

In großen Städten fand man auch achträdrige Gesellschaftswagen für 36 Personen, welche hauptsächlich benützt wurden, um sich in heiterer Gesellschaft in die schönsten Umgegenden zu begeben. Die Personen saßen einander gegenüber auf gefütterten Bänken, die längs der Seite befestigt waren. Durch den ganzen Kasten lief ein schöner, blanker Tisch von hartem Holz in der Mitte der beiden Reihen hindurch, der dazu eingerichtet war, um den Passagieren das Spielen, Trinken und Essen zu ermöglichen. Am Rand des Tisches waren zu diesem Zweck Löcher in die Platte gebohrt, in welche man die Trinkgläser einsetzen konnte. Die Seitenfenster waren mit Gläsern oder grünen Vorhängen gegen Wind und Sonne geschützt, und auch sonst war für alle mögliche Bequemlichkeit gesorgt. Es konnte auch eine Gesellschaft von Musikanten in einem dazu bestimmten Verschlag aufgenommen werden, die während solch kleiner Reisen viel dazu beitrugen, die Versammlung noch mehr zu erheitern.

An den vier Ecken des Kastens wurden vier Laternen aufgesteckt, am vordersten Ende befand sich für den Kutscher ein einzelner Sitz, welcher an der Tür befestigt war und sich beim Öffnen mit dieser zur Seite neigte. Der Kasten wurde gewöhnlich mit schöner Farbe überzogen.

Eine weitere Form der Wagen, die für den Personentransport geeignet waren, stellten die sogenannten Zwillingsberlinen dar. Zwei Kutschenkasten nach Berline-Art wurden auf das Dauerhafteste miteinander verbunden, an den vorderen Teil brachte man überdies einen weiteren Coupékasten an, woran man überdies den Kutschersitz befestigte. Neben dem Conducteur auf seinem äußersten Sitz konnten noch zwei Personen sitzen. Diese Plätze wurden zumeist auch ausgenützt, da hier den Reisenden auch nicht verwehrt wurde, ein gutes Pfeifchen Tabak ungehindert zu rauchen. Wenn die Kutschenkasten nicht überladen wurden, so trug jede der Berlinen sechs Personen, der vordere Coupékasten bot Platz für drei Passagiere und auf dem Conducteursitzchen konnten nochmals drei Personen Platz nehmen. Insgesamt fuhren also 18 Personen mit diesem Wagen.

Eine außergewöhnliche Kutsche wurde von Kutschenmacher Lange erfunden: dieser Wagen bot Platz für 28 Personen, die in zwei Berline- und zehn Cabrioletkästen verteilt waren. Die Cabrioletkästen wurden sowohl auf dem Himmel des mittleren Kastens als an dessen Hinter- und Vorderteil befestigt. Das ganze Gefährt bewegte sich nur auf einem einzigen sieben französische Schuh hohem und 18 Zoll

Zweirädrige Postchaise; an der nach vorne zu öffnenden Tür war der Kutschersitz befestigt.

breitem Rad, wobei auf jeder Seite dieses Rades Behälter angebracht wurden, worin das Gepäck der Reisenden aufbewahrt wurde. Jeder Reisende hatte darin seinen besonderen Platz eingerichtet, an welchem er auch ungehindert während schnellen Fahrens schreiben konnte. Fünf Pferde von einem Postillion geleitet zogen diesen Wagen. An jedem Kastenende war eine eiserne Rolle befestigt, um das Umschlagen zu verhindern. Derselbe Kutschenfabrikant Lange erfand auch Karolinen und die Diligence. So enthielt ein Brief aus Paris vom 7. Juli 1829 folgendes:

»Da ich Sie als einen Liebhaber des Wagenbaus schätze, so beeile ich mich, Ihnen als einem der ersten, die neue Erfindung eines öffentlichen Wagens zu berichten, der hier wirklich unter der Benennung des ökonomischen Reisewagens verfertigt wird. Sein Bau ist ganz originell, hat Platz für sechzig Reisende und 2500 kg Gepäck und Waren. Das, was sie vor allen anderen auszeichnet, ist, daß sie keine Achsen in den Rädern haben, sondern mit einer Art Faggot'schen Rädern versehen sind. Der Reisende kann mit dem Fuhrwerk von Paris nach Lyon um 12 bis 18 Franken reisen. Es wird auch für die Bequemlichkeit der Passagiere gesorgt sein und ein Verschlag gehalten werden, um sie mit Speis und Trank versehen zu können. Im Winter wird der Kasten durch Heizrohre erwärmt.«

Seit der frühen Anzeige der Verfertigung dieser außerordentlich großen Landkutsche zu 60 Personen haben sich sogleich mehrere Freunde vereinigt, welche nach einem wohlüberlegten Plan die Aufbringung der nötigen Summen und

Neuerer englischer Eilwagen für 24 Personen und mit einer Kutscherbank für zwei weitere Reisende.

1

2

3

4

5

1 Große Patache mit außen befestigten Sitzen für insgesamt zehn Personen.

2 Patache mit einem Kasten für vier Personen.

3 Leichte Patache für vier Personen, die von nur einem Pferd gezogen wurde.

4 Erster Pariser Fiacre von Nicolaus Sauvage aus dem Jahr 1650.

5 Bedeckter Leiterkarren aus dem 16. Jahrhundert, deren sich französische Gutsbesitzer bedienten.

1 *Pariser Fiacre aus dem Jahr 1778.*

2 *Londoner Hackney aus dem Jahr 1783.*

3 *Wiener Fiaker aus dem Jahr 1786.*

1 *1. Berner Wägel von einem Pferd gezogen.*

2 *Pariser Fiacre.*

3 *Pariser Fiacre Cabriolet aus dem Jahr 1818.*

4 *Russischer Fiaker.*

1

2

3

4

de la Poste

Dame blanche; französische Kutsche für Personen- und Warentransporte im Dienst der Post.

Wiener Fiaker aus dem Jahr 1786.

Omnibus; königlich-französische Landkutsche für Personen- und Warentransporte.

Oben: Eilwagen aus dem Anfang des 19. Jahrhunderts. – Oben Mitte: Neuerer französischer Eilwagen. – Unten Mitte: Eilwagen in abgeänderter Berlineform aus England. – Unten: Französischer Eilwagen mit erweiterter Berline.

Fig. 1: Öffentlicher Kassawagen aus dem Paris des Jahres 1820. – Fig. 2: Transportwagen, speziell für die Fortbringung von Blutegeln konstruiert. – Fig. 3: Ehemaliger Armeerüstwagen, umgebaut für den Transport von Blutegeln. – Fig. 4: Transportwagen für Blutegel. – Fig. 5: Militärrüstwagen für den Verwundetentransport. – Fig. 6: Englischer Krankenwagen aus dem Jahr 1788. – Fig. 7: Wagen für Verwundete.

die Erzeugung und Lieferung in Angriff nahmen. Bereits nach wenigen Monaten konnten diese Fahrzeuge schon die Hauptstraßen von Frankreich befahren. Die Kutschenkästen enthielten in ihrer endgültigen Form Platz für 62 Personen und 2500 kg Waren und wurden doch nur von acht Pferden gezogen. In der Nacht sorgte man für schöne Beleuchtung und im Winter für Wärme. Die Reisenden konnten den Kopf auf eine kleine ausgespannte Hängematte legen, wo sie sich ruhiger als in jedem anderen Wagen dem Schlaf überlassen konnten. Da unterwegs nie angehalten wurde, trug der Conducteur dafür Sorge, die Passagiere mit Brot, Wein und frischem Fleisch zu versorgen.
Ähnliche Versuche von ungeheuren Transportfuhrwerken, sowohl um Menschen als auch Waren auf Landstraßen weiterzuschaffen, findet man auch in England. So war ein gewisser Snowdoen, Bürger von London, der Erfinder eines Fuhrwerkes, bei welchem sich die Pferde nicht vor dem Wagen, sondern innerhalb desselben befanden.
Der Bau dieses Riesenwagens bestand aus zwei Stockwerken, der untere Stock bestand aus einer Plattform mit einer Maschine, die von zwei Pferden in Bewegung gesetzt wurde. Durch Zahnräder brachte man schließlich die Achsen und Räder in Gang. Diese Plattform enthielt auch noch hinlänglich Raum zur Aufbewahrung des Futters und war auch noch für das Gepäck der Reisenden bestimmt. Eine leichte Stiege führte zum zweiten Stock, der die Gestalt eines Pavillons hatte, und in dem sich die Reisenden aufhielten.
Ferner verdient eine Erfindung erwähnt zu

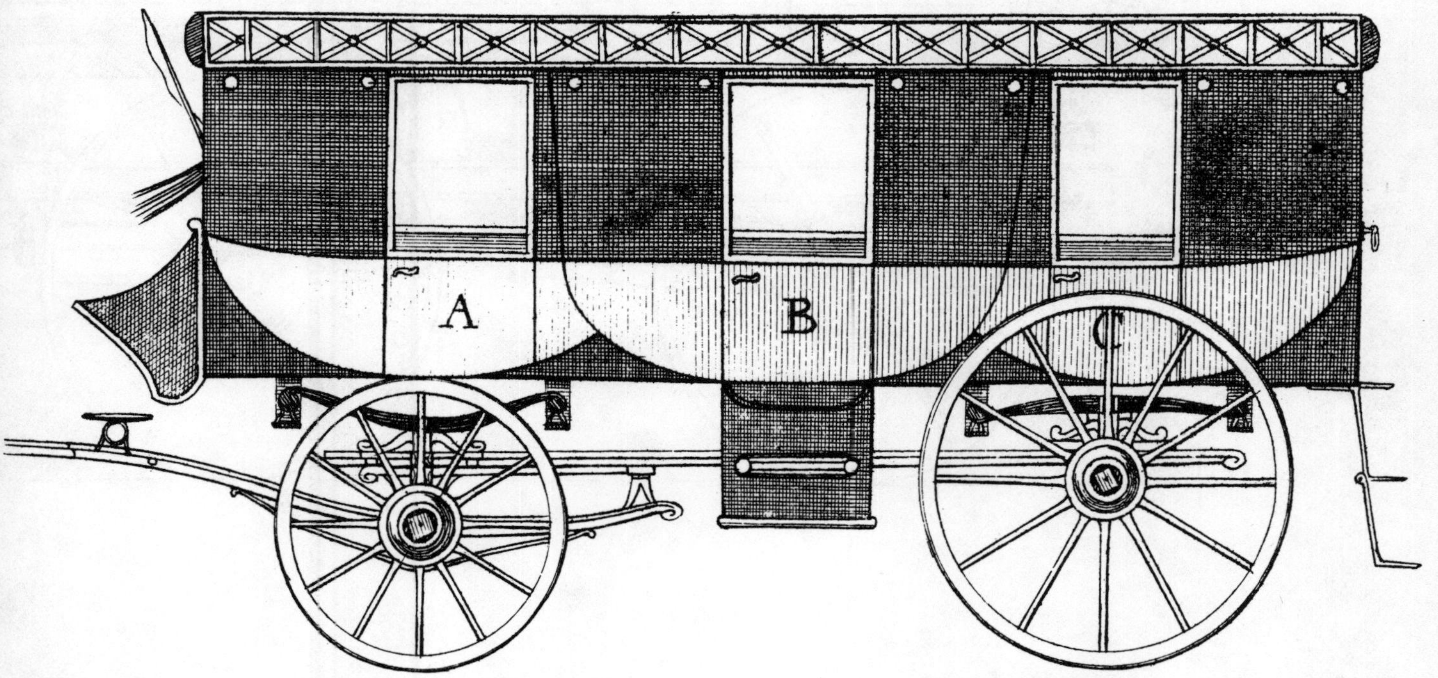

Eilwagen, bestehend aus drei Berlinekästen und Gepäckstauraum auf dem Dach.

Großer achträdriger Gesellschaftswagen für sechzehn Personen und Musikkapelle, welcher bei Unterhaltungsfahrten in die nähere Stadtumgebung Verwendung fand.

werden, wofür im Jahre 1825 einem Herrn Kräuterer, Waschzylinderfabrikant zu Wien, ein Patent auf ein Jahr erteilt wurde. Die Erfindung stellte eine Kombination zwischen Eisenbahn und einem Straßenfahrzeug dar.
Im übrigen fanden sich zu jener Zeit nicht nur in Europa, sondern auch in Amerika viele Erfinder, die sich in der Konstruktion von großen Reisewagen versuchten. So gab es auch in New York Wagen, die in zwei Stockwerken gebaut waren. Das Gepäck der Reisenden wurde in eigenen Packwagen befördert, welche nur ein Rad aufwiesen und an das übrige Fahrzeug angehängt wurden. Auch wurden in der Folgezeit vielerlei Techniken entwickelt, die den Verschluß der Türen durch Sprungfedern, der verbesserten Luft durch Luftanlagen und der Beheizung der Wagen dienten. Durch diese Verbesserungen vermehrte sich die Anzahl der Fuhrwerke jeder Art in allen Ländern bis zu einem Grad, welchen man früher für unerreichbar gehalten hatte. In Wien zählte man über 4500 Herrschaftskutschen, 300 Mietkutschen und 650 registrierte Fiaker. In Paris waren es mehr als 15.000 Herrschaftskutschen, die im Jahre 1825 von der Krönung König Karls I. aus Reims zurückkamen, die Fiaker beliefen sich auf ungefähr 2000, wobei die Mietkutschen, Eil-, Schnell- und Postwagen und all die Menge von kleineren Wägelchen der Privaten nicht miteingerechnet waren.
Neben der Erfindung und Entwicklung von Wagen, die dem Personen- und Warentransport dienten, gab es eine Reihe von zweckbe-

Citadine; Wagen für den innerstädtischen Verkehr von Paris.

stimmten Fahrzeugen. Diese waren in ihrer Art und Ausführung oft sehr originell und praktisch gestaltet.
So fand man chinesische fahrende Küchen, wie sie in Paris 1829 eingeführt wurden. Erfunden von einem Herrn namens Appert, der sich schon durch mehrere gemeinnützige Erfindungen ausgezeichnet hatte, war dieser Kochwagen sehr bequem und dauerhaft eingerichtet und von zwei Pferden leicht zu ziehen. Im Inneren wurde Pariser Fleischbrühe zubereitet und ausgeteilt. Die Lebensmittel wurden den ganzen Tag über warm gehalten und waren jeden Augenblick bereit, verkauft zu werden. Jede solcher Kutschen war imstande, an einem Tag über 2000 Portionen festgesetzter Speisen an Suppe wie auch Gemüse und Rindfleisch auszuteilen.
Eine andere, nicht minder eigentümliche Erfindung war die »Proklamationsmaschine«. Diese stand in London in Gebrauch und hatte zur Aufgabe, alle Notizen, gesetzliche Ankündigungen und öffentliche Bekanntmachungen zu publizieren. Der Kasten dieses Wagens stellte eine achteckige Laterne dar, woran die Informationen angeschlagen werden konnten.
Bedeutende Erfindungen gab es aber auch beim Heereswesen. So verwendete man in Rußland einen Feldschmiedewagen, welcher in die Feldzüge mitgeführt wurde. Dieser bestand aus einer Feuerstelle, die sich im Inneren des Kastens befand, verschlossen werden konnte, und überdies durch einen, unter dem Kasten befestigten Blasbalg mit Luft versorgt wurde. Vorne war ein Sitz für zwei Schmiede angebracht, hinter dem Kasten befand sich ein Kohlemagazin.

All die verschiedenen Erfindungen und neueren Wagen fanden nicht zuletzt ihre besondere Förderung darin, daß die Herstellung des Fahrzeuges sich immer mehr in die Fabriken verlegte, und weitreichender Handel mit ihnen getrieben wurde.

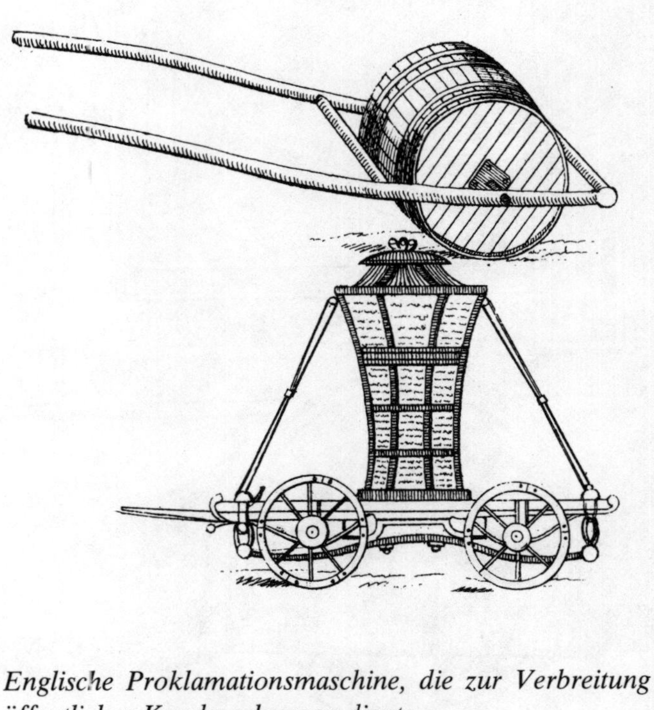

Englische Proklamationsmaschine, die zur Verbreitung öffentlicher Kundmachungen diente.

V.

Von den Triumph- und Prunkwagen sowie den Prachtrüstungen der Fürsten

Inhalt

Der Triumphwagen 217

Die Prunk- und Staatskarosse neuerer Bauart 223

Die Prachtrüstungen der Fürsten 249

Der Triumphwagen

Waren die Römer für den Kutschen- und Wagenbau im allgemeinen von großer Bedeutung, so gilt dies jedenfalls in besonderem Maß für die Gestaltung der Triumphwagen. Daher griff man auch immer wieder auf sie zurück, verherrlichte sie sogar über das Mittelalter hinaus, ließ ihre Götter in Prunkwagen fahren und baute sich selbst hernach solcherlei Fuhrwerke.

Am 13. Februar 1747 feierte man in Paris ein großes Volksfest anläßlich der Vermählung des Dauphins mit Maria Josepha, Prinzessin von Sachsen. Im Rahmen dieser Feierlichkeit ließ man die römischen Götter auf prachtvollen Wagen in einem Zug vorüberfahren; unter ihnen der Wagen des Mars mit acht Pferden bespannt, ebenso der Wagen des Hymen, der Wagen der Göttin Ceres, der Göttin der Früchte, und der Wagen des Gottes Bacchus. Daran reihte man den Wagen der Stadt Paris, welcher ein großes Kriegsschiff darstellte und ebenfalls auf vier verborgenen Rädern von acht Pferden gezogen wurde. Die Geschirre all dieser Züge waren sehr geschmackvoll, und jedes vom anderen verschieden. Gelenkt wurden die Fuhrwerke von einem Kutscher mit Leitseilen vom Sitz aus, die zwei Vorderpferde führte ein Vorreiter an. Zur Veranschaulichung dieses prachtvollen Schauspiels sei auf die folgenden Farbseiten verwiesen.

Krönungswagen Kaiser Maximilians I.; »Goldene Kutsche« aus dem Jahr 1493.

Von ähnlicher Bauart, wenn auch nicht so sehr ausgefallen gestaltet, waren die Triumphwagen der weltlichen Herrscher dieser Zeit:

Der Krönungswagen Kaiser Karls V., worin sich dieser während der Krönungsfeierlichkeiten zu Aachen am 22. Oktober 1520 in großem Kaiserornat dem Volk zeigte, war von rotem Samt, mit goldenen Fransen und reichen Stikkereien besetzt. Über dem Sitz des Kaisers erhob sich auf zwei marmorierten Säulen der ebenfalls rote, samtene Baldachin. Die vier Räder liefen in Scheiben, worauf die kaiserlichen Adler auf Goldstoff mit schwarzer Seide gestickt waren, welche das Herzschild von Gold hatten. Alles übrige, was sich vom Holzwerk des Gestells sehen ließ, war mit glänzend roter Farbe angestrichen und reich übergoldet.

Dergleichen Pracht- und Triumphwagen nannte man in Rom Stuffa und in England Pageant.

Von ganz antiker Gestalt war auch der Krönungswagen Kaiser Maximilians I. Auch der Triumphwagen des Herzogs von Lothringen und des Prinzen von Pfalzburg aus dem Jahre 1627 waren noch ähnlicher Gestalt.

Im selben Stil war auch der Triumphwagen des Erzherzogs Ferdinand von Österreich gebaut, worin dieser im Jahr 1568 mit seinem Montena-

Triumphwagen des Erzherzogs Ferdinand von Österreich, gefahren bei dem Turnier in München im Jahr 1568.

Krönungswagen Kaiser Karls V. zu Aachen aus dem Jahr 1520.

tor Julius de Riva bei dem Turnier in München erschien. Der Kasten war inwendig mit rotem Samt, goldenen Fransen und Quasten sowie reicher Stickerei von Gold, Silber und farbig untermischter Seide geschmückt. Das Gestell war rot lackiert und die Laubwerke von Malern reich vergoldet. Über dem Erzherzog und dem Montenator saßen fünf Göttinnen auf erhabenen Sitzen in zierlichen Bögen von ausgeschnittenem Laubwerk. Sie waren zierlich in antiker Tracht gekleidet und hielten verschiedene Musikinstrumente in Händen. Die Montenatoren waren, wie auch alle übrigen, die dem Zuge folgten, in lange carmoisinrote Röcke gekleidet, die mit weißem Hermelinfutter unterzogen waren, hatten viereckige rote Baretts auf dem Kopf und Masken mit langem Haar und Bärten vor dem Gesicht. Vor ihnen her ritten vier Knappen auf weißen spanischen Pferden in langen roten Scharlachröcken, mit langen fliegenden Haaren, grauen Bärten und venezianischen roten Hütchen. Sie waren beauftragt, die Rennspieße voranzutragen. Der Triumphwagen selbst wurde von vier schönen schneeweißen Hengsten gezogen, welche mit römischem Gezeug von rotem Samt und feinen seidenen Schnüren, jedoch ohne Leitseil versehen waren. Sie wurden auf jeder Seite von zwei Nymphen, die mit carmoisinroten Röcken und Hütchen bekleidet waren, mit der Hand geführt.

Doch gab es auch Triumphwagen von ganz

anderer Bauart, wie z.B. jener, welcher anläßlich der Vermählungsfeierlichkeiten des Herzogs Wilhelm von Bayern mit Renata, Herzogin von Lothringen, im Jahre 1568 gebaut wurde. Die Gestalt des Wagens leitete sich von der damals üblichen Art von Frauenwagen her, welche, ehe der Gläserwagen und die sogenannten schwebenden Kutschen sie verdrängten, sehr verbreitet waren.

Triumphwagen des Prinzen von Pfalzburg, gefahren bei dem Fest in Nancy im Jahr 1627.

Brautwagen, den Herzog Wilhelm von Bayern seiner Braut Renata von Lothringen im Jahr 1568 verehrte.

Kurfürstlich-bayerischer Damenwagen aus dem Jahr 1685.

Die innerstädtische Holzbahn von Pferden gezogen.

Prunk- und Staatskarossen neuerer Bauart

Waren die Triumphwagen in ihrer Form und Bauart dem antiken Vorbild entsprechend, so wurden hingegen die Staatskarossen den jeweils neuesten technischen Errungenschaften angeglichen. Auch entsprachen sie dem allgemeinen Zeitgeschmack, wenngleich sie sich natürlich in der Kostbarkeit der Ausführung deutlich von allen anderen abhoben.

Unter den Wagen dieser Art erhielt derjenige eine traurige Berühmtheit, auf welchem König Heinrich IV. seine letzte Fahrt machte. Diese Kutsche war zwar kaum besser als die allgemein üblichen, doch zeichnete sie sich durch einige Vergoldungen aus.

Der Kasten hing in vier starken Riemen von vierfachem Leder, was aber nicht verhindern konnte, daß die darin Sitzenden bei der Fahrt noch immer stark durchgerüttelt wurden.

Das tragische Ereignis, so geht aus Berichten hervor, soll sich in etwa auf folgende Weise zugetragen haben: Heinrich las eben einen Brief des Grafen von Soissons, begleitet vom Herzog von Epernon und der Marschälle von Lavardine und Roquelaure. An der Seite des Königs befanden sich noch der Herzog von Montbarzon und der Marquis von Laforce, auf dem Vordersitz des Kastens saßen der Marquis von Mirebeau und von Duplessis-Liancourt. Es war am Freitag, dem 14. März 1610, als der König in Angelegenheiten der Vorbereitung zum Einzug der Königin unterwegs war. Er ließ die Rollmäntel hinaufziehen, da sehr schönes Wetter war, und um freier umherblicken zu können. Diesen Augenblick benützte der Mörder des Königs, Ravaillac. Er folgte dem Wagen vom Louvre an bis in die Rue de la Ferronnerie, wo zwei Karren den Weg versperrten und dadurch den Wagen des Königs zwangen, anzuhalten. Jetzt sprang Ravaillac auf eine Speiche des hinteren Rades und versetzte dem König zwei Dolchstiche, welche sofort tödlich waren.

Nach diesem unglücklichen Vorfall fing man allgemein an, die Seitenöffnungen an den Kutschenkasten statt mit Vorhängen von Seidenstoffen mit starken, venezianischen Glasscheiben in Rahmen sowohl zum Schutz als zur Zierde zu versehen.
Der Wagen, dessen sich die Könige von England die folgenden Jahrhunderte bedienten, wurde bereits 1685 unter Jakob II. gebaut.
Der Kasten des Wagens war ringsum mit Malereien versehen, welche die Britannia, auf dem Throne sitzend und den Freiheitsstab haltend, darstellte, umgeben von der Religion, Gerechtigkeit, Weisheit, Tapferkeit, Stärke, dem Handel, dem Überfluß und dem Sieg, die ihr alle einen Lorbeerkranz darreichen; weiters eine Ansicht der Sankt-Pauls-Kirche und der Themse, den Gewerbefleiß und die Geschicklichkeit, die dem Genius von England ein Füllhorn reichen; schließlich einige römische Götter und Göttinnen, Sinnbilder des Friedens, der Geschichte, der Künste und der Wissenschaften; letztlich die königlichen Wappen, mit dem Sankt-Georgs-Orden und dem Goldenen Vlies, mit der Rose und der Distel verziert.
Der ganze Wagen, sowohl der Kasten als das Gestell, war auf das reichste mit Lorbeerzweigen und Bildhauerei geschmückt und glanzvergoldet. Das Gestell dieses Prachtwagens bestand aus vier großen Tritonen, welche den Kasten schwebend in vier Riemen trugen. Die zwei vorderen Figuren schienen überdies den Sitz des Kutschers mit einer Hand zu halten, in der anderen Hand befanden sich Meermuscheln, womit sie die Ankunft des Herrn der Meere verkünden sollten. Die zwei Tritonen auf dem Hintergestell trugen die Fasces des Reichs und den Dreizack des Neptun. Das

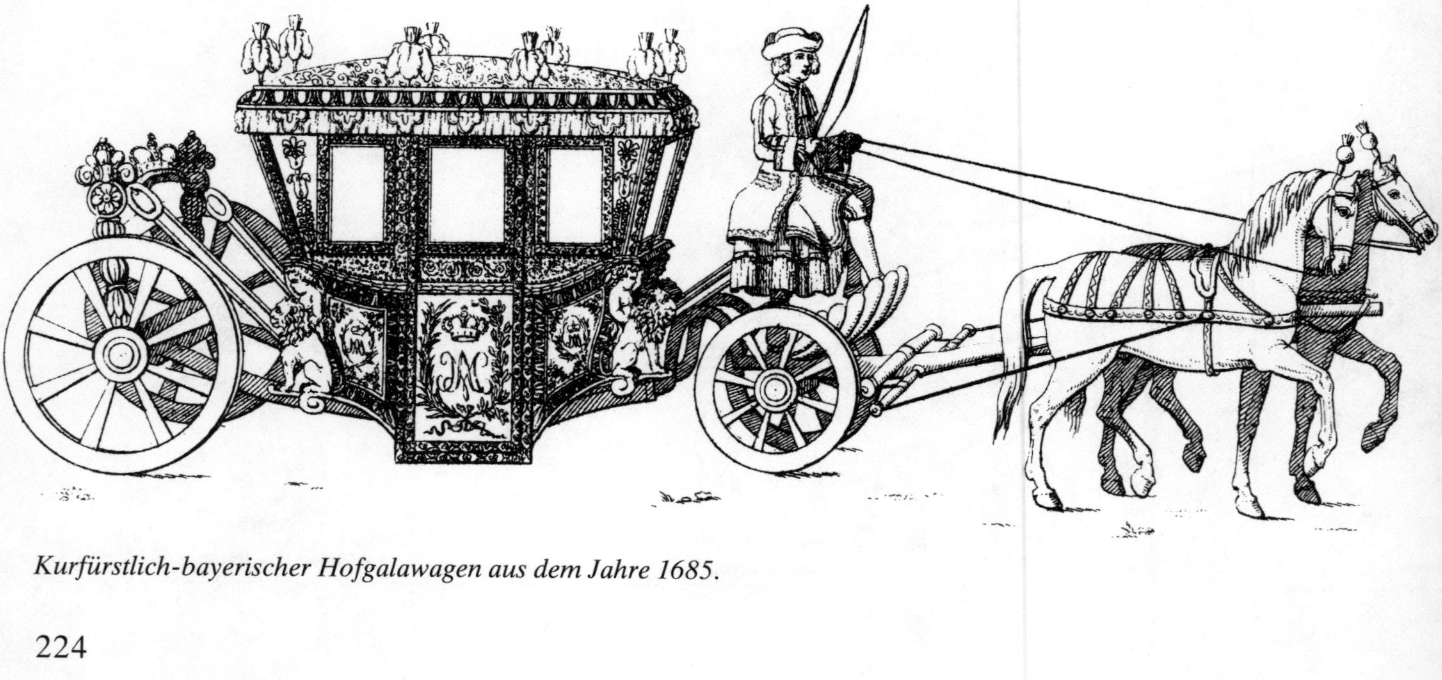

Kurfürstlich-bayerischer Hofgalawagen aus dem Jahre 1685.

Fußbrett des Kutschers stellte eine große Meermuschel dar, die auf Seepflanzen ruhte.

Im Jahre 1687 wurde der Graf von Castelmaine als außerordentlicher Gesandter des Königs von England, Jakob II., zum Papst Innozenz XI. geschickt. Bei dieser Gelegenheit hielt er in Rom einen feierlichen Einzug, der an Glanz und Pracht alle vorigen übertraf. Besonders zeichneten sich hierbei die vier Hauptkarossen des königlichen Botschafters aus, welche in Rom von den besten Künstlern und Bildhauern extra für diesen Anlaß verfertigt wurden. Sie sind einzig in ihrer Art und als merkwürdige Denkmäler des Geschmacks und der Kunst jenes Zeitalters zu betrachten. Die vier Prachtwagen hoben sich durch ihren besonders großen und majestätischen Bau hervor, wie durch die edlen Bildhauerwerke. Die an dem Wagen befindlichen Figuren waren beinahe in Lebensgröße, und alles war mit dickem Glanzgold überdeckt, sodaß man glauben konnte, alles sei von gediegenem Golde. Die einzelnen Karossen unterschieden sich voneinander im wesentlichen nur in der Farbe der Samtüberzüge. Zu bemerken ist, daß keine von all den Kutschen kristallgläserne Scheiben hatte, obwohl diese seit mehreren Jahren eingeführt waren, sondern der Kasten konnte ringsum mit Vorhängen von dichtem, carmoisinrotem, mit Gold durchwirktem Seidenstoff verschlossen werden.

Der Krönungswagen Kaiser Karls VI. war von ganz besonderer Bauart, ohne Kutschersitz und auf spanische Art mit sechs Pferden bespannt. Auf dem hinteren Sattelgaul ritt der Leibkutscher in spanischer Tracht, eine kurze Peitsche in der Hand. Die mittleren Pferde wurden auf

Einzug Wilhelms, König von England, in Grafenhaag im Jahr 1695.

jeder Seite von einem Reitknecht mittels eines Handzügels gehalten, welche ebenfalls in spanischer Tracht bekleidet waren und eine Reitgerte in Händen hielten. Der Vorreiter saß auf dem vorderen Sattelgaul. Die Zugpferde waren sechs weiße spanische Hengste.

Der Kasten war inwendig mit carmoisinrotem Samt und goldenen Fransen ausgeschlagen. Vier goldene Quasten hingen von den vier Ecken des Himmels herab, der ebenfalls mit carmoisinrotem Samt überzogen und mit vielerlei Laubwerk von Bronze fast ganz bedeckt war. Obenauf in der Mitte erhob sich eine fein ausgearbeitete, in Feuer vergoldete Kaiserkrone, und auf den vier Ecken prangten Sträuße von Blumen und Weinranken. Der Kasten schwebte zwischen vier reich gearbeiteten Kipfen, in deren Mitte der doppelte kaiserliche Adler mit Schwert, Szepter und Krone angebracht war. Weiters hing der Kasten in vier Riemen, welche von goldenen Borten eingefaßt und mit acht bronzenen Schnallen geziert über die Stahlfedern gezogen waren. Rings um den Kasten waren alle Stäbe mit Schörkelwerk reich ausgearbeitet und bedeckt, und die oberen Tafeln des Kastens mit fein geschliffenem, venezianischen Kristalltafeln besetzt. Die äußeren Füllungen waren seegrün lackiert, worauf alle Fürstentugenden allegorisch abgebildet waren.

Zu bemerken ist auch die Form der Speichen, die nicht gerade, sondern ineinandergeflochten schienen, und vom Bildhauer zierlich ausgearbeitet worden waren. Die vier Achsenmuttern

Krönungswagen Kaiser Karls VI.

bedeckten die in Feuer vergoldeten Kapseln. Das Ganze war mit einem schönen Glanzlack überzogen und strahlte so wie die vielen lebhaften Malereien rings um den Kasten in hellem Licht auf ganz vorzügliche Weise.
Der glänzende Einzug des Herzogs von Richelieu, als Gesandter des königlich-französischen Hofes, war auf den 7. November 1725 festgesetzt, und seine öffentliche Audienz beim Kaiser auf den folgenden Tag. Bei dieser Gelegenheit suchte sich der Herzog in voller Pracht zu zeigen, für welche er allgemein eine große Schwäche hatte. Nie vorher war ein Gesandter mit solchem Aufwand erschienen: Er hatte 75 sechsspännige Wagen von höchstem Wert. Seine eigene Leibkutsche war in- und auswendig mit carmoisinrotem Samt überzogen, ganz mit goldener Stickerei und goldenen Fransen bedeckt. Auf allen vier Seiten befanden sich die in Gold gestickten Wappen des Gesandten, und an den Ecken befanden sich die Initialen, welche ebenfalls von Gold gestickt waren. Überhaupt war alles, das hintere Gestell, der Himmel, die Beschläge und das Geschirr der Pferde mit Goldarbeiten übersät.
Der zweite Wagen, ebenso reich und mit blauem Samt überzogen, war mit Sinnbildern des Friedens geziert. Die Pferde waren apfelgrau, die Geschirre von nämlichem Samt wie der Wagen, mit Gold bestickt, mit blauen Federbüschen und goldenem Zierat.
Der dritte Wagen war von grünem Samt. Der Himmel war mit kupfernen, goldenen Zieraten überladen, Isabellenpferde liefen voran, die

Geschirre mit Gold bestickt und mit grünen Federbüschen.

Der vierte Wagen war narzißgelb und ganz mit silbernen Stickereien und Fransen bedeckt. Auf dem Himmel befanden sich die Figuren der Klugheit, der Verschwiegenheit und einiger mehr. Die sechs italienischen Rappen waren mit samtenen Geschirren, silbernen Plattierungen und narzißgelben Federn geschmückt.

Andere Wagen von flachsgrauem und rosenfarbigem Samt folgten, von jeweils sechs Brandfüchsen gezogen.

Das Gefolge war ebenso glänzend: Sechs Läufer waren in rotem Samt gekleidet und ganz mit Silber bedeckt. Fünfzig Bedienstete zu Fuß folgten in scharlachrotem Tuch, mit silbernen, purpurfarbigen Galonen, mit gestickten Hüten, weißen Federbüschen und silbernen Degen. Danach kamen zwölf Pagen zu Pferde, die Gouverneure der Pagen, Untergouverneure, Stallmeister, Unterstallmeister, Schweizer und weitere 24 Bedienstete.

Am folgenden Tag hatte der Gesandte seine öffentliche Audienz beim Kaiser und bei der regierenden Kaiserin Amalie, wobei die nämliche Pracht herrschte. An der Tafel waren 500 Gedecke. Die Edelleute, der Nuntius, der Erzbischof von Wien und alle Offiziere von großen Häusern wurden eingeladen und nahmen an diesem großen Fest teil.

Bei der Wahl Kaiser Karls VII. zeichnete sich ebenfalls vor allen anderen der französische Gesandte durch seine Pracht aus. Die sämtlichen Herren von diesem Gefolge seiner Exzellenz, des Herrn Ambassadeurs, Grafen von Bellisle, erschienen in prächtigen Kleidern auf sehr schönen Pferden, welche mit dem reichsten Zeuge belegt waren. Vier Läufer trugen reich gestickte Mützen, worauf das Wappen seiner Exzellenz gestickt war. Ihr Wams war von grünem Damast, mit Silber bordiert und die Schürzen von Carmoisindamast mit silberner Spitze ganz bedeckt und silbernen Fransen besetzt.

Seine Exzellenz, der Graf von Bellisle, Marschall von Frankreich, erschien in einem blauen samtenen Kleid, welches prächtig mit Gold bestickt, mit dem Heiligen-Geist-Orden und einem reich mit Diamanten besetzten Stern behängt war. Das Pferd war auf polnische Art prächtig aufgezäumt, mit einer Schabracke von drap d'argent und reich mit Gold bestickt. Zu beiden Seiten ritten zwei Stallmeister, welche grüne Röcke mit rotsamtenen Aufschlägen trugen. Nebenher gingen sechs Heiducken mit ihren silbernen Säbeln, langen, grünen, reich mit Silber bordierten Röcken und schwarzen mit grünen und weißen Federn besetzten Mützen. Die Taschen bei den Säbeln hatten große silberne Platten mit dem reliefartig hervorgehobenen Wappen des Grafen. Danach folgten sechs Schweizer mit ihren Hellebarden in der Livrée seiner Exzellenz, über den Schultern hatten sie carmoisinrote, samtene Bandeliere mit einer breiten, silbernen, spanischen Spange.

Hinter dem Grafen kamen der Gardehauptmann und der Gardeleutnant in grünen Röcken, auf allen Nähten mit Silber bordiert und mit carmoisinroten, samtenen Aufschlägen. Den Schluß der Reiterei bildete ein Unterstallmeister, der wie die vorigen gekleidet war. Sodann sah man eine prächtige, große Staatskutsche, mit sieben Gläsern auf beiden Seiten,

Halbberline vom Gefolge des russischen Botschafters aus dem Jahr 1700.

Staatsberline des Marschalls Bellisle, gefahren bei der Kaiserwahl in Frankfurt aus dem Jahr 1741.

welche vorne inwendig mit rotem, geschnittenem Samt gefüttert und reich mit Gold bordiert, außenher mit reich vergoldeter und künstlerisch bemalter Bildhauerarbeit verziert war. Dieser kostbare Wagen war mit sechs der schönsten Grauschimmel bespannt, welche rotsamtenes und mit Gold bordiertes Geschirr aufgelegt hatten. An den Mähnen und Schweifen befanden sich goldene Quasten und Bänder, die Köpfe schmückten weiße Federbüsche.

Diese Kutsche erregte damals großes Aufsehen, weil sie nach der neuesten, verbesserten Bauart war, nämlich von der Art der Berlinen, mit doppelten Bäumen, langen Riemen und Winden, mit schönen, auswendig am Kasten schwebenden, reich ziselierten und in Feuer vergoldeten Fußtritten. Fast alle übrigen vorhandenen Wagen aber waren noch von der schweren Form.

Nach diesem Wagen folgten noch die verschiedensten Kutschen, alle in ein und demselben Zuge:

Eine Kutsche mit drei Fenstern auf jeder Seite, vorne inwendig mit blauem Samt gefüttert und mit Silber bordiert. Außenher war die Bildhauerarbeit stark vergoldet und die Felder an den Schlägen blau bemalt. Der sechsspännige Zug vor derselben bestand aus sehr schönen Isabellen, welchen blausamtenes, silbernes Geschirr auflag, und die blau und weiß melierte Federbüsche auf den Köpfen trugen.

Weiters eine Kutsche mit sechs braunen Pferden, inwendig mit rotem Samt gefüttert. Noch

Kurfürstlich-bayerischer Staatswagen bei der Kaiserwahl 1741.

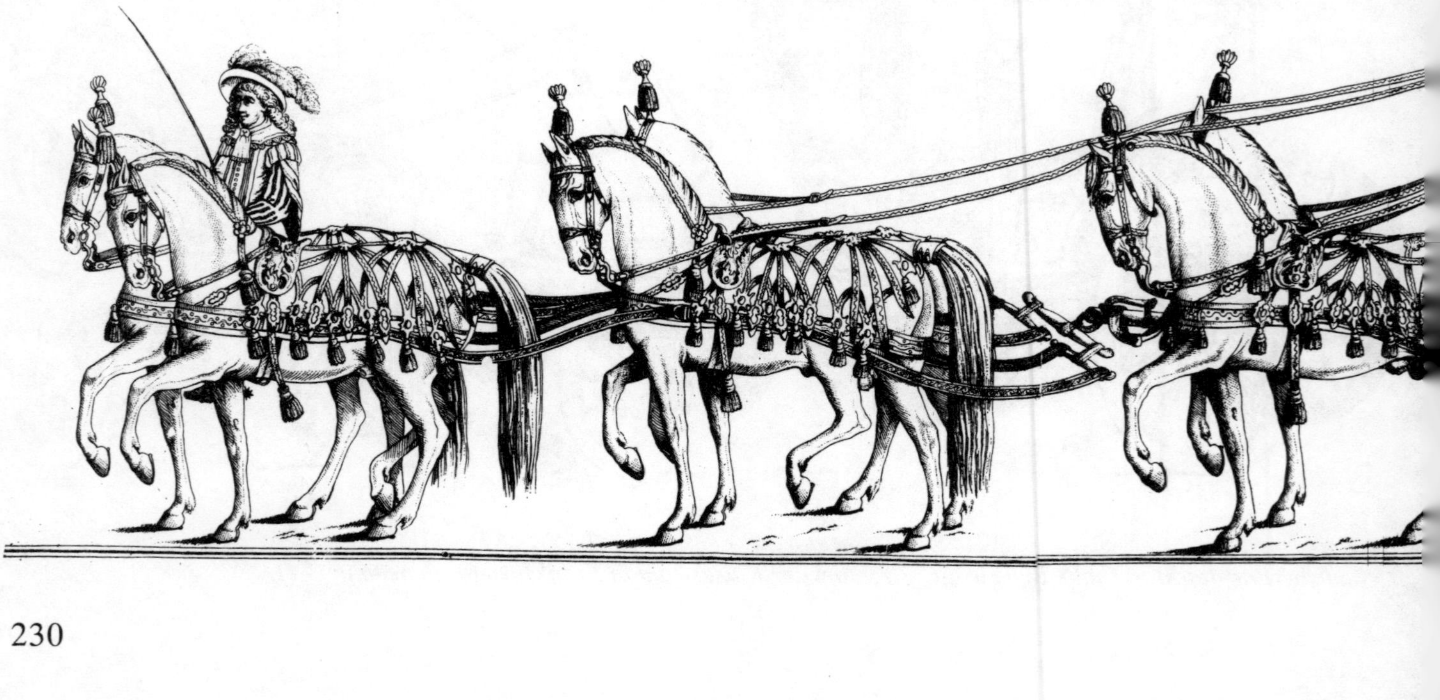

einen Wagen derselben Art, mit sechs Rappen bespannt, ferner einer, der von sechs Schecken gezogen wurde, danach eine Kutsche, die mit ganz geschorenem Samt gefüttert und mit sechs normannischen Rappen bespannt war, und weitere vier sechsspännig gefahrene Karossen. Anläßlich der Wahl Kaiser Karls VII. traf auch seine Exzellenz, der kurbayerische zweite Wahlbotschafter, Herr Joseph Franz Maria, Graf von Seinsheim, in Begleitung vieler kurfürstlicher Kammerherren und Edelknaben in Frankfurt am Main am 26. Oktober 1741 an. Dorthin wurden auch die in Paris neu verfertigte, kurfürstliche Leibkutsche über Straßburg zu Wasser und drei andere Prachtwagen von München nebst 24 Pferden und vielen anderen Equipagen gebracht.

Dieser Wagen hatte, wie damals üblich war, eine sehr beträchtliche Länge, weil diese viel dazu beitrug, daß der Kasten mehr Spielraum und Sanftheit erhielt. Die äußere Form war sehr gefällig, die unteren Tafeln endigten in vier langen Schnörkeln, die sich auswärts zu einem Fußgestell bildeten, worauf vier Löwen ruhten. Die Einfassung und die Stäbe des Kastens waren schön und geschmackvoll ausgearbeitet, die Himmeldecke war mit rotem Samt überspannt und mit Bronze und Goldstickerei reich besetzt. Oben an den vier Eckstellen prangten die vier bayerischen Schilder, welche ein muschelförmiger Aufsatz krönte. Dergleichen Aufsätze verzierten auch die Türen des Kastens. Sie waren in Feuer vergoldet und glanzpoliert, ganz wie das große Zierstück, welches

Krönungswagen König Ludwigs XVI. aus dem Jahr 1775 zu Reims.

sich in der Mitte der Himmeldecke befand. Über den zwei Türen befanden sich schön gearbeitete Laubwerke, welche die obere Galerie rings um den Himmel umschlossen. In der Mitte unter der Tür war ebenfalls das bayerische Wappen, mit Palmen und Lorbeerzweigen umgeben, zu sehen. Auf den Türtafeln, welche grün grundiert waren, sah man kunstvolle Malereien, darstellend die Schutzgöttin Bavariens, die in ihren Händen die Waage und das Schwert der Gerechtigkeit emporhielt.

Die inwendige Seite des Kastens war mit carmoisinrotem Samt ausgeschlagen und reich mit goldenen Fransen, Krepinen, Schnüren und Troddeln geziert. In den vier Ecken und an der Rückwand hingen zusammengefaltete Vorhänge aus dichtem, carmoisinrotem Seidenstoff, die mit goldenen Fransen eingefaßt waren. Die Sitzkissen waren nach alter Art hoch mit Federflaum ausgefüllt.

Das Wagengestell war ebenfalls sehr künstlerisch und reich ausgearbeitet. An den vier Kipfen, welche die carmoisinroten Riemen trugen, lehnten sich vier Wassergottheiten, die die Donau, die Isar, den Inn und den Lech darstellten. In der Mitte der zwei hinteren Kisten erhob sich eine große kurfürstliche Krone.

Auch die vier Räder waren von schöner Zeichnung, so wie alles Schnitzwerk des Wagens besonders künstlerisch geformt war, wie die zwei Schwanenhälse, die sich in einer Langwiede vereinigten.

Die Kleidung des Kutschers und des Vorreiters sowie das Geschirr mit seinen goldenen Schnüren und Quasten, großen Kammdecken, Schnallen und Zierbuckeln, die reich mit Stikkerei verzierte Decke des Kutschersitzes – alles war von glänzendem Rot und bot einen leuchtenden Anblick dar.

Bei der Krönung selbst diente wiederum die Staatskarosse Kaiser Karls VII., wie sie schon beschrieben wurde. Dieser Wagen fand bei allen Krönungen der römischen Kaiser Verwendung.

Eine vorzügliche Stelle unter den Staatskarossen verdient jener Prachtwagen, der bei der Krönung Ludwigs XVI. am 10. Juni des Jahres 1775 in Reims gedient hatte. Die Kosten dieses Wagens samt der acht Geschirre beliefen sich damals auf eine Million Livres. Heute ist nichts mehr von diesem herrlichen Wagen vorhanden, da er am Anfang der französischen Revolution vom tobenden Volk zerschlagen und geplündert wurde, sodaß auch nicht das geringste davon gerettet werden konnte. Die Zusammenstellung dieses Wagens hatte etwas ungewöhnlich Großes in der Bauart. Die meiste feine Bildhauerei an dem Kasten war aus Messing und in Feuer vergoldet. All die Blumengewinde, die unter dem Gesims bis an die oberen Kristallgläser herunterhingen, waren auf das feinste aus Bronze gearbeitet, wie auch die acht Blumenvasen, die den oberen Teil der Himmeldecke schmückten. Ebenso waren die oberen Friese, die den Rand des Gesimses umgaben und das Wappen Frankreichs mit ihren Lorbeerzweigen darstellten, sehr künstlerisch aus Bronze gearbeitet und in Feuer vergoldet; des weiteren die zwei Löwenköpfe, welche von zwei Lorbeer- und Olivenzweigen umgeben waren und die Mitte der beiden Türen einnahmen. Über jeder Türe an dem Hauptgesims war ein doppelt geschwungenes »L«, mit einem Rosenzweig verbunden. Besonders glänzend aber zeigten sich die vier bronzenen und vergoldeten Kapseln, die die Sonne darstellten und die Muttern der Achsen und deren vier Naben verdeckten. Auf den hinteren zwei Kipfen erhoben sich zwei Königskronen.

Zu jener Zeit war es, wie man sehen kann, sehr beliebt, viel Bildhauereiarbeit in Metall zu leisten. So war es auch eine Gewohnheit, die metallenen Kanonen solcherart zu verzieren, wobei gewöhnlich das Wappen und die Krone Frankreichs und Delphine angebracht wurden. Es gab zu dieser Zeit sehr viele Leute, die besonders geübt in dergleichen Arbeiten waren, und es bestand von seiten fürstlicher Häuser auch großer Bedarf danach.

Die vier Chariatiden, die an den vier Ecken des Kastens den Kutschenhimmel zu tragen schienen, hielten mit einer Hand die zwei Enden der Blumengirlande, welche um den Wagen lief. Am ganzen Wagen war eine Fülle von Blumenkränzen, Sträußen von Lilien und Rosen und vielerlei Girlanden zu sehen. Oben auf der Himmeldecke, die mit carmoisinrotem Seidensamt überzogen war, sah man ein Bildnis der Göttin Minerva mit Schild und Lanze, in ihrem kriegerischen Helm und mit der Ägide. Das mantelähnliche Gewand, das sie zur Hälfte umhüllte, hob die Schönheit ihrer Gestalt noch um vieles hervor und erregte große Bewunderung. Neben ihr ging ein kleiner Genius einher, einen Ölzweig und eine Krone in den Händen emporhaltend. Vor und hinter ihr spielten verschiedene Genien, durch die Attribute von einigen bekannten Regententugenden bezeichnet: die Gerechtigkeit, die Tapferkeit, die Klugheit und die Vorsicht. Die beiden Seiten

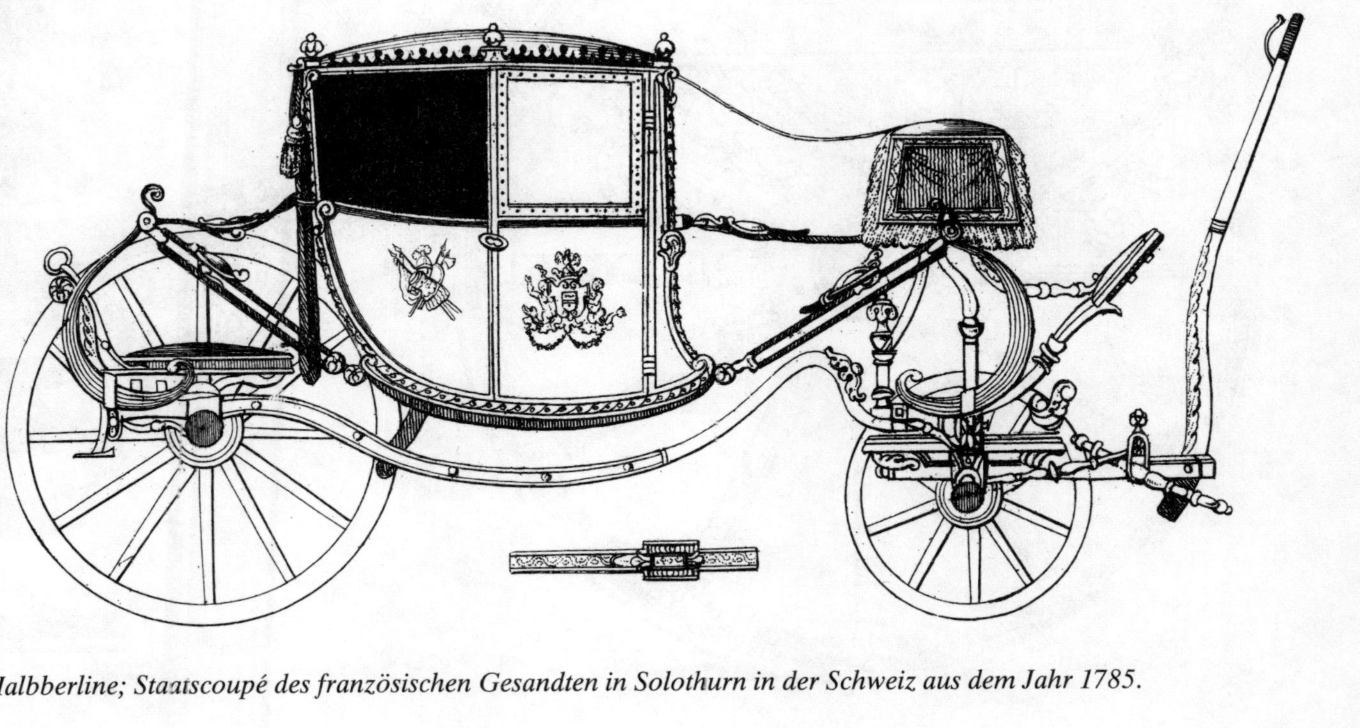

Halbberline; Staatscoupé des französischen Gesandten in Solothurn in der Schweiz aus dem Jahr 1785.

Königlich-bayerischer Staatswagen aus dem Jahr 1818.

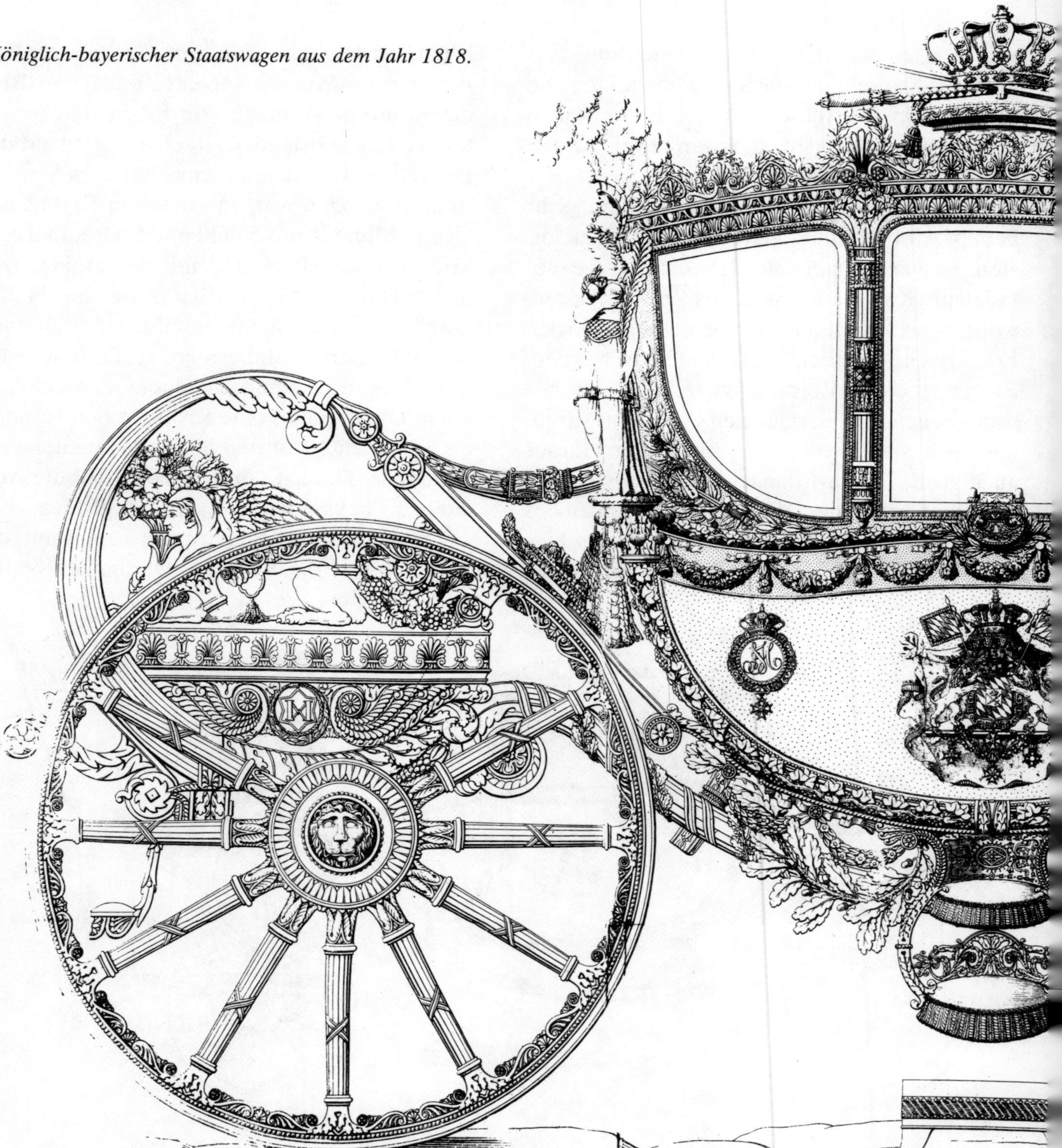

der Bodenschwellen waren mit dem Wappen von Frankreich und Navarra geziert und mit dem Orden des Heiligen Geistes und des Goldenen Vlieses umhangen. Zwei Genien hielten die Krone von Frankreich über den beiden Schildern empor.

Die äußere Seite des Kastens war auf den vielen Tafeln sowie auch auf der vorderen und hinteren Wand mit einem Boden von Glanzgold überdeckt, auf welchen sich Malerei der größten Meister der damaligen Zeit befand. Diese Kunstwerke stellten meist Allegorien dar, wie die Völker Frankreichs dem besten der Könige huldigten; auf den anderen waren die Tugenden zu finden. Das Ganze war mit dem Glanzlack des berühmten Martin überzogen, welcher durch sein Feuer und seine Klarheit so leuchtend erschien, daß man solches für das feinste, geschliffene Glas halten konnte.

Die Bockdecke war, wie die innere Auspolsterung, von carmoisinrotem Seidensamt, ringsum mit goldenen Lilien, Fransen, Galonen, Quasten und Krepinen reich verziert. Das Gestell selbst war noch von etwas altmodischem Bau, sehr lang und mit hohen Hinterrädern, gegen welche die vorderen sehr niedrig schienen. Eine Fama mit ihrer Posaune zierte das Vorderteil des Fußbrettes des Kutschers.

Anläßlich der bayerischen Ständeversammlung in München fuhr Seine Königliche Majestät, Max Joseph, am 4. Februar 1819 um elf Uhr aus der königlichen Residenz, wobei der Platzhauptmann Wunschwitz den feierlichen Zug eröffnete:

Es folgte eine Abteilung der Gendamerie, der Stadtkommandant, der Platzmajor, eine Eskadron bürgerlicher Kavallerie, eine Eskadron Chevaux legers, der Hoffourier, sämtliches Hoflivrée-Personal paarweise in Galalivrée, die Hofoffizianten und das übrige Personal der Hofstäbe, der Kammerfourier, nach welchem schließlich die Wagen folgten. Und zwar: ein viersitziger Stadtwagen, blau lackiert auf Lapislazuliart, plattiert, vergoldet und mit vier Hellbraunen bespannt; ein weiterer viersitziger Stadtwagen mit rotem Gestell, reich vergoldet und plattiert, mit sechs Füchsen; ein nächster mit sechs Braunen, ein folgender mit sechs Hellfüchsen, danach ein weißlackierter mit blauem Gestell und sechs Rappen, danach ein braunlackierter, mit Streugold übersät, hinter sechs Schimmeln, schließlich ein viersitziger Stadtwagen, der ringsum mit sieben geschliffenen Glastafeln umgeben war und von sechs Kastanienbraunen gezogen wurde.

Diesem Zug schloß sich eine große Staatskarosse an, dessen Kasten ringsum mit acht Glastafeln umgeben war. Diese Tafeln des Wagens waren mit Streugold und Glanz lackiert, inwendig befand sich hellroter Samt, und das ganze Fahrzeug war überreich mit Goldarbeiten verziert. Man fand auch Bronzearbeit, welche die Tafeln des Kastens umgab, worauf abwechselnd der Stammbaum mit den Bildnissen der Regenten des Pfälzischen und Bayerischen Hauses von Lorbeer-, Eichen- und Efeulaub umschlungen dargestellt war. Die Kutsche wurde von sechs Schimmeln gezogen, deren Geschirr von rotem Saffian, mit Gold bestickt und mit goldenen Beschlägen besetzt war, Zügel und Quasten bestanden aus hellroter Seide. In diesem Wagen fuhr der Kron-Oberst-Postmeister, Fürst von Thurn und Taxis, mit der königlichen Krone. Auf dem Rück-

sitz saß der königliche Kammerherr, Graf Karl von Yrsch.
Diesen folgte eine halbe Eskadron Gardes du Corps zu Pferde, dahinter ritten der Reichsherold, Kanzleisekretäre, der königliche Stallmeister und Kammerherr, drei Oberbereiter und ein Sattelmeister.
Nach all dem wurde der achtspännige, königliche Prachtwagen gefahren. Der obere Kasten war ringsum mit geschliffenen Gläsern umgeben, die Tafeln mit Streugold und Glanz lakkiert, inwendig mit carmoisinrotem Samt ausgeschlagen und überall reich mit Gold bestickt. In diesem saß der König, von acht Goldbraunen gezogen. Auf den vier Haupttafeln des Wagens prangte das große könglich-bayerische Wappen, und die vier kleinen Seitentafeln zierte der königliche Namenszug in rundem Schild mit Krone und Orden. Die Eckstäbe rund um den Kasten waren mit Lorbeer- und Efeulaub umwunden, und um die Mitte des Kastens liefen ringsum kunstvoll gearbeitete, vergoldete Blumengewinde auf einem purpurnen mit Gold durchschimmerten Fries. Die zweistufigen, mit Samt überzogenen und mit schweren Goldfransen umfaßten Fußtritte waren außen am Kasten befestigt und stellten eine mit Eichenzweigen umwundene Lyra aus vergoldeter Bronze dar. Das Wagengestell war trotz der großen Masse des Ganzen von gefälliger Form. Vorne erhob sich der Kutschersitz, unter welchem Löwenköpfe hervorragten. Das Fußbrett des Kutschers und das ganze Vordergestell war reich mit Bildhauerei verziert, ebenso das Hintergestell mit dem Bedienentritt, auf dessen samtenen, mit Stickerei umgebenen Kissen zwei liegende Sphinxe zu sehen waren. Auch die vier Räder waren an ihren Speichen und Felgen reich mit Bildhauerei bedeckt, und die Enden ihrer Naben umfaßten vier vergoldete Kapseln, aus deren Mitte vergoldete Löwenköpfe aus Bronze hervorragten. Das Gestell samt den Rädern war ganz übergoldet und mit einem lebhaften Glanzfirnis überzogen, welches für das Auge umso angenehmer war, da die vielen Arbeiten von carmoisinrotem Samt und Saffian, sowie die sehr reiche, samtene, mit Gold bestickte und von schweren Fransen und Quasten strotzende Bockdecke das Einförmige der ganzen Vergoldung hinlänglichst unterbrachen. Das Ende der Deichsel zierte ein aus Bronze ausgearbeiteter und in Feuer vergoldeter Widderkopf mit einem Ring im Maul, worin die Vorwaage befestigt war, an der die acht vorgespannten Pferde zogen.
Der Krönungswagen König Karls X. von Frankreich wurde nach den Zeichnungen der besten Künstler und Baumeister von Paris im Jahre 1823 verfertigt. In dieser mit acht Pferden bespannten Kutsche wurde König Karl X. zur Kirche Notre-Dame zu Reims im Mai 1825 gefahren.
Der Kasten war von ausnehmend schöner Form, die Ecksäulen bildeten vier Füllhörner, die aus den Bodenschwellen entsprangen und aus den vier Büsten der Chariatiden erwuchsen, welche den Architrav rings um den Kastenhimmel an den vier Ecken festhielten. Auf jeder Seite befanden sich drei große, geschliffene Spiegelgläser in rotsamtenen Rahmen, der obere Teil der Rückwand war ebenfalls mit Kristallgläsern erschlossen, und die Himmeldecke war wie ein Thronhimmel gewölbt. Obenauf befanden sich zwei Schilder, die in der

Mitte zusammengehalten wurden und den Buchstaben »C«, doppelt ineinander geschlungen, enthielten. Rings um jeden Schild fanden sich Lorbeerkränze, über welche sich die französische Königskrone erhob. Als Schildhalter dienten zwei Bildnisse der Fama, die auf der Himmeldecke saßen und mit weißen Lilien und anderem Laubwerk umgeben waren. Auf den vier Ecken erhoben sich Federbüsche, von Straußen- und Reiherfedern zusammengesetzt.

An diesem Staatswagen war außer der Kunstmalerei am Kasten auch nicht ein Punkt Farbe, alles bestand aus Bildhauerarbeiten und von Eisen, welches entweder mit Bronze oder Glanzgold überdeckt war.

Rechte Seite, oben: Erste Prunkkarosse des Grafen von Castelmaine, welche im Jahr 1687 in einem feierlichen Einzug in Rom gefahren wurde; unten: Hinteransicht desselbigen Wagens.

Linke Seite, oben: Zweite Prunkkarosse des Grafen von Castelmaine; unten: Hinteransicht desselbigen Wagens. Oben: Triumphwagen aus der Zeit Heinrichs IV., König von Frankreich und Navarra. – Links unten: Alter französischer goldener Wagen. – Rechts unten: Prunkwagen Heinrichs III.

Krönungswagen König Karls X. in Reims.

Pracht- und Zeremonienwagen aus dem 19. Jahrhundert.

Staatskutsche der englischen Könige aus dem Jahr 1685.

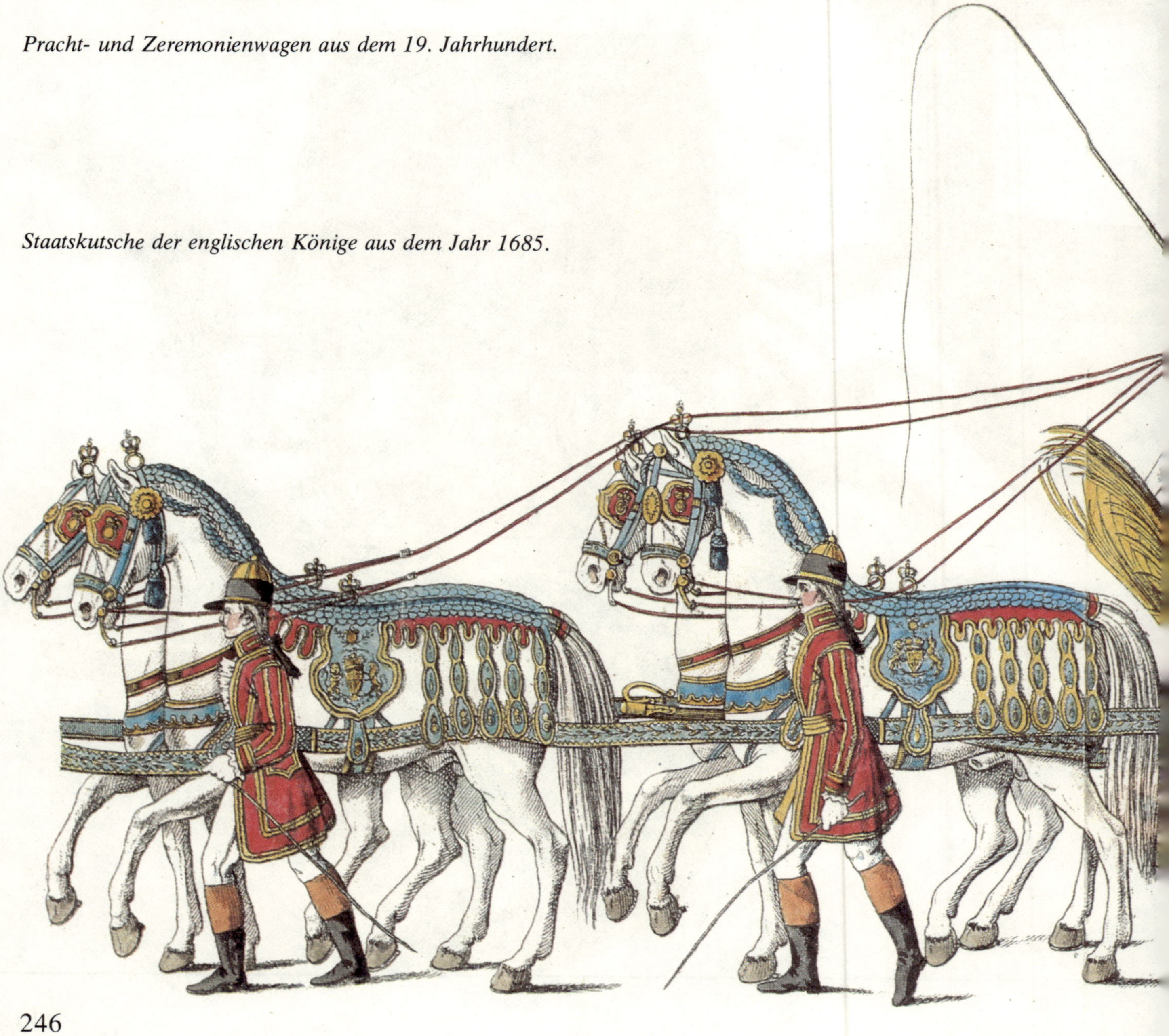

Triumphwagen, die bei dem großen Volksfest im Jahr 1747 in Paris, anläßlich der Vermählung des Dauphins, in einem großen Zug gefahren wurden.

Die Prachtrüstungen der Fürsten

Neben den Prachtkarossen und den Spielen zu Wagen und zu Pferde verdienen auch der Waffenschmuck und die oft kostbaren Rüstungen vergangener Zeiten besondere Erwähnung. Man findet noch in unseren Tagen eine beträchtliche Auswahl von echten, alten Kriegsrüstungen, von der gewöhnlichsten Art bis zu kunstvoll ausgestalteten, von Rittern und Pferden in den Sammlungen großer Städte, Burgen und Schlösser. Auch findet man noch gut erhaltene Tapeten, worauf Schlachten und Turniere abgebildet sind, welche eine Vorstellung von den verschiedenen Gegenständen und von ihrer Beschaffenheit geben können.

Der Geschichtsschreiber Mezeray erzählt, daß schon im Jahre 736 unter Karl Martell die französische Reiterei vollkommen bewaffnet und in eiserner Rüstung glänzend dastand. Auch die Streitrosse waren ganz mit Kriegsdecken verhüllt, und noch überdies Stirn, Hals und Brust mit Eisen überpanzert, sodaß man diese Heere für eiserne Mauern halten konnte.

Die Kriegsrüstungen der Kaiser und Könige sowie auch die Streitdecken ihrer Schlachtrosse waren schon in den frühesten Jahrhunderten ungemein prachtvoll und kostbar. Auch in neueren Zeiten, vor Einführung des Schießpulvers, sah man vornehme und reiche Adelige sich besonders durch ihren prächtigen Waffenschmuck und die Pferderüstung vor anderen auszeichnen.

Vorzüglich wurden die Kopfhauben oder Stirnschienen, die wie eine Larve den ganzen Vorderteil des Kopfes des Rosses bedeckten, reich gearbeitet und mit Perlen und Edelsteinen besetzt. Auch fanden sich Stirnschienen, ausziseliert oder von poliertem Stahl, andere von sehr alter Art waren aus dichter, gekochter, mit Pech und Harz hart gebrannter Rindshaut bereitet. In der Mitte zwischen den Augen war ein starker, eiserner Stachel befestigt, woran der Spitz zugerundet war, der dazu diente, alles zu durchbohren, was den Kopf des Pferdes bedrohen konnte. Eigentlich sollte diese Waffe gegen Lanzenstiche, später aber auch gegen kleines Gewehrfeuer schützen.

Unter all den kostbaren Rüstungen berühmter Persönlichkeiten vergangener Zeit seien besonders jene des Kaisers Otto des Großen und der Herzöge Albrecht von Bayern und Heinrich des Löwen zu erwähnen.

Die Darstellung Kaiser Heinrichs V. aus dem Jahre 1106 hingegen zeigt diesen nicht in einer Rüstung, sonderen im Staatsornat. Das Haupt ist mit der Kaiserkrone statt des Helmes geschmückt, das Szepter wird in der rechten Hand gehalten, das Schwert ist an der Seite. Seine Orden liegen über dem goldenen, glänzenden Brustharnisch. Sein Wappenrock ist mit reichem Goldstoff und Hermelin gefüttert, er trägt weiße seidene Hosen, goldene Halbstiefel, reich mit Zierart überstickt. Sporen sowie Gebißstangen und Steigbügel sind von Gold. Er reitet auf einem stolzen Schimmelhengst, dessen ganzes Pferdezeug nichts von einer kriegerischen Rüstung an sich hat, sondern bloß als ein Prachtgeschirr anzusehen ist. Das ganze Riemenwerk des Prachtreitzeuges ist mit carmoisinrotem Samt überzogen, mit dergleichen Borten an den Kanten eingefaßt und überall, wo es der Platz nur erlaubt, sind goldene Buckel und Spangen angebracht. Die Brustriemen werden von fünf langen, carmoisinroten Quasten von gezwirnter Seide nach orientalischer

Kaiser Otto der Große im Jahr 936.

Art geziert, wovon die größeren vorne auf der Mitte der Brust und die zwei etwas kürzeren auf jeder Seite hängen. Auf dem Schweifriemen erhebt sich ein Busch von weißen Straußenfedern, ein zweiter auf dem Kopfstück des Zaumes, der eine Krone bildet und deren Mitte ein hoher Reiherbusch schmückt. Die reiche Satteldecke ist nach römischer Art geformt, von feinstem Seidensamt und reich mit Gold überstickt. An den vier Ecken ist sie mit vier goldenen Quasten behängt.

Und doch wurde diese Pracht in späterer Zeit noch übertroffen, denn reicher und prächtiger ist wohl nie ein Reitzeug gemacht worden als jenes, welches die Bankier-Gebrüder Chehk in Bengalen dem Orangzeb zum Geschenk überreichten. Dieses bestand aus einem goldenen, reich mit Juwelen und den kostbarsten Steinen besetzten Sattel und Zeuge, nach türkischer Art gefertigt und in einem Wert von mehreren Millionen Franken.

Im übrigen aber waren die Rüstungen weniger kunstvoll und mehr auf den Schutz des Pferdes und des Reiters hin gearbeitet. Alle christlichen Völker des Mittelalters waren sich hierhin vollkommen ähnlich, und ihre ganze Kriegskunst war auf diese Schutz- und Trutzwaffen berechnet.

Philipp der Schöne von Frankreich schrieb im Brief vom 20. Jänner 1303, daß alle, die jährlich 500 Livres Einkünfte beziehen, mit einem gutberittenen Mann im Krieg aushelfen sollten, der vollständig bewaffnet und dessen Streitroß 50 Livres wert wäre. Dieses mußte auch mit einer eisernen Spangendecke oder einer abgesteppten Lederdecke versehen sein. In einem Brief des Königs Johann von Frankreich vom 1. April 1553 liest man, wie er die Bürger von Nevers und andere mehr aufforderte, daß sie sobald wie möglich alles Denkbare an Männern, Rossen und Kettelpanzern zusammenbringen sollten, um diese nach Compiègne zu

Kaiser Heinrich V. im Jahr 1106.

senden, in den Feldzug gegen den König von England.

In späteren Zeiten verwendete man immer weniger Pracht an den Rüstungen und Streitdecken der Kriegspferde. Die Decken waren nun fast durchgängig von Sohlleder verfertigt, einige mit metallenen Spangen besetzt, andere nur von rohem Sohlleder oder mit gewissen Harzen eingebrannt. Dergleichen Deckenpferde nannte man Panzerrosse.

In einer königlichen Ordonnanz von Heinrich II. wird gesagt: »Der Reisige muß mit vollständiger Rüstung nach allen Teilen nebst einer starken, festen Lanze versehen sein, er muß vier Pferde halten, wovon zwei ganz für den Krieg bestimmt, mit ihrer vollständigen Kriegsrüstung, Streitdecken und sohlledernen Flankentaschen; auch kann er, wenn er will, eine Pistole am Sattelbaum mitführen.«

Die Rüstungen der Soldaten mit ihrer Pickelhaube, den Arm-, Schenkel- und Beinschienen, den Knie-, Ellenbogen- und Schulterkappen nebst der Lanze waren zu mancher Zeit so schwer, daß es auch nicht leicht war, derart ausgerüstet sich in den hohen Sattel zu erheben.

Man ließ daher vor den Häusern und Palästen sogenannte »Staffelsteine« aufstellen, ehemals auch Vorteile genannt, welche umso nötiger waren, da die vornehmsten, jungen Fürsten täglich übten, ihre Stärke und Gewandtheit durch ritterliche Spiele zu vermehren und sowohl ihr Streit- und Kampfroß wie sich selbst zu gewöhnen, die schweren Waffen zu tragen.

Schon zu Zeiten der Römer sah man auf großen Plätzen und an den meisten schönen Gebäuden und Palästen der Städte sowie längs der Heerstraßen Steig- oder Staffelsteine aufgemauert, damit die schwerbewaffneten Krieger mit mehr Bequemlichkeit ihr hohes Streitroß besteigen oder davon absteigen konnten. Dieser Ge-

Herzog Heinrich der Löwe im Jahr 1162.

brauch war in allen Ländern eingeführt, und auch die alten deutschen Ritter verschmähten nicht, sich dergleichen Stufen oder Staffelsteine zu bedienen. Heute noch sieht man hin und wieder in alten deutschen Städten, Burgen und Schlössern, vor den Rathäusern und an den Stadttoren dergleichen Stufen von ein, zwei oder mehr Staffeln von Stein aufgemauert. Zu jenen Zeiten, wo alles seinen Stolz darin suchte, in strahlendem Eisen und Stahl einherzuschreiten, muß es daher nicht wenig dergleichen Treppensteine gegeben haben.
Es hielt sich dieser Gebrauch auch ziemlich lange. So schreibt Sauval, daß am Ende des 16. Jahrhunderts und zu Beginn des folgenden die Präsidenten und Räte des Parlaments auf Mauleselinnen in den Parlamentshof geritten kamen. Um aber bequem auf- und absteigen zu können, ließen sie sowohl im Parlamentshof als vor ihrer Haustür steinerne Stufen oder Tritte aufmauern.
Am längsten waren die Staffelsteine in der Türkei in Gebrauch. Noch im Jahre 1827 wurde bei dem feierlichen Einzug, den der kaiserlich-russische Gesandte, Herr von Ribeaupierre, nach dem Serail des Großwesirs und des Groß-sultans hielt, sein Pferd an einen Bincktasch (Absteigestein) der Wesire angehalten, um an dieser Stelle abzusteigen, welches auch als eine besondere Auszeichnung galt. Es verdient auch bemerkt zu werden, daß die Familie der Salern in Bayern einen solchen dreistufigen »Vorteil«, schwarz in Silber, in ihrem Wappen führte.
Mit der Erfindung des Schießpulvers konnten jedoch die schweren, eisernen Rüstungen nicht mehr ihren Zweck erfüllen, und der Krieger mußte in leichtem Gewand auf dem Schlachtfeld erscheinen.

Herzog Albrecht von Bayern im Jahr 1438.

VI.

Leichenwagen und Trauerwagen der alten Völker und neuerer Zeiten

Inhalt

Der Trauerwagen der alten Völker 257
Trauerfeierlichkeiten neuerer Zeit 263
Entwürfe zu Leichenwagen
von J. C. Ginzrot 276

Der Trauerwagen der alten Völker

Die Leichenbegängnisse der alten Griechen und Römer waren feierlich und prunkvoll. Groß war die Menge der verschiedenen Wagen, die den Zug begleitete, vor allem aber zeichnete sich der Trauerwagen durch seine eigene Bauart und seine Verzierungen aus. Die schwarze Farbe war auch damals schon die Farbe der Trauer, und für die Stickereien, die Verbrämung der schwarzen Trauergewänder und die anderen Zierate wurde vorzüglich Silber verwendet.

Einer der prächtigsten Wagen in der Geschichte dieser Völker war jener Alexanders des Großen. Athenäus berichtet von ihm: »Hieronymus hat sich große Bewunderung erworben durch die Verfertigung der Harmamaxa, in welcher der Leichnam Alexanders des Großen fortgefahren wurde.« Hier wurde also der Wagen Harmamaxa genannt, welcher bei den Griechen ein vierrädriger Prachtwagen oder ein bedecktes Carpentum war. Hingegen nennt ihn der lateinische Übersetzter »Pilentum«, dies ist ein Wagen mit einem auf Pfeilern ruhenden, gewölbten Dach.

Zuerst wurde ein für den Leichnam passender, goldener Sarg von getriebener Arbeit verfertigt, welchen man bis zur Hälfte mit allerlei Dingen angefüllt hatte, die dem Leichnam sowohl Wohlgeruch als auch lange Dauer versprachen. Auf dem Sarg lag ein goldener Dekkel, der genau einpaßte und den ganzen oberen Rand umgab. Über demselben war eine prächtige, mit Gold gestickte Purpurdecke gebreitet, und neben dieser lagen die Waffen des Verstorbenen. Damit sollte auf die großen verrichteten Taten dieses Herrschers verwiesen werden. Danach baute man den entsprechenden Wagen. Das gewölbte Dach, das schuppenartig gearbeitet und inwendig mit Edelsteinen besetzt war, betrug in der Breite acht und in der Länge zwölf Ellen. Unterhalb der Wölbung befand sich ein goldener viereckiger Thron mit ausgehauenen Köpfen von Bockhirschen, an welchen goldene Ringe hingen, in die Prachtkränze von allerhand leuchtenden Farben eingezogen waren. Oben um den Rand des Gewölbes befanden sich netzförmige Fransen mit großen Schellen, sodaß der Klang derselben in großer Entfernung gehört werden konnte. An jeder Ecke stand eine Siegesgöttin, die eine Trophäe in der Hand hielt. Der Grund des Wagens war mit Tafeln umgeben, woran kunstvolle Bilder zu sehen waren:

Auf der einen Tafel von erhabener Arbeit sah man Alexander, auf einem zweirädrigen Wagen sitzend, mit einem prächtigen Szepter in der Hand. Um den König standen auf der einen Seite die mazedonische Leibwache in gewöhnlicher Rüstung, auf der anderen Seite die persischen Melophoren, und vor diesen die Waffenträger. Die zweite Tafel enthielt die der Leibwache folgenden Elefanten, auf denen vorne Inder, hinten aber Mazedonier in ihrer ordentlichen Tracht saßen. Die dritte Tafel stellte einige Schwadronen Reiter dar, die die in Treffen gebräuchlichen Evolutionen machten. Auf der vierten endlich befand sich eine zur Seeschlacht aufgestellte Flotte.

Am Eingang dieses gewölbten Kastens standen goldene Löwen, die auf die Hineingehenden grimmige Blicke warfen. Ein goldener Arcanth, auch Bärenklau genanntes Kraut, welches die Griechen und Römer häufig in der Baukunst zu Verzierungen gebrauchten, erhob sich zwi-

schen jeder Säule bis hinauf zu den Kapitellen. Oben auf dem Gewölbe befand sich in der Mitte desselben in freier Luft ein purpurner Teppich, auf dem ein außerordentlich großer Ölkranz aus purem Gold lag. Dieser warf, wenn die Sonnenstrahlen darauf fielen, einen solchen schimmernden und zitternden Glanz von sich, daß der Schein desselben gleich einem Blitz weit in der Ferne gesehen werden konnte.

Das Gestell, worauf alles ruhte, hatte zwei Achsen, an denen sich vier Räder nach persischer Art herumdrehten. Die Seiten und Felgen dieser Räder waren übergoldet, der die Erde berührende Teil aber war von Eisen. Der hervorstehende Teil der Achsen war von Gold gemacht und stellte Löwenköpfe dar, die einen Pfeil im Rachen hielten. Der Wagen hatte vier Deichseln, an jeder waren vier Joche, eins vor dem anderen, und an jedem Joch waren vier Maultiere angespannt, sodaß in allem 64 Maultiere von auserlesener Größe und Stärke das Gefährt zogen. Jedes derselben war mit einem goldenen Kranz geschmückt, an beiden Backen hingen goldene Schellen und am Hals köstliche, mit Edelsteinen besetzte Halsspangen.

Wegen der eben beschriebenen Pracht und des kunstvollen Baus dieses Wagens kamen von überall her eine große Menge Zuschauer herbei. Der Ruf über seine prunkvolle Gestalt verbreitete sich über alle Gegenden, und wo das Gefährt nur immer hinkam, gingen ihm Leute in großen Haufen entgegen und begleiteten ihn ein weite Strecke, weil sie des reizenden Anblicks gar nicht satt werden konnten. Dieser Pracht gemäß folgten dem Wagen auch zur Seite eine Menge Wegbereiter und anderes Gefolge und eine starke Eskorte von Soldaten.

So führte denn endlich Arrhidäus, nachdem er beinahe zwei Jahre mit der Verfertigung dieses Werkes zugebracht hatte, den Leichnam des Königs von Babylon nach Ägypten. Alexander zu Ehren kam Ptolemäus mit seiner ganzen Macht bis nach Syrien entgegen, nahm den

Der Leichenzug Alexanders des Großen, welcher besonders durch die überreiche Bespannung in die Geschichte einging.

Leichnam in Empfang und bewies ihm die größte Sorgfalt. Der Leichnam wurde in Alexandrien beigesetzt.
Aelian wiederum erwähnt in seinen Schriften die Fortbringung der Leiche Alexanders mit folgenden Worten: »Alexander der Große lag dreißig Tage unbeerdigt, weil seine Feldherren sich über die Regierung nicht einig werden konnten, bis endlich Aristander aus Thelmissus unter den Mazedoniern auftrat und behauptete, die Götter hätten den Ausspruch getan, daß das Land, welches den Körper einschließe, in dem Alexanders Seele gewohnt hatte, sehr glücklich sein und nie in die Hände des Feindes fallen würde. Nun wünschte sich ein jeder, diesen Körper in sein eigenes Reich zu bringen. Unterdessen fand aber Ptolemäus, wie man sagt, Mittel, sich dessen heimlich zu bemächtigen, und ließ ihn mit viel Vorsicht nach Ägypten schaffen. Die anderen Mazedonier blieben dabei ruhig, aber Peridicas fing an, den Ptolemäus zu verfolgen, weniger aus Hochachtung gegen Alexander als auf Grund der bewußten Prophezeiung. Er erreichte auch den Ptolemäus, und unter beiden entstand ein heftiges Gefecht um den Leichnam Alexanders. Ptolemäus wich indessen der Hitze seines Gegners durch folgendes Mittel aus: er hatte nämlich ein dem Alexander vollkommen ähnliches Bild verfertigen lassen, welches er mit dem Kleide des Königs und mit prächtigen Leichentücher schmücken und auf einen persischen Wagen legen ließ, worauf er ein prunkvolles, mit Gold, Silber und Elfenbein ausgelegtes Bett hatte stellen lassen, indessen er den wahren Leichnam Alexanders auf unbekannten und ungangbaren Wegen vorausschickte. Peridicas bekam nunmehr das nachgemachte Bild mit dem Leichenwagen in seine Gewalt und hörte auf, den Ptolemäus zu verfolgen, merkte aber erst später, daß er betrogen worden war, und war nun nicht mehr imstande, diesen einzuholen.«
Die eigentliche Form aller Trauerwagen war unbestimmt und ganz dem Geschmack der Künstler überlassen.
Juvenal schreibt: »Nicht allein die Asche der

Großen, sondern auch der feiste Trabant wird in dem Carpentum gefahren.« Es gab aber auch geschlossene Quadrigen, wie auf der bekannten Münze Trajans, wo die Urne mit der Asche des Verstorbenen in dem Wagen dargestellt wurde, ohne daß jemand dabei saß, in welchen Fällen die Leidtragenden barfuß und in Trauerkleidern nebenher gingen. Spartianus erzählt: »Die Asche des Kaisers Trajan wurde, nachdem sein feierliches Leichenbegängnis und die Verbrennung in Selinonia vorüber war, in eine goldene Urne getan, auf eine prächtige Triumphquadriga gestellt, und von dem Senat an der Spitze der ganzen Armee nach Rom begleitet.«

Zuweilen wurden auch dergleichen kostbare Urnen nicht inwendig in den Kasten, sondern auswendig auf das Verdeck für jedermann sichtbar gestellt. So wurde ein Urnenwagen einfacherer Art, der die Asche eines Landbauern trug, von zwei Widdern gezogen. Ein Landmann leitete die ziehenden Schafe, Kinder und Greise folgten mit Kränzen und Zweigen. Die Gefäße, Urnen oder Vasen, worin man die Asche der Großen nach der Verbrennung sammelte, waren teils von Gold oder Silber, Onyx, Porphyr, Granit, Marmor, Alabaster, zuweilen auch von edleren Steinen. Gewöhnlicher aber waren die von gebrannter Erde, welche es in einer großen Menge schöner und verschiedener Formen gab. Einige waren ganz glatt, andere mit erhabenen oder vertieften Verzierungen und Inschriften, von weißer, schwarzer, brauner oder roter natürlicher Erdfarbe; zuweilen mehr oder weniger schön bemalt, wie die altgriechischen oder sogenannten hetrurischen Urnen, zuweilen auch mit einer farbigen Glasur überzogen, wie man sie auch an den kleinen ägyptischen Götzenbildchen von verschiedener Farbe antrifft; seltener waren jedoch die aus Glas. Im übrigen war ihre Form nicht viel von den Öl-, Wein- oder Wasserkrügen verschieden, weswegen sie die Griechen auch Hydria, Wasserkrug, die Römer Olla, Kochtopf, nannten.

Die feierlichen Leichenbegängnisse standen nur hohen und vornehmen Personen oder auch ausgezeichneten Magistraten und Bürgern zu. Dem Zug folgten gewöhnlich der Prunkwagen des Verstorbenen, seine Rennwagen und Rennpferde, wie auch seine Jagdpferde und Jagdhunde. Nach diesen kamen noch andere Rennwagen, Bigen, Quadrigen, Fechter, Desultoren und Wettreiter, welche alsdann ihre Spiele um den Holzstoß, worauf die Leiche verbrannt wurde, forthielten.

Zu allen Zeiten und schon bei den ältesten Völkern wurde es für eine gottesdienstliche Handlung gehalten, die Leichen der verstorbenen Freunde mit Anstand zu begraben, nach der eingeführten Landessitte zu bestatten, den Leichenfesten beizuwohnen und an der Trauer Anteil zu nehmen. So liest man im Buch Tobias, daß nach dem alten heidnischen Gesetz, »ius ponteficium« genannt, jeder verpflichtet war, der auf dem Feld oder auf dem Weg einen Leichnam liegen sah, solchen mit Erde zu bedecken. Julius Caesar in »de bello gallico« erzählt, daß bei den Galliern die Leichenbegängnisse mit Pracht und großem Aufwand gehalten wurden, wobei sie alles, wovon sie glaubten, daß es dem Verstorbenen lieb gewesen sei, zu ihm auf den flammenden Scheiterhaufen warfen, sogar die Knechte, die Untergebenen und die Tiere.

Leichenwagen Alexanders des Großen.

Die Völker des alten Nordens hatten ebenfalls den Brauch, daß sie den Tapferen ihre Waffen, Streitrosse, Geschmeide, ja selbst ihre Weiber ins Grab oder auf den Holzstoß mitgaben. Nach der Einführung des Christentums, welches die rohen heidnischen Sitten nach und nach milderte, hörten jedoch diese blutigen Opfer auf. Die alten, christlichen Ritter ließen daher das Streitroß des verstorbenen Kriegers, anstatt solches zu schlachten, mit einer schwarzen Trauerdecke überhängt, die Mähne und den Schweif in Flor eingeflochten und einem schwarzen Federbusch auf dem Kopf, dem Sarg nachführen. Dieses Roß nannte man das Leidpferd, später das Trauerpferd, und diese Sitte erhielt sich noch über Jahrhunderte.

Man fand bei den alten Völkern eine Fülle verschiedener Bräuche und Gewohnheiten anläßlich des Todes eines Menschen. Es können hier natürlich nicht alle erwähnt werden, auch entspräche dies nicht dem Zweck dieses Werkes, einige jedoch sind von solch bemerkenswerter Art, daß sie eine Anführung verdienen.

Sonderbar mutet uns der Gebrauch bei den Griechen, Persern und bei vielen anderen Völkern an, die, wenn einer ihrer ausgezeichneten Männer starb, den Pferden und Maultieren die Mähnen und Schweifhaare zum Zeichen der Trauer abschnitten. Die Israeliten stachen sich den Namen ihres teuren Freundes in die Haut, weswegen auch durch Moses befohlen wurde: »Ihr sollt um eines Toten willen kein Mal an euren Leib reißen, noch Buchstaben an euch setzen, und ihr sollt eure Haare am Haupt nicht rund umher abschneiden, noch euren Bart abschneiden.«

Andere Völker hingegen, bei denen es Sitte war, den Kopf und Bart zu scheren, ließen bei solchen Gelegenheiten zum Zeichen ihrer Trauer die Haare wachsen und machten Gelübde, während einer bestimmten Zeit kein Schermesser zu berühren. Am eigenartigsten aber erscheint eine alte Sitte der Inder, bei denen sich Philosophen, wenn sie alt und des Lebens satt waren, noch bei Lebzeiten ihr Leichenbegängnis halten ließen und dann vor der versammelten Menge sich freiwillig in den brennenden Scheiterhaufen stürzten.

Trauerfeierlichkeiten neuerer Zeit

Wenn der menschliche Geist erfinderisch war in der Anordnung und Ausschmückung der Feste, die zum Zweck hatten, die Fürsten und Großen dieser Erde zu ehren und die glücklichen Momente ihres Lebens zu verherrlichen, so war er dies nicht minder, wenn ihm die traurige Veranlassung gegeben wurde, bei ihrem Abschied aus dem Leben die letzte Ehre auszuschmücken. Ein den Menschen aller Völker und aller Zeiten gemeinsames religiöses Gefühl scheint die Feier für ihre Toten allen Nationen zum Bedürfnis und zu einer heiligen Pflicht gemacht zu haben.

Es darf daher nicht wundern, wenn auch die Gestaltung der Leichenwagen auf das außerordentlichste ausfiel und diese Gefährte in nichts den Prunk- und Triumphwagen der großen Herrscher nachstanden.

Beispiellos in Prunk und Glanz war die Leichenfeier Kaiser Karls V., welche dessen Sohn, König Philipp II. von Spanien, in Brüssel halten ließ. Vom königlichen Palast an bis fast mitten in die Stadt, und von dort zur rechten Hand bis zur Kirche St. Gudeli, in welcher die Exequien gehalten wurden, errichtete man beiderseits der Straße zwei hölzerne Geländer, damit man die Ordnung des Zuges gewährleisten konnte. Außerhalb dieser Gestänge aber standen ungefähr 2000 Brüsseler Bürger, alle in Trauerkleidern und ein jeder ein brennendes Windlicht mit kaiserlichem Wappen haltend. Als nun am 19. Dezember im Jahre 1558 das feierliche Leichenbegängnis stattfand, bewegte sich eine überwältigende Menge von Würden- und Ehrenträgern der Stadt und des ganzen Reiches sowie fremder Nationen durch diese Straßen, hinter welcher der in seiner Gestaltung wohl einzigartige Trauerwagen Kaiser Karls V. gefahren wurde. Dieser stellte ein riesiges Trauerschiff dar, mit vollkommenem Mast, Tau- und Segelwerk sowie mit Flaggen geschmückt und einer Menge allegorischer Bilder in künstlerischer Schnitzarbeit geziert.

Wie bei den Römern wurden bis in die Zeiten Heinrichs IV. die Leichen getragen. Dies hinderte jedoch nicht, prunkvolle Trauerwagen zu errichten und mit demselben Zug zu führen, wie dies auch immer geschah.

Um vieles weniger ausgefallen und doch, wenn auch auf ganz andere Weise, prunkvoll gestaltet war der Leichenwagen des Herzogs von Berry. Der Kasten des Wagens wurde an den vier Ecken von Engeln getragen, und der Himmel, der mit schwarzem Samt überzogen war, ruhte auf vier umgestürzten Fackeln, welche aber durch die Gewandung der Eckvorhänge verhüllt waren. Die Mitte der Himmeldecke war mit einem Zierbild versehen, welches nach jeder Seite das Schild von Frankreich zeigte, mit drei goldenen Lilien auf blauem Feld, und mit rotem Saum rings um den Rand eingezackt, so wie ihn Berry führte. Auf jeder Seite hielten zwei Genien von Frankreich das Schild mit umgestürzter Fackel. Das Ganze war versilbert und mit Flor überdeckt. Die vier Kinder, die an den vier Ecken des Himmels Schilder mit dem Namenszug des Herrschers hielten und einen Lorbeerkranz in der anderen Hand trugen, stellten vier geflügelte kleine Engel oder Genien dar. Der rings um den Himmelrand aufrechtstehende Kronenkranz von französischen Lilien und Eichenblättern war von hartem Holz durch Bildhauer künstlerisch gestaltet. Inmitten des Leichenwagens stand der Sarg, der mit

Gäste im Trauerzug, anläßlich des Begräbnisses Kaiser Karls V.

Don Phle de Silva und Le Sre de Chassey.

Don Joseph Daruna und Le Sre Phle de Vignacourt.

Don Carlos de Arrelano und Le Sre Charle Vander-Noot.

Le Sre Jehan de Mots und Le Sre De Marnold.

Le Sre de Brancion und Don Diego de las Roelas.

Le Sre Guille De Hincaert und Juan de Herrera.

IMP. CÆS. CAROLO V.
Frize.
Charrolois
Rosillon
Artois.
Holand.
CHARITAS
Jure tibi herculea
Mon. strorum domitor.

SPES
Limburg
Salins
Zellande
Namur

Carlos de Veintemiller und Don Mario de Lava.

Camillo de Corregio und Don Pedro de las Roelas.

Don Pedro de Villoa und Le Sre de Vertain.

Le Sre Antonio de Bersele und Franco de Malla.

Le Sre Jerome de Mots und Gomez Perez de Las Marinas.

Don Pedro de la Con und Phle de Courtenille.

einem großen Bahrtuche von schwarzem Seidensamt bedeckt war, das ringsum mit silbernen Borten, Fransen und Troddeln eingesäumt war. Die vier großen Eckvorhänge wie die oberen Baldachine waren von schwarzem Tuch und ebenso geschmückt. Über dem Bahrtuch lag der Fürstenmantel mit dem Hermelinfutter gebreitet, und auf der Mitte des Mantels befanden sich die Ordensketten. Auf einem schwarzsamtenen Kissen thronte die Krone des Herzogs von Berry. Die Draperie, welche den unteren Teil des Kastens umgab, war von Tuch und nach der nämlichen Weise geschmückt. Das ganze Gestell und die vier Räder, die Deichsel und alles, was vom hölzernen Vordergestell zu sehen war, waren schwarz lackiert und mit Silberstreifen eingefaßt. Die Kutschersitzdecke war ebenfalls von schwarzem Samt, auf den beiden äußeren Enden sah man das silbergestickte Wappen des Herzogs, das mit Flor überhängt und mit einer Einfassung von silbernen Fransen und Borten verziert war.

Dieser Wagen war mit sechs Pferden bespannt, alle mit schwarztuchenen Trauerdecken, mit silbernen Lilien und Tränen übersät und mit dergleichen Randborten besetzt. Schwarze Straußenfedern in hohen Büschen zierten die Köpfe der Pferde.

Der 23. September 1824 war der Tag, an dem die Leiche König Ludwigs XVIII. feierlich bestattet wurde. Freiwillig und allgemein wurden in Paris alle Arbeiten eingestellt. Die Stadt war überall vereinsamt, außer auf dem Weg, den der Leichenzug des Königs nehmen sollte. Desto größer war das Gedränge, welches hier anwuchs, gleichwohl herrschte die größte Ordnung, Stille und Feierlichkeit.

Als sich der Zug in Bewegung setzte, erschallten 101 Kanonenschüsse, die Glocke der Notre Dame erklang, und alle Kirchenglocken von Paris stimmten in dieses traurige Signal mit ein. Die Stäbe aller militärischen Corps eröffneten den Zug. Ihnen folgten Abteilungen sämtlicher Corps mit verkehrtem Gewehr, nichts war zu hören als die abgemessenen Schritte der Soldaten, nur in Zwischenräumen der dumpfe Wirbelschlag der umflorten Trommeln. Hernach kamen die Trauerwagen, schwarz ausgeschlagen, mit weißen Fransen eingefaßt, auf dem Sitz und am Schlag das Schild des Wappens von Frankreich tragend. Sie waren mit acht mit schwarzen Decken belegten Pferden bespannt, ein Bereiter in der Livrée eines jeden Hauses war das einzige Merkmal, woran man die Wagen voneinander unterscheiden konnte.

Der hervorstechendste Wagen, der vor dem Leichenwagen herfuhr, war derjenige, worin sich der Dauphin mit dem Prinzen befand. Er zeichnete sich durch die schwarzen Federbüsche auf den Köpfen der Pferde aus, durch die Zahl der Dienerschaft, die ihn umringte, insbesonders aber durch jenes kostbare in vier Felder geteilte Schild mit Lilien und Delphinen.

Endlich folgte der Leichenwagen, dessen Pracht alles, was man davon angekündigt hatte, übertraf. Auf seinem Himmel sah man die Krone Frankreichs von vier sitzenden Genien getragen, welche jeweils eine umgekehrte Fackel hielten. Die Himmeldecke, umgeben von einer prächtigen antiken Galerie, mit ausgezacktem Laubwerk eingefaßt und mit großen, goldenen gestickten Lilien rings um die obere Girlande, war von schwarzem Samt und mit silbernen Blumen verziert. An den vier

Leichenwagen Ludwigs XVIII.

Leichenwagen des Königs von Bayern, Maximilian Joseph, gestorben am 13. Oktober 1825.

Leichenwagen des Herzogs von Berry mit seiner Bespannung.

Ecken wurde der Himmel durch Engel getragen, welche in jeder Hand einen Palmzweig hielten. Der Sarg war mit prächtigem Goldstoff, worauf ein silbernes Kreuz gestickt war, zugedeckt, hatte zu Häupten die Krone von Frankreich und unten das Szepter und die Hand der Gerechtigkeit. Auf den vier Ecken des Bahrtuches waren die Wappen von Frankreich gestickt. Die Fransen und Krepinen, welche den Saum dieses Bahrtuches umfaßten, waren von Gold, alle übrigen Gewande, die den Kasten umhüllten, sowie die Sitzecke des Kutschers waren von schwarzem Seidensamt, und die Tränen, womit sie übersät waren, von getriebenem Silber, sowie die übrigen Fransen, Quasten und Troddeln von feinem Fadensilber. Die französischen Lilien aber, womit die silbernen Tränen untermischt waren, waren alle von feinem Gold gestickt. Der königliche Mantel lag in der Mitte des Bahrtuches, mit dem Hermelinpelz nach außen. Schwarze Straußenfederbüsche zierten obenauf die Ecken des Himmels. Im übrigen war aber der Trauerwagen nicht von außergewöhnlichem Bau, denn man nahm in der Geschwindigkeit einen alten großen Hofwagen, der umgearbeitet wurde. Man brach die oberen Tafeln aus, um den Sarg frei hineinschieben zu können, die vier Räder und das ganze Wagenwerk wurden schwarz lackiert, die Figuren und Laubwerke des Kastens sowie die Bildhauerei des Gestells vergoldet.
Die vier Pferde, welche den Wagen zogen, waren mit samtenen Trauerdecken verhüllt, alle Fransen, Borten und Schnüre sowie die Tränen waren von Silber, nur die Lilien waren von Gold gestickt.
Am 18. Oktober 1825 wurde der Leichnam König Josephs von Bayern aus der königlichen Residenz-Hofkapelle nach der Familiengruft in der Hofkirche zum hl. Kajetan überführt. Der feierliche Zug setzte sich nachmittags um drei Uhr unter dem Geläute der Glocken und unter der Abfeuerung von 101 Kanonenschüssen in Bewegung.
Der Leichenwagen, geführt von einem königlichen Stallmeister und von zwei Bereitern, war mit acht Pferden bespannt. Auf dem Sarg befanden sich die Reichsinsignien und die Attribute des königlichen Hausordens. Der Hof-Leichenwagen, in der Form eines antiken Sarkophags, bestand aus einem flachen Langwiedgestell mit vier niederen, gleich hohen Rädern. Der Aufsatz, aus vier Säulen und dem gewölbten Dach gebildet, wurde von acht stählernen, liegenden Federn getragen, in dessen Mitte der Sarg mit der Bahrdecke auf das Flachbrett gestellt war. Das Dach, sowie der Unterbau, war mit schwarzem Tuch überzogen, vom oberen Rand bis nahe an den Boden hingen vier große Vorhänge von nämlichem schwarzen Tuch, alle Säume am ganzen Fahrwerk waren mit silbernen Borten, Fransen und Quasten geziert. Die wenige allegorische Bildhauerei war übersilbert und der Grund schwarz lackiert. Damit der Sarg leichter auf den Wagen geschoben und abgenommen werden konnte, wurde er auf eine Reihe dicker Walzen aus Buchenholz gestellt und dann mit samtenem Bahrtuch zugedeckt.
Bei der Einbringung der kaiserlichen Leiche Zar Alexanders von Rußland in St. Petersburg bildete die Garnison von der Kathedrale bis zur Moskauer Barriere ein Spalier. Alle Häuser waren entsprechend der Trauerfeierlichkeit geschmückt, mit zahlreichen Zuschauern ge-

füllt, die sich selbst auf Dächern und Umzäunungen und wo nur irgendwie ein Platz zu finden war, hingestellt hatten, um Zeuge dieses Zuges zu sein. In den Straßen selbst durfte sich nach einer strengen Verordnung der Polizei kein Mensch blicken lassen.

Um halb zwölf Uhr traf der Leichnam beim Schlagbaum an, wo er von allen Mitgliedern des kaiserlichen Hauses, der höchsten Geistlichkeit und Großbeamten des Reiches empfangen wurde. Nach Abhaltung einer Totenmesse setzte sich der unabsehbar lange Zug, der wohl den Raum einer Meile einnahm, nach der Vorschrift des Trauerzeremoniells in Bewegung. Der kaiserliche Sarg stand auf einem überaus prachtvollen achtspännigen Leichenwagen, der über 50.000 Rubel gekostet haben soll. Vier Generalmajore hatten die Stangen desselben angefaßt, acht andere Generäle trugen die Schnüre und Quasten des Thronhimmels und die zwei Vorderquasten des Leichenstuhls. Acht Beamte von Stabsoffizierrang führten die Pferde. Die Generaladjutanten des Monarchen gingen dem Leichenwagen voran, und zu beiden Seiten derselben sechzig Pagen mit Fakkeln. In der Prozession waren die Beamten aller hiesigen Dikasterien und Jurisdiktionen, eine Deputation des Adels, des Handelsstandes, die verschiedenen Korporationen der Bürgerschaft, die Handwerksgilden mit ihren Fahnen und die Zunft der Fuhrleute zu sehen. Garderegimenter eröffneten und beschlossen den Zug.

Neben den vielen Trauerfeierlichkeiten fürstlicher Herrscher verdient auch das Leichenbegängnis des Seehelden Nelson besondere Erwähnung. Sein Wagen stellte einen römischen Tempel dar, dessen Kuppel von acht Palmen getragen wurde, anspielend auf Nelsons herrlichen Sieg am Nil. Der Sarg und der Wagen, worauf jener in feierlichstem Zug nach Westminster gebracht wurde, war aus den Trümmern eines feindlichen Schiffes zusammengesetzt, das bei Nelsons letztem Sieg bei Trafalgar an den Küsten Spaniens geborgen worden war. Den Himmel umgaben acht große Büsche aus schwarzen Straußenfedern, am hinteren Teil des Wagens war die englische Flagge aufgestellt. Die Abbildung des Trauerwagens wurde in London verkauft, worunter die Verse standen:

»Das Schiff, worauf sein Siegesbanner stand,
bringt seinen Helden jetzt tot zu Britanniens Strand.
Hoch oben auf dem Mast sieht man den Lorbeer blühen,
doch ein Zypressenzweig umschließt das Immergrün!
Mit Ruhm befrachtet und von Kummer schwer,
so schwebt es langsam majestätisch her.«

Entwürfe zu Leichenwagen von Johann Christian Ginzrot

Auf Grund der umfangreichen Erfahrungen mit den Wagen der alten Völker und neuerer fürstlicher Herrscher entwickelte Johann Christian Ginzrot zwei Modelle von Leichenwagen, das eine für ein Feldherrnbegräbnis, das andere für Mitglieder höherer Geistlichkeit.

Ersterer Wagen sollte gemäß der Abbildung und folgender Ausführung zu bauen sein:

»Die vier Ecksäulen sind in der Form von antiken Kandelabern ausgearbeitet, darauf vier römische Helme. Der Himmel und die vier Gewande, von schwarzem Tuch oder Samt, werden mit allegorischer Stickerei nach Belieben verziert. Der Sarg, der die ganze Länge und Breite des Trauerkastens ausfüllt, ist nach den Maßverhältnissen, die man in der Zeichnung bemerkt. Ein reiches Bahrtuch bedeckt den Sarg der Länge nach, auf dessen Seiten gemalte oder gestickte Wappen angebracht sind. Schwert, Helm, Orden bezeichnen den Rang des Verstorbenen, wobei man noch einen Sternenkranz von Plattierung, Bronze oder von geschliffenem Kristall über den Sarg hängen kann.

Auf den beiden Seiten des Trauerwagens bewachen vier Löwen von Bronze oder Marmor den entschlafenen Helden. Am Vorderteil ist ein Kutschersitz in römischem Stil angebracht, mit einer Decke von schwarzem Samt, die am oberen und unteren Rande mit silbernen Troddeln eingefaßt, und der Samt mit silbernen Tränen übersät ist. Die untere Gewandung ringsum kann nach gegenwärtiger Zeichnung nachgeahmt werden, ebenso wie die übrigen angegebenen Proportionen und Zierate. Die vom Bildhauer ausgeschnittenen Zierate werden gewöhnlich übersilbert, das glatte Holz schwarz lackiert, und der Sargkasten hängt in acht Horizontalfedern.«

Der zweite Entwurf für den Bau eines Trauerwagens eines obersten Mitgliedes der Geistlichkeit besteht ebenfalls aus einer Abbildung und folgenden schriftlichen Ausführungen:

»Der Kasten, der den Sarg faßt, ist in der Gestalt eines römischen Sarkophags, ringsum mit Trauergewanden umhüllt, die mit silbernen Fransen und Quasten eingefaßt sind. Der Himmel wird von vier einfachen Kandelabern getragen, die entweder versilbert oder mit weißem Marmorlack überzogen sind. An den vier Ecken bewachen die vier geistlichen Tugenden: Glaube, Liebe, Hoffnung und Geduld den Sarg. Dieser Sarg ist mit einem reichen, samtenen Bahrtuch überhangen, das gewöhnlich von veilchenblauem Samt verfertigt wird, mit einer silbergestickten Bordüre rings um den Rand, und mit den Insignien eines geistlichen Fürsten verziert. Die Umfassung des Wagengestells, worunter die vier Räder, nach uralter Art, verschlossen laufen, ist ebenfalls von violettem Samt oder Seidenzeug gefertigt, in der Mitte hängt gewöhnlich die Wappendecke des Verstorbenen auf schwarzem Samt, in Gold, Silber oder farbiger Seide gestickt, mit einem durchsichtigen, seidenen Flor überspannt, um die Lebhaftigkeit des Glanzes etwas zu mildern. Der Sargkasten hängt schwebend auf dem Gestell zwischen vier Horizontalfeldern, wie der erstere Wagen, welche Federn zu jetziger Zeit allgemein bekannt, und an dergleichen Trauerwagen vorzüglich zu empfehlen sind. An dem Kasten und an dem Gestell, wie gewöhnlich fest zusammengebaut, sind die Prellstöße zu hart, besonders auf gepflasterten Wegen, so

Entwurf eines Leichenwagens für eine höhere Geistlichkeit.

daß manchmal einige Stücke der angebrachten Zierate davonfliegen, und der langsame, hin und her schaukelnde Gang keine edle Wirkung hervorbringt. Die meisten dieser Wagen, für hohe Geistliche bestimmt, werden mit violettem Lack, anstatt schwarz, überfirnißt, mit violettem Samt oder Seidenzeug, anstatt bei anderen mit schwarzem Tuch, überzogen, und alle Stickereien und Bildhauereien, die gewöhnlich an Trauerwagen übersilbert werden, sind an diesen in Bronze oder Übergoldung ausgeführt. Überhaupt gehört zu dergleichen Arbeiten Kenntnis und Geschmack, um die Bilder mit Anstand aneinander zu reihen, und das Einfache, Schöne, Erhabene und Große gehörig zu verbinden.«

Leichenwagenentwurf für ein Feldherrnbegräbnis.

Leichenwagen des Zaren Alexander von Rußland.

VII.

Die Wagen und Fuhrwerke der Morgenländer

Inhalt

China 283
Birma 285
Japan 289

An mehreren Stellen dieses Werkes wurde bereits darauf hingewiesen, daß unsere Fuhrwerke ihren Ursprung vor allem auch den Morgenländern verdanken. Es kann daher nicht übergangen werden, auch diesen Völkern ein Kapitel zu widmen, um einen kurzen Überblick über die Vielfalt ihrer Fuhrwerke zu vermitteln.

China

Wohlhabende Personen in Peking ließen sich gewöhnlich in Sänften tragen, oder sie ritten. Daher sah man an allen Orten Pferde, Maulesel und Tragsessel zu mieten. Beräderte Fuhrwerke, Kutschen, Chaisen und dergleichen waren in den Städten wegen der ungeheuer großen Bevölkerung nur wenig in Gebrauch. Wiewohl es in Handels- und Stapelplätzen genug vierrädrige Fuhrwerke und Packkarren gab, um das Gepäck der vornehmen Chinesen und anderer angesehener Personen zu transportieren, wobei man sich meistens der Pferde bediente, so zog es der Chinese vor, die täglichen Versendungen des Handels in Hunderten kleinen Paketen verteilt durch Menschen besorgen zu lassen, die dadurch ihr tägliches Brot verdienten.

Am Hof zu Peking ließen sich der Kaiser wie auch verschiedene Vornehme öfters in ihren Spazierwagen sehen. Diese waren mit vier

Chinesische Chaise der kaiserlichen Prinzessinnen, mit vier Pferden bespannt und von einem Reitknecht geleitet.

Chinesischer Frauenwagen mit gewölbtem Himmel, von einem Diener geschoben.

Pferden bespannt, die mit einer Art antikem Jochgeschirr belegt waren und in einer Reihe nebeneinander zogen, von einem Reitknecht am Handzügel geleitet.
Ebenso zeigten sich auch die kaiserlichen Prinzessinnen in ihren Lustgärten in dergleichen zweirädrigen Chaisen fahrend, die mit vier Pferden bespannt, von einem Reitknecht zur Linken begleitet wurden. Der Kasten dieser Gefährte war wie das uralte Carpentum der Römerinnen mit einem gewölbten Dach von reichem Goldstoff und Stickerei überspannt, das Vorderteil, das zugleich als Eingang diente, ließ sich als Türe mit Gitterfenstern öffnen und schließen.
Die Gartenwägelchen der kaiserlichen Kammerfrauen waren mit einem gewölbten Himmel halb bedeckt, und das Fahrwerk reich verziert; ein Diener schob diesen Frauenwagen vor sich her.
Die Kriegswagen der chinesischen Generäle, sowie die Beschirrung ihrer Kriegsrosse zeichneten sich vorzüglich durch ihre Pracht aus.

Spazierwagen chinesischer Kaiser, von vier Pferden gezogen und von einem Reitknecht am Handzügel geleitet.

Birma

Die vornehmsten Birmanen zeichneten sich gemäß dem Rang ihrer Familien im Staate und ihrem Vermögen durch die Anzahl der Zierknoten aus, die sie auf der Dachspitze ihres Wagenhimmels aufrichteten, und die auf ihren Palästen, Lustschlössern und Staatswagen überall mit der nämlichen Anzahl übergoldet erschienen; man bezeichnete sie als das königliche Piasath.

Die Verzierung der Kasten und des Gestells ist fast immer von derselben Art. Die Wagen sind mit Pferden bespannt und meistens mit einer gekrümmten Flaggendeichsel versehen.

Am königlichen Wagen bewachen vier Löwen in einer gebeugten Stellung das Innere, und am Fuß des Piasaths befinden sich zwei Vögel mit ausgebreiteten Flügeln.

Der Kaiser der Birmanen hob sich von allen übrigen durch seine Pracht und seinen Reichtum hervor. An gewissen festlichen Tagen, wenn er in Pomp vor dem Volke erscheinen wollte, ließ er zwei zahme und besonders dazu abgerichtete Elefanten vor seinen Wagen spannen, und diese mit einer großen Überdecke von feinem Scharlachtuch vom Kopf an über den ganzen Körper belegen. Ringsum waren die Decken mit schweren goldenen Fransen und Schnüren eingefaßt, hin und wieder mit goldenen und silbernen Stickereien, Schnallen, Quasten und Troddeln verziert. Der Kasten samt dem Dach, dem Piasath mit sieben Abteilungen und den Fensterrahmen ringsherum, ganz frei und offen aus Bambusrohr verfertigt, war, obgleich nicht noch über den Boden hängend, bis an die Spitze 18 englische Fuß hoch.

Vorne auf dem Gestell war ein kleiner Sitz angebracht, worauf der Elefantenlenker allein

Zweirädriger Kriegswagen chinesischer Generäle, jeweils von vier Kriegsrossen gezogen.

saß, mit einem langen Stab in der Hand. Der Kutscher vorne, sowie die zwei Bedienten hinten auf dem Lakaienbrett hatten ihre Füße ganz hinaufgezogen auf orientalische Art.

Die inneren Flächen des Kastens waren mit rotem Seidensamt überzogen, die vier Ecksäulen desselben waren eine jede mit zwei Schlangen, Boas, behangen, eine aufwärts und die andere abwärts sehend. Diese Gattung von Schlangen ist bei diesem Volk ganz heimisch geworden und wird von ihnen fast wie eine Gottheit verehrt. An der Vorderwand saßen zwei Vögel von der Gattung der Pfauen mit geschlossenem Schweif.

Von den einfachen gröberen Karren und Fuhrwerken des Volkes wird durch einen Major Seymes erzählt: »Unweit der Stadt Miede begegneten wir einer aus dem Süden der Hauptstadt kommenden Wagenkarawane. Diese Wagen sind viel bequemer und sauberer als die plumpen Karren in Indien. Ein jeder wurde von sechs jungen Stieren gezogen, und andere folgten als Reserve. Ein gutes Bambusdach, mit gemaltem Tuch überzogen, hielt den Regen ab. Da die Wagenräder nicht geschmiert werden, so kündigte ein schreckliches Getöse ihre Ankunft eher an, als man sie sehen konnte. Des Nachts werden sie in einem Kreis herumgestellt und bilden eine Wagenburg, innerhalb der man das Vieh füttert, Feuer anzündet, Speisen bereitet und sich vor den Tigern zu schützen sucht.«

Birmanischer Kaiserwagen, reich geschmückt und von zwei Elefanten gezogen.

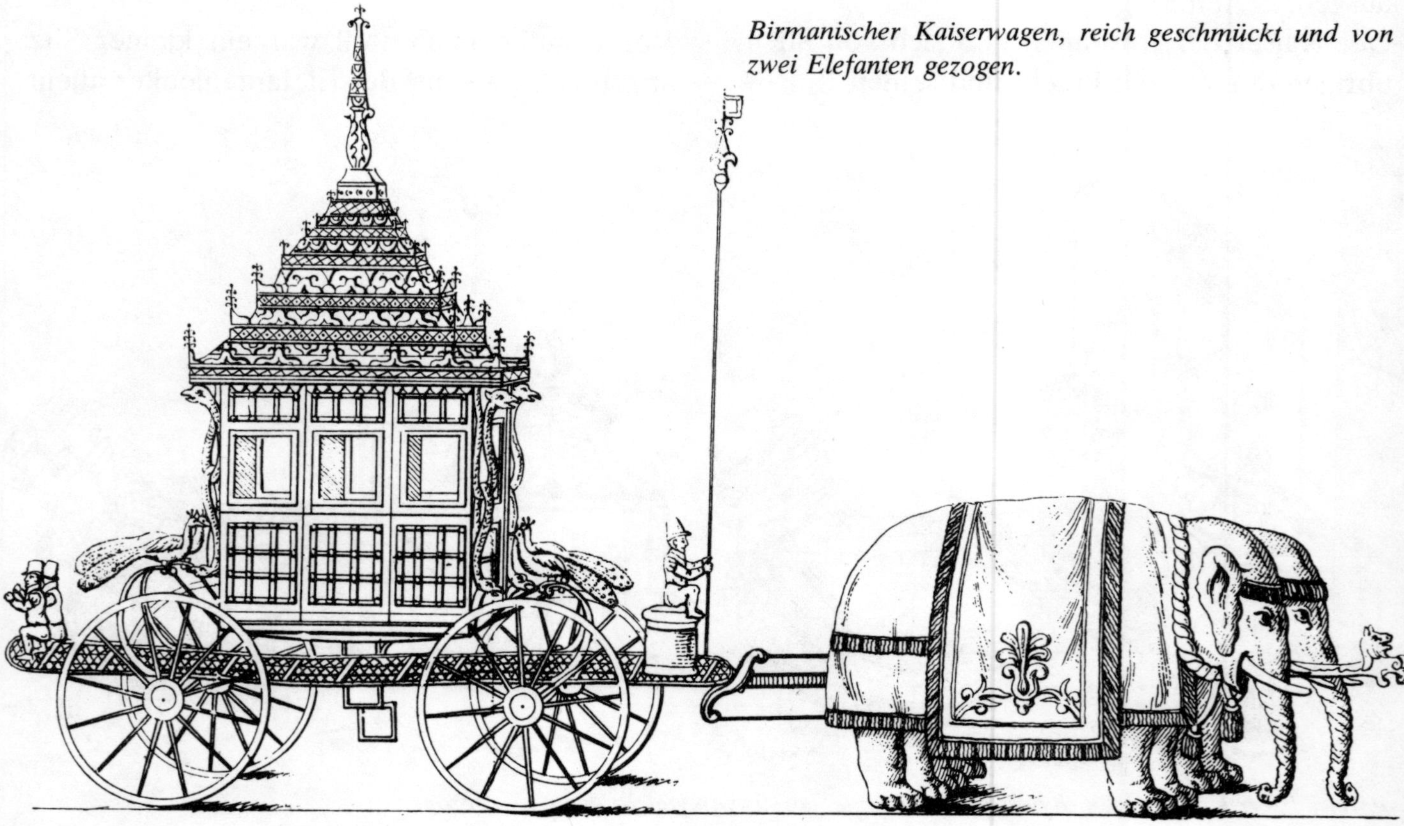

Birmanischer Staatswagen mit dem Piasath von neun Knoten und der Flaggendeichsel.

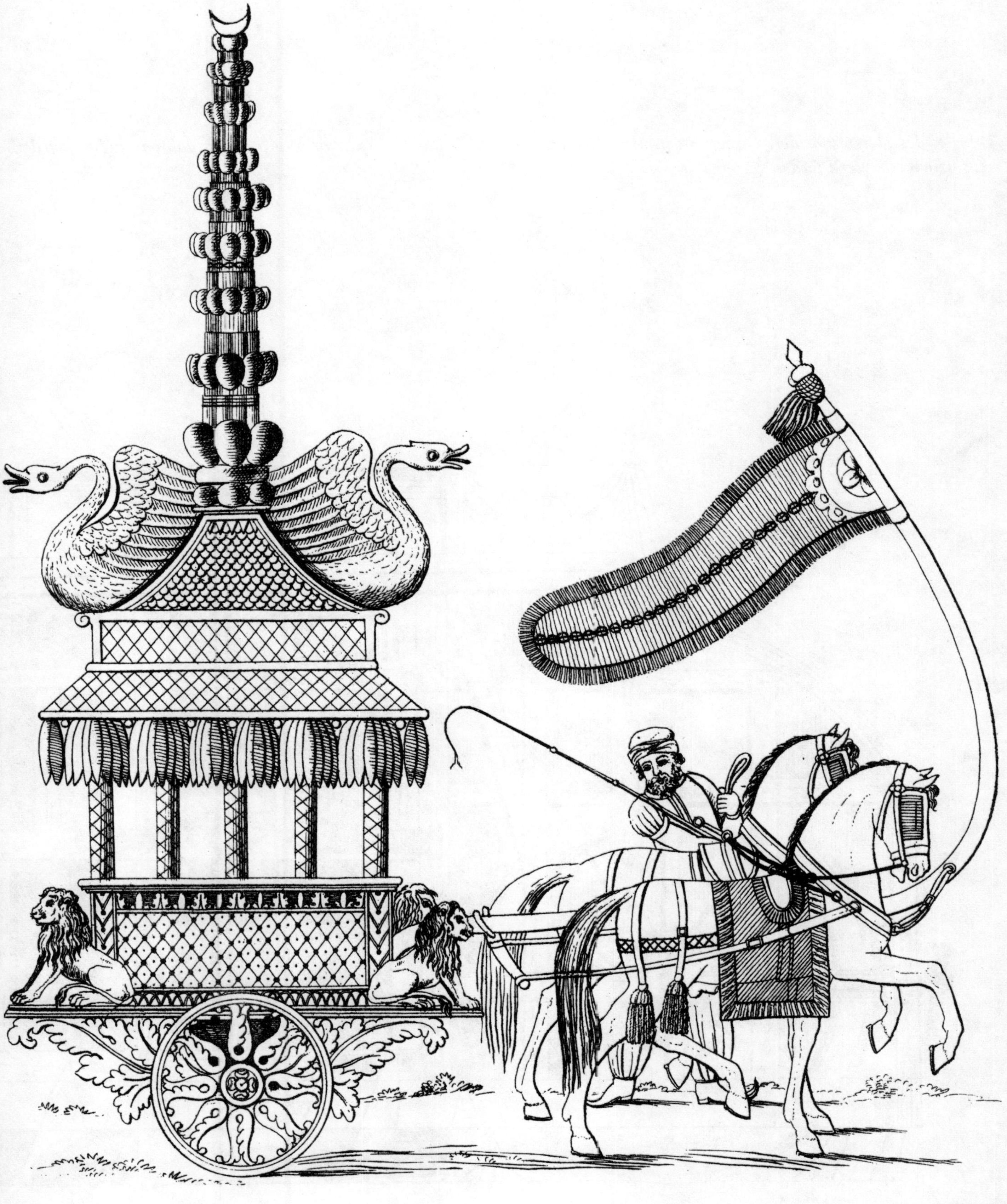

Wagen des Herrn Garnier, vorgeführt in München im Jahr 1827; der Kasten, worin der Elefant laufen mußte, wurde zusätzlich von vier Pferden gezogen.

Japan

Der Pracht- oder Himmelwagen, den der Statthalter führte, erschien gewöhnlich in der Mitte eines ganzen Zuges und war meistens von den vornehmsten Edelleuten umgeben, die zu beiden Seiten auf prächtigen Pferden ritten, weiters folgte eine Menge Kriegsleute, japanisch gekleidet. Jeder war mit zwei langen Säbeln versehen, teilweise mit Piken, teilweise mit Flinten bewaffnet. Der Wagen war überaus prächtig und kunstvoll gearbeitet, die Räder mit Zierat fast ganz überdeckt, in Glanz vergoldet und nach chinesischer Art lackiert. Zwei große, längliche Löcher und zwei kleinere ganz runde waren an jedem der vier Räder durchbrochen, die ohne Speichen und ohne Felgen verfertigt waren. Die Vorhänge, welche die Außenseite des Kastens ringsum umgaben, waren aus Seidenzeug, mit Blumenwerk geziert, welches ganz nach chinesischem Geschmack gearbeitet war. Auf dem erhabenen

Himmel, der auf den vier Ecksäulen ruhte, sah man vier vergoldete, geflügelte Drachen. Sie schienen ein Wappenschild in der Mitte mit ihren Klauen festzuhalten. Der Kutscher saß außen auf dem viereckigen Kastensitz auf einem reich gefüllten Polster, der mit demselben geblümten Seidenstoff überzogen war, und hatte die Beine kreuzweise unter den Leib geschlagen nach japanischer Art. Hinter dem Himmelwagen saßen auf einem besonderen Sitz drei Spielleute, gewöhnlich eine Art Flötenspieler, vier braunrote Pferde liefen vor dem Wagen.
Der Statthalter oder Gouverneur ließ sich zuweilen durch die Öffnung der Vorhänge sehen, worauf sich sogleich jedermann vor ihm zur Erde niederneigte. Der Zug schloß mit einer großen Anzahl von Würdenträgern und anderen Vornehmen, umgeben von einer unzählbaren Menge von Zuschauern.
Besonders reich sind die japanischen Wagen zu Jedo, deren sich die Vornehmen und Großen in jenem Land gewöhnlich bedienten, und die, obgleich nur auf zwei Räder gestellt, doch den eben beschriebenen an Pracht nicht nachstanden. Gewöhnlich fand man daran vor den Rädern kleine eiserne Treppen mit vier Stufen, um bequemer einsteigen zu können. Der

Prachtwagen des indischen Gouverneurs von Miako.

Himmel lief in der Mitte spitz zusammen und hatte auf jeder der vier Ecken einen geflügelten Drachen liegen, mit aufgesperrtem Rachen. Die Tafeln rings um den Kasten waren gewöhnlich mit Einschieberahmen von zierlich gemaltem und vergoldetem Tuch überspannt. Die vier Eckleisten ringsumher waren mit Blumengehängen und Obst verziert.

Zweirädriger japanischer Wagen zu Jedo, dessen sich die Vornehmen und Großen bedienten.

VIII.

Die Schlitten und Schleifen

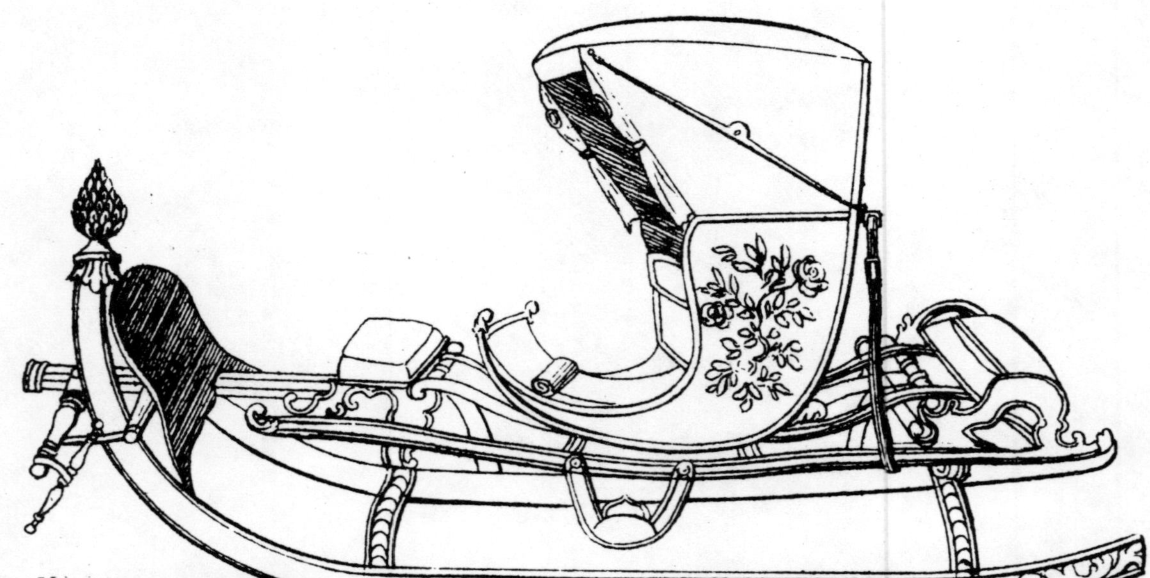

Schleifen und Schlitten sind Fuhrwerke ohne Räder, welche aus einem Gerüst von zwei Schlittenkufen, Schlittenläufen oder Schlittenbäumen, mit den nötigen Verbindungsleisten zusammengehalten, bestehen.

Die Schleife dient zum Transport der Lasten auch im Sommer, bei Arbeiten auf dem Land, zum Einbringen der Holzstämme und ähnlichem. Der Schlitten hingegen wird nur auf beschneiten Wegen und auf Eis verwendet.

Schon den alten Römern und Griechen waren die Schlitten bekannt, jedoch nicht als ein Fuhrwerk, dessen sie sich selbst bedienten, sondern sie sahen solche bei den fremden Völkern, mit denen sie Krieg führten. Im übrigen liegt es auf der Hand, daß in den nördlich gelegenen Ländern der Gebrauch der Schlitten am ausgedehntesten war und ist. Die Lappländer, Eskimos und Russen bedienten sich fast ausschließlich solcherlei Fuhrwerke, wobei sie verschiedenste Formen, wie auch Schlafschlitten und ähnliches, entwickelten.

Die einfachsten Schlitten in unseren Gegenden sind wohl diejenigen, deren sich die Gebirgsbewohner bedienen, um im Winter das Heu aus den im Gebirge verstreuten Stadeln, Holz, Streu und anderes einzubringen. Es ist auch keinem Zweifel unterworfen, daß die erste Anwendung von Schlitten zum Transport von Waren und anderer Lasten und für Reisen erfolgte.

Indes fing man bald an, sich der Schlitten auch zum Vergnügen zu bedienen. Die ungemein schnelle und sanfte Bewegung, welche ein gutes Pferd vor einem leichten Schlitten gewährte, war eine zu reizende Einladung. So entstand eine der beliebtesten Winterbelustigungen. Die sogenannten Rennschlitten waren die ersten, deren man sich hierzu bediente. Die edlen Familien der Vergangenheit, die allgemein in großem Wohlstand lebten, fanden Vergnügen darin, das fleißige Bestreben der Künstler jener Zeit aufzumuntern und zu unterstützen. Diese waren unerschöpflich in ihren Erfindungen zur Verzierung der Schlitten und Ausschmückung der Schlittenpferde. Die alte Göttergeschichte lieferte hierzu einen reichhaltigen Stoff, und die berühmtesten Bildhauer jener Zeit wetteiferten miteinander, die Schlitten mit trefflich gearbeiteten Bildern zu versehen – daher die Bilderschlitten. Es war nichts Seltenes, bei einer solchen Schlittenfahrt alle Götter und Göttinnen Griechenlands und Roms vereinigt zu sehen.

Die alten Chronikschreiber unterließen es nicht, uns viele Nachrichten von Schlittenfahrten großer Herrschaften aufzubewahren.

So liest man in der Augsburger Chronik von Stetten, daß am 4. Jänner 1569 einige Fuggersche und andere junge Geschlechter zu der verwitweten Herzogin von Lothringen, Christiana, welche sich damals zu Friedberg aufhielt, mit vielen Frauenzimmern auf Schlitten fuhren, und nachdem sie einige Stunden in der Stadt herumgefahren waren, kehrte der Zug wieder in der nämlichen Ordnung nach Augsburg zurück.

Im Jahre 1690 wurde bei Gelegenheit der Krönungsfeierlichkeiten zu Augsburg der römischen Kaiserin Eleonora und des römischen Königs Joseph I. von den kaiserlich-königlichen Kavalieren eine sehr glänzende Schlittenfahrt von achtzehn Schlitten veranstaltet, jeder mit vier Fackeln zu Pferde begleitet.

Rennschlitten auf vier Reichenbach'schen Federn.

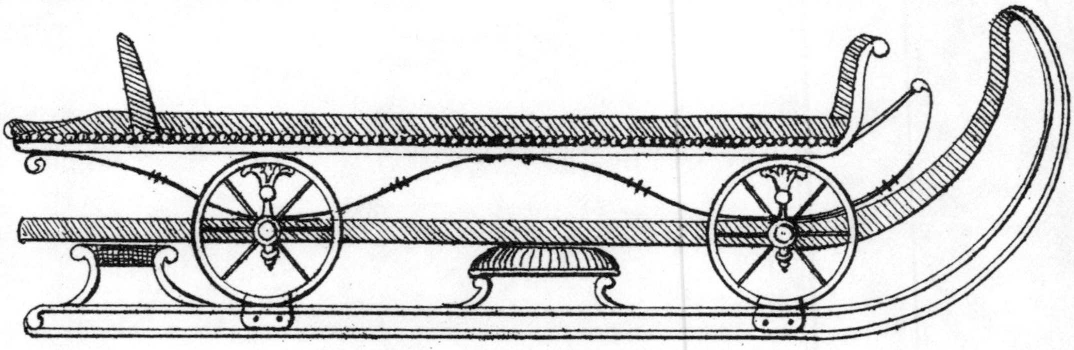

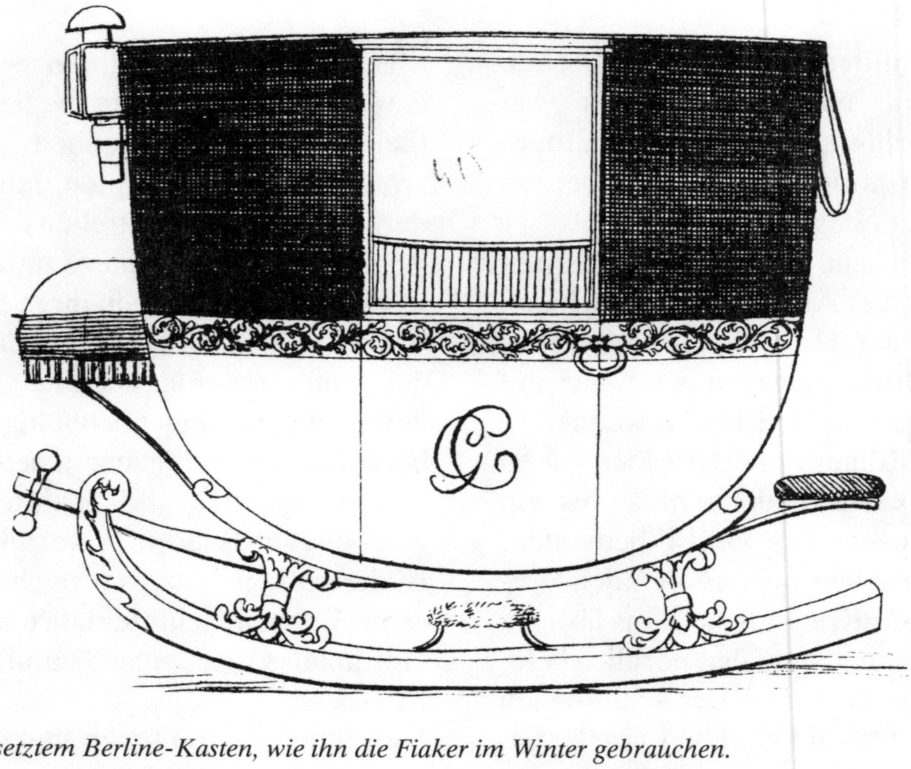

Schlitten mit aufgesetztem Berline-Kasten, wie ihn die Fiaker im Winter gebrauchen.

Pendelschlitten; der Kasten hat am Hintersitz Raum für zwei Personen und vorne für den Fuhrmann.

Ein mit sechs Pferden bespannter Schlitten, worauf der Trompeter mit dem Heerpauker saß, zog dem Zug voran. Der schimmernde Schmuck der Damen, welche jenen Zug begleiteten, soll ganz unvergleichlich gewesen sein.
Aber selbst diese harmlosen Vergnügungen konnten den Verfolgungen nicht entgehen. So liest man in der Nürnberger Chronik vom Jahre 1452, daß der Kardinal Johannes Capistranus daselbst eine Strafpredigt hielt, worin er unter vielem anderen ausdrücklich befahl, die Bilderschlitten, die Schnabelschuhe, die Wulsthauben, die Würfel, die Karten und Brettspiele öffentlich zu verbrennen, welches auch aus frommem Eifer – zumindest teilweise – geschah.
Da der Fasching bei uns gerade in die Zeit fällt, wo man sich der Schlitten bedienen kann, so fehlte es bei diesen Schlittenfahrten nicht an Maskeraden, die oft sehr sinnreich ausgedacht waren. Ein Beispiel davon lieferte Kaiser Peter der Große, der eine berühmte Schlittenfahrt von sechzig Schlitten, die zusammen eine Seearmee darstellten, von der größten Fregatte, die der Kaiser führte, bis auf die kleinste Schaluppe veranstaltete.
Auch in Bayern veranstaltete man zuweilen dergleichen Schlittenfahrten. So wurde im Jahre 1751 unter der Regierung des Kurfürsten Max III. und seiner Gemahlin Maria Anna in München, wie schon mehrere Jahre früher und auch später, zur Fastnachtszeit von seiten des Hofes eine maskierte Bauernhochzeit veranstaltet, welche in schön gezierten Schlitten unter Begleitung von Musikanten nach Nymphenburg und bei ihrer Rückkehr in der ganzen Stadt herumfuhr. Dieselbe bestand aus Wirt und Wirtin, von dem Kurfürsten und der Kurfürstin selbst dargestellt, aus dem Hochzeitslader, Braut und Bräutigam mit ihren beiderseitigen Eltern, Kränzeldirnen, Beiständen, dem Dorfrichter, Pfarrer, Schulmeister, Mesner, Kramer, Müller, Spielleuten, Nachtwächtern, samt ihren Weibern, Schergen, Ober- und Unterhausknecht; dann, als Hochzeitsgäste, aus österreichischen, ungarischen und böhmischen Bauern, bayerischen Ober- und Unterländern, Oberpölzer Bauern, mit ihren Weibern, alle von reitenden, mit langen Knallpeitschen versehenen Knechten begleitet. Die Herren und Damen, welche diese Masken übernahmen, wurden durch das Los gezogen und in dieser Ordnung auch bekanntgegeben.
Da diese Schlittenfahrten von den ältesten Zeiten herstammen, so ist es nicht zu verwundern, daß sie das Gepräge des grauen Altertums und der wahren ritterlichen Zeit sowohl an den Verzierungen ihrer Schlittenkasten als an ihren leichten Caroussel-Wägelchen, worauf man öfters die schönen gezierten Kasten der Schlitten setzte, aufwiesen, wobei man sich der heraldischen Pferderüstung und Beschirrung mit Prachtdecken, Kopf- und Federbüschen, Quasten, Fransen, Schellen und Glöckchen bediente. Bis endlich eine neue Mode zu herrschen anfing und alles verdrängte, was nur die geringste Spur des Alters an sich trug.
Neuere Schlittenformen entstanden, indem man die leichten und zierlichen Kästen der Sommerchaisen und Kaleschen von ihren berädertem Gestellten absetzte und auf die dazu eingerichteten Schlittenkufen befestigte. Das leichte Chaisengeschirr diente nun ebenfalls zur Schlittenfahrt, und ein leichter Schellenkranz, den man den Pferden um den Hals hing, war

Prunkvoll gezierte Schlitten aus Rußland.

Schlitten, welche bei der großen Schlittenfahrt während des Wiener Kongresses Verwendung fanden. – Oben: Unter Kaiserin Maria Theresia erbauter Schlitten. – Mitte: Schlitten des kaiserlich-königlichen Oberstallmeisters Baron von Trautmannsdorf. – Unten: Schlitten des Prinzen Eugen.

Schlitten der Königin Marie Antoinette, welcher im Jahr 1782 erbaut wurde.

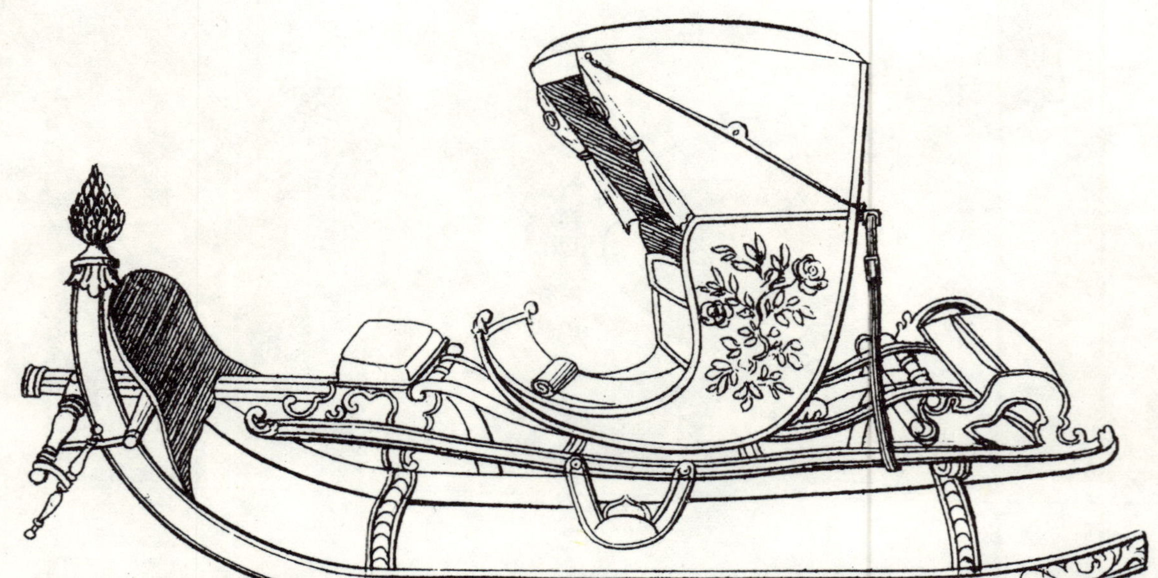

Schlitten aus dem Jahr 1825; der Kasten bietet Raum für zwei Personen.

hinlänglich, um den Fußgängern in den bevölkerten Straßen der Städte das Herannahen eines Schlittens kundzugeben.
Der verbesserte Wagenbau indes nahm seinen Einfluß auch auf den Bau der Schlitten. Überdies hat auch die Mode ihr Reich über diesen Gegenstand verbreitet. Solange man nicht imstande ist, etwas Besseres und Schöneres zu machen, macht man etwas anderes, und dies wird solange dann das Trefflichste sein, bis es von etwas Neuerem verdrängt wird.

Auch technische Errungenschaften wurden in der Folge dem Schlittenbau zuteil. So hat etwa der Mechaniker Owen zu Stockholm einen Dampfschlitten erfunden, das ist ein Schlitten, bei welchem statt der Pferde eine Dampfmaschine eingesetzt wird. Er hat Raum für zwölf bis fünfzehn Personen. Der damalige König von Schweden hat dem Erfinder daraufhin ein ausschließliches Privilegium zur Erbauung der Dampfschlitten auf eine Reihe von Jahren erteilt.

Lankenspergers Bewegliche Patent Achsen.

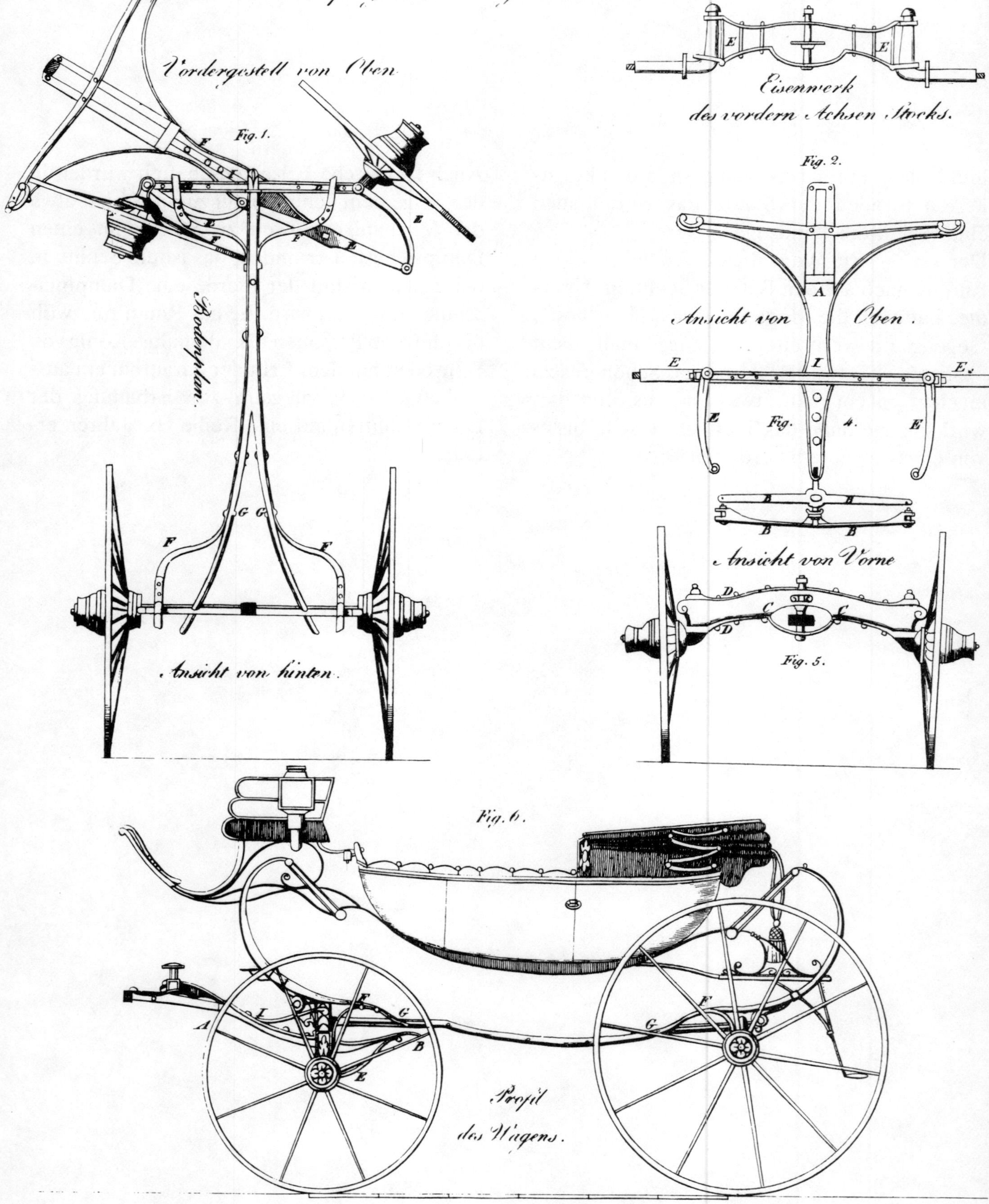

IX.

Über sonderbare Fahrzeuge und neuere technische Entwicklungen

Inhalt

Verschiedene sonderbare Fahrzeuge 305

Technische Neuerungen am Kutschenbau jüngster Zeit 311

Der Dampfwagen 315

Die Holzbahn 320

Verschiedene sonderbare Fahrzeuge

Vor Zeiten fand man in China Schubkarren von besonderer Bauart, sogenannte Segelschubkarren. Wenn der Wind günstig war und die Oberfläche des Bodens eben genug, so half sich der Chinese dadurch, daß er ein Segel aufzog, um die Anstrengung des Schiebens und Ziehens seines Schubkarrens zu erleichtern. War der Wind ungünstig, so mußte er wohl den Karren mittels eines Seils, das er sich über seine Schultern hing, hinter sich herziehen. Es waren von dieserlei Wagen oft ganze Flotten zugleich unterwegs, sodaß man in den weiten Ebenen glauben konnte, sich mitten auf dem Meer zu befinden. An den Außenwänden des Karrens wurden zwei Stangen befestigt, zwischen welchen eine Matte oder ein leinernes Tuch gespannt wurde. Eine Vorrichtung zum leichten Auf- und Abspannen ergänzte zumeist dieses interessante Beiwerk eines Wagens.

Ein weiteres Fahrzeug, das des Windes bedurfte, stellte der Luftballon dar. Die leichtere Gattung von diesen wurde von Taffet verfertigt und mit elastischem Firnis überzogen, wodurch hinlänglich Festigkeit und Zähigkeit erreicht wurde. Über die obere Kuppel war eine Netzkappe gespannt, von der ringsum eine Menge Schnüre herabhingen, woran der Korb oder das Schiffchen festgebunden wurde. Dieses diente den Luftreisenden zum Aufenthalt und als Laderaum der nötigsten Instrumente, des Vorrats und der Waren. Diese Art Ballone wurde gemäß einer neueren Erfindung nicht mit Feuer, sondern mit Gas betrieben. Verwendete man also früher stark erhitzte Luft

Chinesischer Segelschubkarren; an zwei an der Außenwand befestigten Stangen befand sich ein Segel aus einer Matte oder von Leinwand.

Luftballon; über die Kuppel wurde eine Netzkappe geworfen, von der ringsum Schnüre herabhingen, worin der Korb oder das Schiffchen lag.

zum Aufsteigen des Ballons, wobei nach der Erfindung des Velinpapierfabrikanten Montgolfier aus Paris an der Unterseite sich eine weite Öffnung befand, in deren Mitte ein großer Kessel mit Papierspänen oder Stroh geheizt wurde, wurden nun die Ballons mit verschiedenen Arten von Gasen, welche leichter als Luft waren, gefüllt. In der Folgezeit wurden letztere vor allem deshalb vorgezogen, da der Betrieb der sogenannten Montgolfière sehr gefährlich war. Die Ballonheizer waren oft zu leichtsinnig mit dem Feuerschüren in der Luft, und nicht selten kam es zu größeren Unglücksfällen.

Das Schwimmwägelchen, ein wohl recht ausgefallenes Fahrwerk, stellte ein leichtes Boot dar, dessen sich der Erfinder, ein alter Seemann, mehrmals öffentlich bediente, um auf den

Schwimmwägelchen, welches im Jahr 1820 in Paris von einem alten Seemann verwendet wurde.

schönen Wegen von Paris spazierenzufahren. So erschien der Erfinder des öfteren am Rand des Seineflusses mit seiner leichten Gondel, die auf einem Wägelchen mit drei Rädern gebaut war, wovon die zwei größeren voran, das kleinere hintennach als Steuerruder diente. Sowie er mit seinem Schiffchen sich in die Mitte des Flusses begeben hatte, fing dieser geschickte Schiffer auf vielerlei Arten an, seine Fähre mit der größten Behendigkeit zu drehen und zu wenden, und nachdem er mehrmals unter den Bögen der Königsbrücke hin und her gefahren war, begab er sich mit seinem Schiffchen, welches ihm nun als Wägelchen diente, geradewegs das steile Ufer hinauf an den Platz, von dem er zuerst abgefahren war. Eine ungeheure Menge Zuschauer begleitete stets mit ihren Blicken diese Versuche von beiden Ufern der Seine.

In den weiten Ebenen um London fand der sogenannte Wind- oder Segelwagen Verwendung. Auf diesem stand ein Mann mit drei Jünglingen, ließ das Segel nach seiner Angabe bald rechts und bald links spannen, und das sonderbare Landschiff flog mit großer Schnelligkeit dahin. Dieses Fuhrwerks haben sich auch in anderen Ländern Reisende bedient, vorzüglich in den weiten Steppen Arabiens.

Zu allen Zeiten versuchte der Mensch, die Kräfte des eigenen Körpers nutzbringend zu verwenden und sie in möglichst rationeller Weise für die verschiedensten Arten der Fortbringung nutzbar zu machen. So erfand er denn auch einen Wagen, der keiner fremden Kraft bedurfte, sondern den man mit Hilfe der Kraft der Beine fortbewegte.

Wind- oder Segelwagen für vier Personen aus den weiten Ebenen um London.

Der Reisende saß in der Mitte des Fuhrwerks auf einem leichten Stuhl und betätigte mittels einer langen Stange die Lenkung. Hinter ihm befand sich der Fahrer, der durch das Treten der Pedale das Fahrzeug voranbrachte. Die Übersetzung erfolgte mittels Zahnrädern auf das Laufrad. Der Bau und die Gestaltung dieses Wagens war von einfacher Art und möglichst leicht zu halten, um durch zuviel Gewicht nicht unnötige Beschwernis zu schaffen. Nichtsdestotrotz war es kein leichtes, weitere Strecken auf schwierigen Straßen zurücklegen.

Tretwagen; hinter dem Sitz des Reisenden bewegt der Fahrer den Wagen durch das Treten der Pedale vorwärts, die Lenkung erfolgt durch den Reisenden.

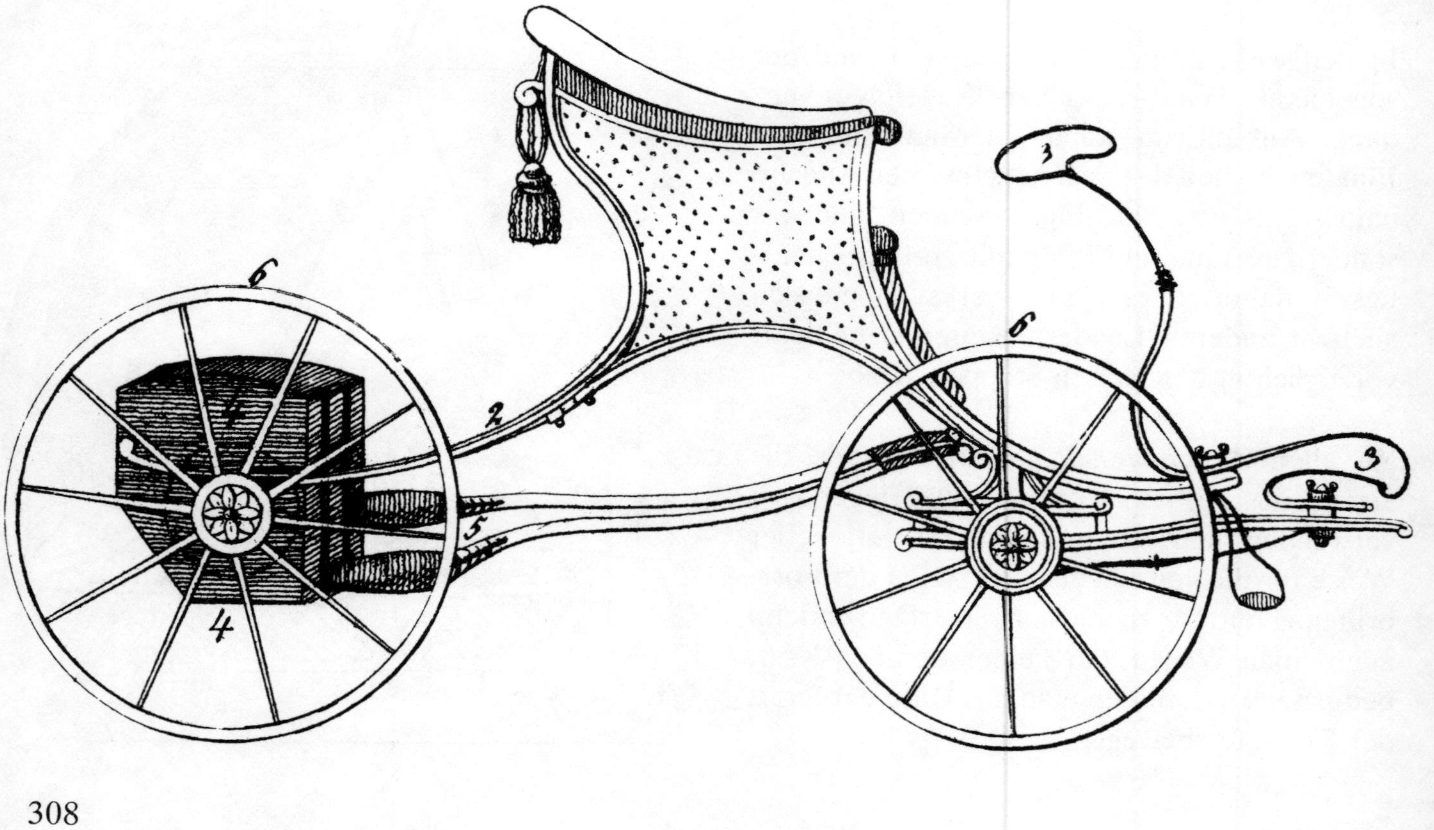

Technische Skizze eines Tretwagens.

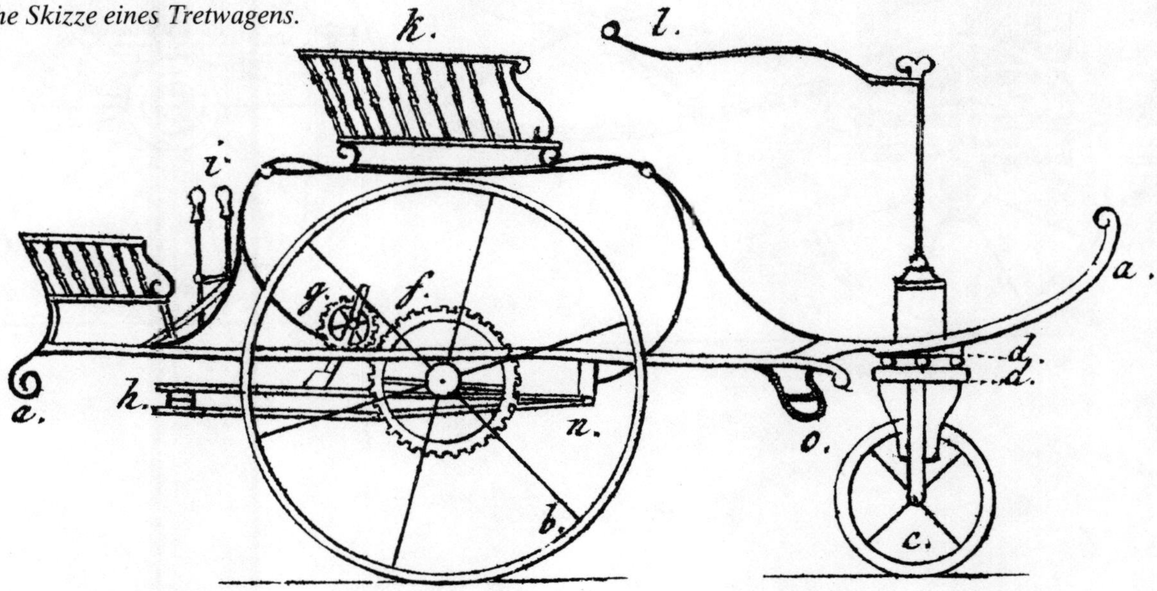

Veranschaulichter Gebrauch des Tretwagens für eine Person und den Fahrer.

Berline auf einem Langwiedwagen schwebend; der Kasten hängt auf jeder Seite auf langen, doppelten Horizontalfedern.

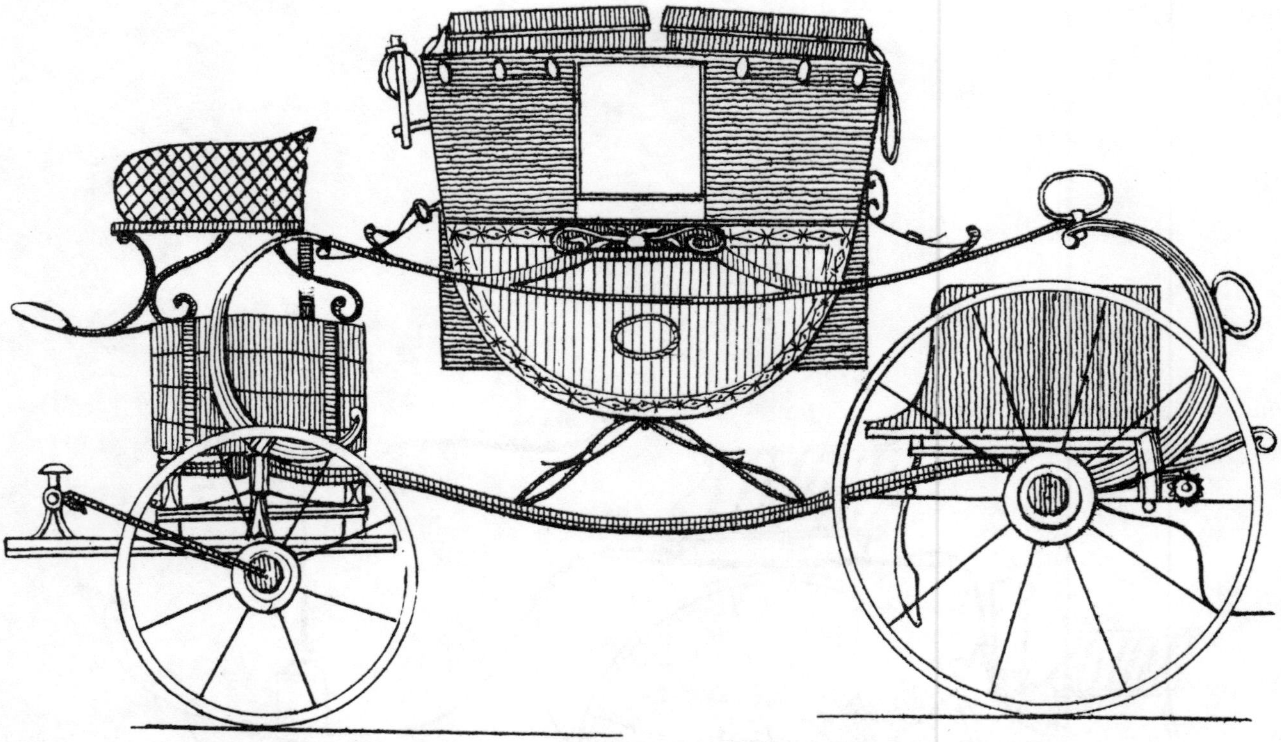

Leichte Balancekalesche des Wagenfabrikanten Leimgruber aus Paris.

Technische Neuerungen am Kutschenbau jüngster Zeit

Verbesserungen am Kutschenbau alter Zeiten erfolgten seit jeher als eine Vergrößerung des Komforts. Da man weiters die Antriebskraft dieser Wagen nicht beliebig steigern konnte, mußte der Wagen immer leichter gebaut werden, wobei er aber an Festigkeit, Stabilität und Sicherheit zunehmen sollte.

So veränderte man seit Jahrhunderten das Material sowie die Federung des Fuhrwerkes. Schließlich war noch ein besonderes Augenmerk auf eine leichte Beräderung und leichtgängige Lenkung zu richten.

Eine der letzten Errungenschaften des Kutschenbaus stellt die leichte Ballancekalesche dar, die vom Wagenfabrikanten Leimgruber in der Rue de Jaubert Nr. 8 in Paris erfunden wurde. Dieser unternahm mehrere Versuche, um die Biegsamkeit einer ganzen Federlänge zu erreichen, hingegen es bislang der Fall war, daß ein Teil der Feder gänzlich steif und unbiegsam war und nur der oberste Teil jeweils Elastizität aufwies.

Diese Kalesche wurde mehrmals in Paris einer öffentlichen Probe unterworfen, indem sie vom Platz Ludwigs XVI. bis auf den Sternplatz zum Triumphbogen mit vier Pferden in stärkstem Galopp gefahren wurde. Man hatte sie bei dieser Gelegenheit die schlechten Wege durchfahren lassen, und immer wieder hat sich das Urteil bewährt, welches in auszeichnender Weise für diese Chaise ausfiel. Alle Personen, die darin gefahren waren, stimmten überein, daß sie noch kein sanfteres Gefährt als dieses erlebt hätten. Es haben schon eine Menge Kenner und Nichtkenner des Wagenbaus gewagt, ihre Erfindungen der Welt bekannt zu machen, von denen hier einige mitgeteilt werden. Ein besonderes Augenmerk wurde dabei stets auf die Sicherheit des Fahrens gerichtet. Viele dieser Erfindungen beinhalteten daher Vorrichtungen, mit Hilfe derer ein größeres Übel abgewendet werden konnte, wenn die Pferde scheu wurden und die Absicht zeigten, in vollem Lauf davonzugehen.

Herr Gottfried Liebeldt, Wagenfabrikant zu Wien, der sich schon im Jahre 1812 durch die Erfindung seiner beweglichen Achsen bemerkbar gemacht hatte, konstruierte mehrere Wagen, welche so geschaffen waren, daß sie in jeder Lage überall und augenblicklich aufgehalten werden konnten, zugleich Vorrichtungen besaßen, um die scheu gewordenen Pferde abzulösen und sie dennoch am Ausreißen zu hindern. Der im Wagen Sitzende konnte mit dem nämlichen Zug, mit dem die Räder gesperrt wurden, zugleich auch die Pferde mit ihren vier Strängen von den beweglichen Einspännel und die zwei Aufhalter von der Deichsel ablösen, damit sie mit dem bloßen Geschirr davonkonnten. Bei der Bespannung von vier Pferden löste sich auch die Vorwage mit ab, und durch eine weitere sinnreiche Vorrichtung wurde der Fahrende auch in den Stand gesetzt, die schon abgelösten Pferde wieder haltend zu machen. Es war dies jedoch eine Erfindung, die ihrerseits bereits auf ältere Versuche zurückging. So kannte schon im Jahre 1768 Cornet Bratt zu Stockholm die Vorrichtung einer Nebenleine, wodurch man beim Durchgehen der Pferde nur daran ziehen mußte, um das Geschirr sogleich vom Pferd abzulösen, und alles Unglück vom Wagen ferngehalten werden konnte.

Desgleichen fand J. G. Bruggemann in Hamburg im Jahre 1817 eine Vorrichtung, wodurch ebenfalls die Absträngung flüchtig gewordener Pferde von den in den Fuhrwerken befindlichen Personen schnell bewirkt werden konnte, und zwar dergestalt, daß die Zugtiere mit Zurücklassung der Deichsel und Einspännel vom Wagen abgelöst wurden und mit einer zweiten Vorrichtung die davongehenden Pferde im Laufe abgehalten werden konnten. Diese Erfindung Bruggemanns wurde zu jener Zeit anläßlich eines Preisausschreibens ausgearbeitet, wo sie unter 26 verschiedenen Vorschlägen die goldene Ehrenmedaille erhielt.

Andere Erfindungen waren z.B. die des J. G. Herklotz zu Pirna, welche eine Vorrichtung eines Kopfgestells vorsah, um mittels eines einfachen Mechanismus die scheuen Pferde augenblicklich zu blenden, und so das Durchgehen der Fahr- und Reitpferde zu verhindern. Auffallend ist jedoch, daß von all diesen Kunstmitteln, wovon jeder Erfinder das seinige als das Vorzüglichste und Unübertrefflichste angepriesen hatte, auch nicht eine einzige all die guten Eigenschaften durch die Einführung ihres allgemeinen Gebrauchs bestätigt bekam, so daß alle wieder nach und nach in Vergessenheit gerieten.

Eine hochinteressante Erfindung war auch die der Herren van Horig und Bär, welche im Jahre 1827 in Straßburg ein neues Wagensystem ausgearbeitet hatten. Dieses war von der Gestalt, daß die solcherart gebauten Wagen in ihrer Fahreigenschaft so sicher waren, daß sie die Unumwerfbaren genannt wurden. Das Wesentliche an dieser neuen Konstruktion war eine bewegliche Langwiede; war dieses System einmal eingerichtet, so kam es noch darauf an, die Schwungfedern und Kästen fest und den Spielraum des neuen Mechanismus unbeschadet dem Gestell anzupassen. Hierauf waren alle Vorteile der Festigkeit, Sicherheit und doch leichten und zierlichen Baus vereinigt. Der Wagen wurde mehrmals öffentlichen Versuchen unterzogen, und das Resultat hat selbst die Erwartung des Erfinders weit übertroffen:

Eines der Vorderräder wurde in vollem Lauf in einen vier Fuß tiefen Graben gerichtet, ohne daß dies den Wagen umgeworfen hätte. Die Anstrengung der Pferde, dasselbe wieder herauszuziehen, war schließlich so groß, daß sogar beide Einspännel zugleich brachen. Nachdem das Vorderrad herausgezogen war, fiel das hintere gleichfalls hinein, und wiederum kamen weder der Wagen noch die darin befindlichen Personen zu Schaden. Der Mechanismus der Herren Horig und Bär war so beschaffen, daß ein Rad, indem es über irgendein Hindernis setzte, mehrere Fuß hoch steigen konnte, ohne daß der Wagen umstürzte, da mittels der Beweglichkeit der Langwiede und der Achsenschemel die drei anderen Räder immer gleichblieben. Die Entdeckung war eine der wichtigsten der neuesten Zeit. Ihre Zierlichkeit machte sie auch auf Luxuswagen anwendbar.

In den »Inversables«, den Unumwerfbaren, konnte man auch äußerst bequem ein- und aussteigen. Die Türe der Rückwand öffnete sich gerade über dem hinteren Brückenbrett. Von diesem stieg man auf einen schwebenden Fußtritt und von da auf den Boden. Inwendig war Platz für vier Sitzende eingerichtet. In jeder Ecke befand sich ein kleines Sitzkissen, sodaß die Fahrenden sich nach allen Seiten umsehen und ungehindert ihre Beine ausstrecken konn-

»Inversable Halbberline«; verfertigt im Jahr 1785 in London.

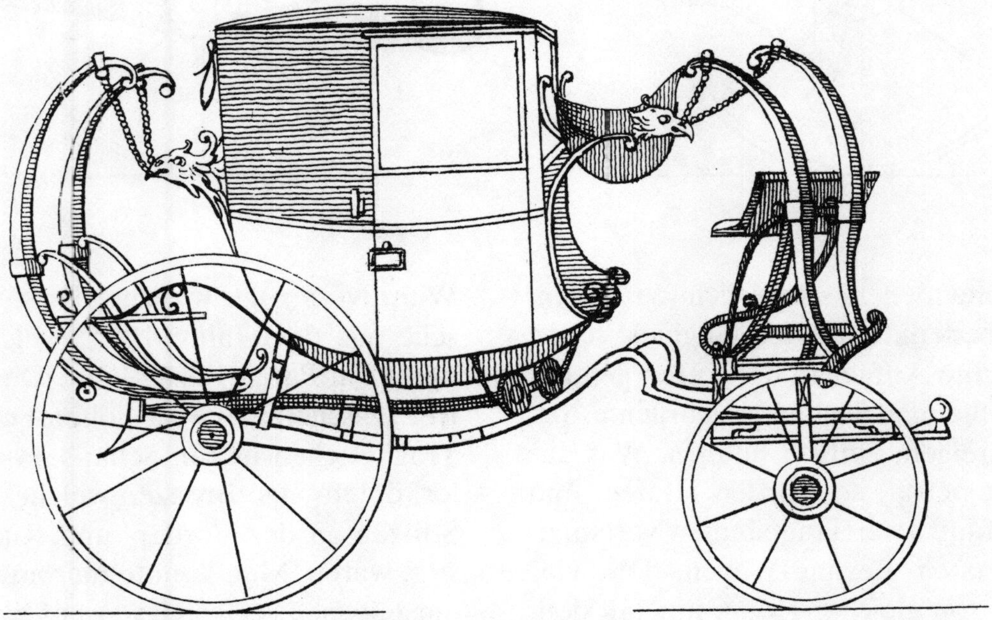

»Inversabler Reisewagen« des Herrn Lavokat aus dem Jahr 1775.

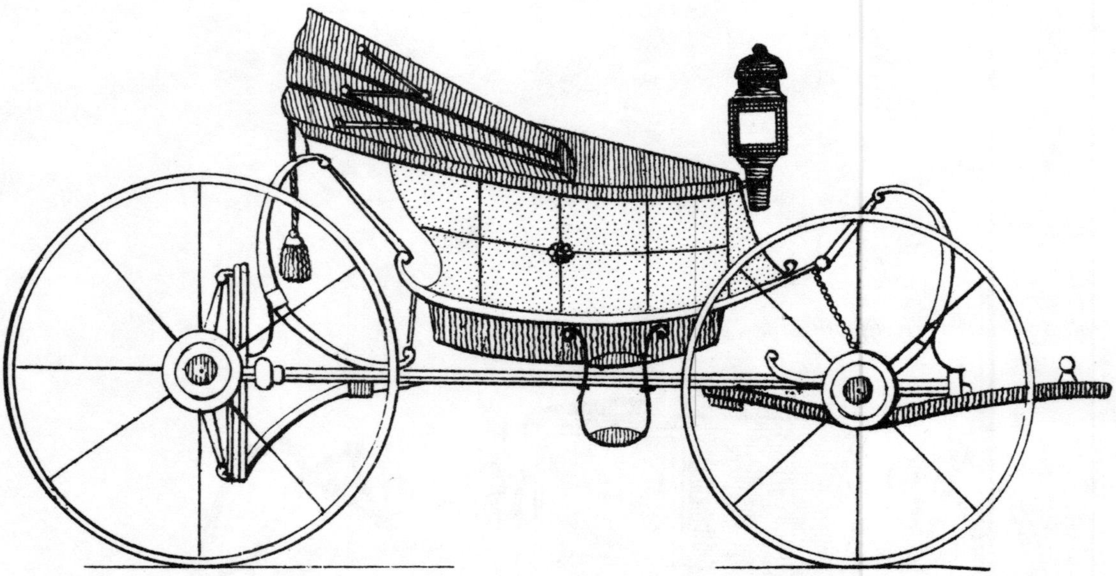

ten, ohne einander beschwerlich zu fallen. Wenn man bedenkt, wieviel Unglück schon durch das leichte Aufgehen der Türen geschehen ist, so mußte man die hier angebrachte Art, hinten einzusteigen, einfach billigen. Was das Gestell selbst betraf, so wurden Hinter- und Vordergestell mit zwei Tragbäumen vereinigt, gleich den ersten Berline-Wagen. Die vier Räder waren von gleicher Höhe, nur mit dem Unterschied, daß an diesen »Inversables«, wo die Vorderräder sehr hoch waren, die Bäume auch vorne sehr hoch gelegt werden mußten. Die besseren Arten dieser schwankenden »Inversables« wurden auf Stricke und nicht auf Riemen gehängt. Diese Hängestricke waren von Därmen oder Hirschnerven gedreht und mit Öl getränkt. Diese Art war ausnehmend sanft und elastisch, hatte aber die Unbequemlichkeit, daß sich bei Regen diese Hängestricke ausdehnten, worauf man sie schließlich mit ledernen Futteralen oder Scheiden überzog, um die Feuchtigkeit abzuhalten. Je länger diese Stricke waren, desto mehr wurde die elastische Bewegung des Kastens fühlbar.

Dergleichen »Inversables« waren im Jahre 1783 in Paris groß in Mode und fanden sowohl in der Stadt als auf dem Land Verwendung.

Auch Halbberlinen wurden in dieser nämlichen Weise verfertigt, wie zum Beispiel jene englische aus dem Jahre 1785, welche auch kurz darauf in Paris Einzug hielt: Der Wagen hing frei zwischen vier sehr hohen Federn, mit den Tragkettchen in den Schnäbeln von zwei Adlerköpfen aus Bronze, welche mit eisernen Stützen an der Vorder- und Rückwand befestigt waren. Man konnte hier an beiden Seiten einsteigen, das Gestell war auf zwei Schwanenhälsen in Holz eingeschifft. Der Kutscher saß auf einem leichten Sättelchen, das zwischen den beiden Vorderfedern schwebte, und statt der gewöhnlichen Stoßriemen befanden sich hier zwei lange Stahlfedern mit breiten, mit Filzleder überzogenen Walzen am Ende, damit diese die Prellstöße auffangen sollten, die der Kasten auf holprigen Wegen empfing.

Es gab auch zweirädrige Cabriolet-»Inversables«, wobei der Kasten in zwei auseinanderliegenden Federn mit ledernen Riemen hing. Man konnte mittels gewisser Zugriemen die Pferde loslassen, den Wagen sperren und eine Stütze unter dem Wagen hinablassen. Diese Fahrzeuge aber hatten nichts von der Sicherheit der vierrädrigen an sich, und so hatten sie auch bald wieder ihr Ende gefunden, nachdem zuvor mehrere junge Leute ihr Leben dabei eingebüßt hatten.

Der Dampfwagen

Durch die umwälzende Erfindung der Dampfmaschine boten sich auch für den Wagenbau völlig neue Aspekte.

Einer der wesentlichsten Männer, die diese Erfindung für den Straßenverkehr nutzbar machte, war der Engländer Gurney. Eigentlich war es ihm bestimmt, Arzt zu werden, doch konnte er seine medizinischen Kenntnisse auch im Wagenbau auf analoge Weise vertreten. So entsprach für ihn der Bau des Dampfwagens ganz der Konstruktion des menschlichen Körpers:

Seine Dampfwasserbehälter, oder vielmehr »Separators«, wie er sie nannte, waren gewissermaßen die Herzkammern seiner Dampfmaschine, die unteren Pfeifen des Kessels glichen den Arterien, und die oberen den Venen. Das Wasser, welches die Stelle des Blutes einnahm, strömte zuerst von den Behältern in die Pfeifen, die Wirkung des Feuers verwandelte dasselbe bald in Dampf, welcher durch die Pfeifen zum oberen Teil des Behälters aufstieg, um in abgekühltem Zustand wieder hinabzusinken und die Pfeifen zu füllen. Der Dampf aber bewegte mit seiner ganzen Kraft die Stempel der Zylinder und setzte dadurch die Maschine in Gang.

Was die äußere Form betrifft, so war der Wagen den gewöhnlichen, englischen Landkutschen ähnlich, nur größer und höherstehend, da der Kasten neun Fuß vom Boden erhoben war. Die Außensitze befanden sich ebenfalls in den oberen Höhen, wobei jedoch anzunehmen ist, daß nicht selten der Rauch eine nicht geringe Belästigung für die Reisenden darstellte. Jedoch konnte dies einigermaßen gering gehalten werden, da bloß Holzkohle oder abgeschwefelte Steinkohle verwendet wurde. Im Inneren bot der Wagen Platz für sechs, außen für fünfzehn Passagiere.

Die folgenden Abbildungen erläutern auf anschauliche Weise den Bau dieses Wagens.

Seitenansicht:

1) Der Wagenanker mit Maschinenmeister.
2) Die Handhabe, welche die Deichsel und Lenkräder leitet.
3) Die Lenkräder (Pilot-Wheels).
4) Die Deichsel.
5) Der Vorkasten für Gepäck.
6) Die Drosselklappe (throttle-Valve) der Hauptdampfröhre, welche durch die Handhabe nach Gefallen geöffnet und geschlossen werden kann.
7) Das Wasserbecken, das die volle Länge und Breite des Wagens einnimmt.
8) Der Kutscherkasten, in welchem Passagiere sitzen.
9) Außen-Passagiere.
10) Der Hinterkasten, welcher den Dampfkessel und den Ofen enthält.
11) Die Separatoren, in welchen der Dampf vom Wasser geschieden wird, indem dieses in den Dampfkessel zurückkehrt, und jener in die Dampfröhren aufsteigt.
12) Die Pumpe, durch welche das Wasser aus dem großen Becken in den Behälter gepumpt wird.
13) Die Hauptdampfröhre, die von den Separatoren aus unter dem Kutschenkasten hin zu der Drosselklappe und den Zylindern Nr. 16 geht.
14) Die Rauchfänge, vier an Zahl.
15) Die drei verbundenen Wagenbäume.

Neuere Art der von Herrn Gurney erfundenen Dampfwagen aus dem Jahr 1829.

Rückenansicht des neueren Dampfwagen des Herrn Gurney.

16) Die Zylinder, zwischen den Bäumen je einer, durch welche die Stempel wirken.
17) Klappenbewegung, welche abwechselnd zu beiden Enden der Stempel Dampf führt.
18) Kurbeln (Cranks), welche auf die Achse wirken.
19) Forttreiber (Propellers), welche beim Bergauffahren in Bewegung gesetzt werden.
20) Die Schleife (Drag), welche als Hemmkette dient.
21) Der Griff (Clutch), welcher an der Achse angebracht ist, und bei dem Herumdrehen derselben in eisernen Stäben, Verlängerungen der Speichen, der Büchse (box) greift, und dadurch die Räder herumdreht.
22) Die Sicherheitsklappe, welche den erforderlichen Druck des Dampfes bestimmt.
23) Die Öffnung, durch welche das Wasserbecken gefüllt wird.

Rückansicht:
1) Die Ofentüre.
2) Die Hähne der beiden Maßstäbe, der obere für den Zustand des Dampfes, der untere für die Quantität des Wassers.

3) Dampfröhren, welche den Dampf leiten, sodaß er auf die Stempel wirkt.
4) Der Blasehahn (Blow-Cock).
5) Der Hahn, um das Wasserbecken zu leeren.
6) Die Rauchfänge.
7) Die Röhren, durch welche das Wasser aus den Separatoren in den Dampfkessel getrieben wird.
8) Die Dampfseparatoren.

Über die erste Ausfahrt des verbesserten Dampfwagens des Herrn Gurney berichtet die »Revue britannique«:
»Dieser Wagen, der auf den gewöhnlichen Heerstraßen fährt, stellt dadurch eine große Neuerung im Vergleich zu jenen Wagen dar, die sich früher auf Eisenbahnen bewegten. Bei diesem neuen System ist der Dampfwagen nicht dazu bestimmt, die Reisenden oder das Gepäck in direkter Weise zu transportieren, sondern er dient zur Fortbewegung eines an ihn gehängten Wagens. Der Wagen hat vier Räder und enthält außer der Maschine einen Sitz für zwei Personen, worauf der Ingenieur und der Deichselleiter ihren Platz haben.
Das Geräusch des Dampfwagens samt der angehängten Reisekutschen ist nicht so groß wie das Geräusch eines gewöhnlichen, mit zwei Pferden bespannten Postwagens und dürfte noch geringer werden, wenn man die acht Räder der zwei Wagen auf sechs vermindern könnte.«
Ein Reisender, Oberstleutnant Dance, berichtete über eine Reise in solch einem Gefährt folgendes:
»Wir reisten von Cranford-Bridge um vier Uhr morgens ab. Wir waren zu viert in einer an den Dampfwagen gehängten Kalesche und reisten ohne alle Schwierigkeit bis nach Lonfort, wo man die über die Coal erbaute Brücke reparierte. Auf dieser Brücke lag ein großer Haufen Backsteine. In dem Augenblick, wo wir auf das eine Ende der Brücke fuhren, kam der Postwagen von Bath in starkem Trab von der anderen Seite entgegen. So wie wir ihn sahen, riefen wir dem Conducteur zu, er möge sich in acht nehmen, da er aber zu spät darauf aufmerksam wurde, fuhr er ebenso schnell fort, und, um nicht mit dem entgegenkommenden Gefährt zusammenzustoßen, trieb Herr Gurney den Wagen gegen den Haufen Backsteine. Dabei nahm dieser nur soviel Schaden, wie in einer Viertelstunde wieder repariert werden konnte. Die Pferde des Postwagens hingegen rissen aus, und man mußte die Stränge abschneiden. Schließlich kamen wir in Reading nach vier Stunden und zehn Minuten mit Inbegriff der Pausen, Aufnahme des Wassers usw. an. Die vielen Bedenken, daß das Reisen mit Dampfwagen sehr gefährlich sei, konnte somit allein durch diese Fahrt widerlegt werden, da die Reisenden der Postkutsche weitaus größeren Gefahren ausgesetzt waren.«
Beinahe täglich jedoch wurden zu jener Zeit neue Wagen dieser Art erfunden, konstruiert und erbaut, und trotz der ungeheueren Kosten, die zu dem Bau solcher Wagen erforderlich waren, fanden sich ständig neue Unternehmer, die sich bereit fanden, hier große Investitionen zu tätigen.
Als ein außerordentlicher Beweis, wie sehr sich die Erfindung der Dampfwagen ständig verbesserte, dienen die Nachrichten eines Rennversuchs, wo mehrere der besten Dampfwagen um

die Wette fuhren. Die Entwicklung dieser Straßenfahrzeuge konnte schließlich auch nicht unabhängig von den Entwicklungen des Dampfschiffes und der Eisenbahn vonstatten gehen. So hatten die Direktoren der Eisenbahnen, welche von Liverpool nach Manchester fuhren, eine Prämie von 500 Pfund Sterling für den besten Dampfwagen auf der Eisenbahn ausgesetzt. Diese Versuche wurden neun Meilen von Liverpool angestellt, und es waren nicht weniger als zehn- bis fünfzehntausend Zuschauer gegenwärtig.

Dieses Rennen bot sowohl ein glänzendes Schauspiel dar, als auch konnte man neue technische Errungenschaften in großer Zahl bewundern. Zweifellos begann mit der Erfindung der Dampfmaschine ein neues Zeitalter in der Geschichte des Transportwesens.

Mit fortschreitender Dynamik fanden neue Verbesserungen und Vervollkommnungen auf dem Gebiet des Personen- und Warentransportes statt. Kaum früher in der Geschichte der Menschheit eilte die Technik mit solch Riesenschritten voran, und das Ende ist gleicherma-

Reisewagen nach Art der Doppelberlinen; gezogen auf Zahnrädern mit Hilfe einer Dampfmaschine.

ßen unabsehbar, wie es auch mit Hoffnung erfüllt. Immer neue entscheidende Schritte der Völkerverbindung finden statt, Erfahrungen über das Leben und die Kultur können gesammelt werden; mögen sie einem allgemeinen Verständnis fremdländischen Lebens, der gegenseitigen Hilfe und dem Frieden in der Welt dienen.

Großer Dampfwagen aus dem 19. Jahrhundert, bestehend aus einem und einem halben Berlinekasten.

Die Holzbahn

Von nicht geringerer Bedeutung als die Entwicklung der Dampfmaschine für den Überlandtransport war die Holzbahn für den innerstädtischen Verkehr. Fand diese anfänglich auch auf dem freien Land Verwendung, wurde sie dort jedoch bald durch die Dampfeisenbahn verdrängt, hielt sich aber in den Städten über Jahrzehnte hinweg. Sie stellte einen wesentlichen Beitrag für den Massenverkehr in den bevölkerungsreichen Gebieten dar, wo sie gegen geringes Entgelt vor allem vom einfachen Volk benutzt wurde.

Nichtsdestotrotz nahm sie ihre Entwicklung, ausgehend vom Warentransport. Im besonderen diente sie der Beförderung von Holz, Steinkohle und Baumaterialien, welche von diesen Bahnen zumeist zu den Schiffsplätzen geführt wurden, um ihren weiteren Transport auf dem Wasser zu nehmen.

Schon im Jahre 1680 wurden solche Holzbahnen in der Gegend von Newcastle-Upon-Tyne in der Grafschaft Nord Thumberland zur Erleichterung des Transportes von Steinkohle von den Gruben bis an den schiffbaren Fluß mit so gutem Erfolg errichtet, daß ein Pferd die gleiche Last wie fünf oder sechs auf einer gewöhnlichen Straße fortziehen konnte.

Bald vervielfältigten sich die Bahnen auch in mehreren Provinzen, vorzüglich bei Steinkohle- und anderen Bergwerken, bei Schiefer- und Steinbrüchen, jedoch überall nur auf kürzeren Strecken und flachem oder etwas abhängigem Grund, sodaß die beladenen Wägelchen abwärts und die leeren zurück aufwärts mit etwa gleicher Anstrengung gezogen werden konnten.

Eine dieser Bahnen, welche im Prater zu Wien von Franz Anton Ritter von Gerstner errichtet wurde, und von neuer englischer Bauart war, fand beinah ebensoviel allgemeines Interesse wie die berühmte Eisenbahn zwischen der Moldau und der Donau.